ISIDRO LAPUENTE ÁLVAREZ

CREACIÓN DE CONTEXTOS SOCIODEPORTIVOS EXCELENTES

MODELOS DE PLANIFICACIÓN Y TÉCNICAS DE GESTIÓN EN INSTITUCIONES DEPORTIVAS

ÍNDICE

*A mis compañeros/as de Mesa de Coordinación
de Eventos Deportivos ayuntamiento de Alcobendas
en representación de toda la institución.*

A Giovana

A Rocío y María

1. EL CONTEXTO SOCIODEPORTIVO

Los comportamientos y las interrelaciones que se generan en el contexto social condicionan de forma significativa la conducta de las personas. En el ámbito deportivo, el proceso de desarrollo del deportista está también determinado por el ambiente y por las relaciones que éste entabla con los distintos entornos: el equipo, el club, la familia, el grupo de iguales y el propio sistema sociodeportivo en el que está inmerso el sujeto influyen en su rendimiento como deportista y como persona.

Esto explica la importancia y necesidad de valorar el entorno deportivo desde una perspectiva integral y dinámica que aporte conocimiento efectivo sobre el contexto socio-cultural; dicho contexto es el que revela la aparición de nuevas formas de comportamiento humano, por lo que debe ser analizado en términos de estructura sistémica (Tudge, Shanahan, y Valsiner, 1996). La aportación sistémica permite una visión diferente del objeto y del fenómeno social y nos ofrece un tipo de información cualitativa que facilita conocer las interrelaciones de las diferentes partes, las unidades de exploración así como la evolución y la organización de sistemas sociales complejos (Gómez, 2006).

La creación de contextos sociodeportivos excelentes se enmarca en el modelo ecológico sistémico de Bronfenbrenner (1987), cuya perspectiva ecológica conceptualiza a la persona en proceso de cambio y maduración en relación con un entorno social, física y psicológicamente variable. Individuo y entorno se definen mutuamente con relaciones esencialmente dialécticas y sinérgicas que demandan la utilización del enfoque holístico (Bronfenbrenner, 1987). Esta visión holística se basa en que el conjunto es superior a la suma de las partes y donde el conocimiento es mucho más que los datos y la propia información (Collison y Parcell, 2003). La utilización de esta perspectiva sistémica de los fenómenos sociales permite captar aspectos que en otros modelos no quedan reflejados.

El conocimiento de una situación compleja está basado en el entendimiento comprensivo de la situación analizada como un todo insertado en un contexto determinado. Partimos asimismo del hecho de que el deporte es un fenómeno social complejo que se identifica como un sistema que fluye e interactúa en el seno de la sociedad (Lagardera, 1995; Dunning, 2003). Esta es la razón por la que, de todos los entornos que rodean al deportista, se realiza un especial examen sobre el contexto social. Los contextos sociodeportivos excelentes son así por sus resultados en calidad e innovación, su gestión administrativa, gestión deportiva y, además, por sus deportistas de alto nivel.

Pretender conocer las características del deporte y de los deportistas de alto nivel y de cómo se ha llegado al grado de excelencia alcanzado requiere, necesariamente, determinar las claves de todo municipio como entorno de excelencia en el desarrollo de sus mejores deportistas. Dicho fin demanda un análisis cualitativo inductivo que permita extraer dimensiones conceptuales sobre un área sustantiva del objeto de estudio. Esta parte sustantiva es aportada por los actores sociopolíticos y técnicos más significativos y que mejor conocen el entorno como factor sociodeportivo de influencia para los deportistas.

El estudio del municipio como contexto de excelencia se apoya, además, en un análisis de clubes deportivos, sobre entrenadores y de deportistas de alto nivel.

1.1. LOS SISTEMAS COMPLEJOS Y EL ESTUDIO DEL COMPORTAMIENTO HUMANO

La teoría general de sistemas es un esfuerzo de estudio interdisciplinario que trata de encontrar las propiedades comunes a entidades que se presentan en todos los niveles de la realidad, es decir, una manera de ver cosas que pasan desapercibidas o se soslayan como máxima metodológica.

El biólogo austriaco Bertalanffy (1901-1972) consideró necesario construir a base de conceptos, lo suficientemente abstractos y generales, un cuerpo de teoría capaz de reducir toda realidad biológica a una serie de distinciones analíticas (Bertalanffy, Ashby, y Weinberg, 1972). Basada en una matemática simplificada nace la primera generación de la teoría de sistemas como un agregado conceptual altamente complejo aplicable a todas las ciencias bajo la premisa de asumir dos compromisos fundamentales:

a) *concebir la realidad como el producto de una variedad de sistemas que operan de manera simultánea, y*

b) *aceptar el carácter necesariamente correlativo del conocimiento científico con respecto a la realidad.*

El primer compromiso se refiere a la necesidad de elegir de manera arbitraria e intencional un punto de partida para el conocimiento, en este caso la existencia de sistemas concebidos como un conjunto de elementos de cuya relación selectiva y estable resultan realidades tangibles e intangibles. Asumir la existencia del sistema supone ya complejidad, en el sentido de que toda construcción teórico-sistémica involucra elementos, uniones selectivas y estados resultantes de esas relaciones entre los elementos. Paralelamente la realidad "*recreada*" por la teoría es igualmente compleja al ser el producto de ese orden de relaciones elementales (Bertalanffy, Ashby, y Weinberg, 1972).

El segundo compromiso es la derivación epistemológica resultante de la propia teoría de sistemas: si la realidad es concebida bajo la forma del producto de una serie finita de relaciones entre variables, una única perspectiva de observación (incluida la teoría general de sistemas) no es capaz de abarcarla en su totalidad, pues supone siempre una serie de decisiones arbitrarias conscientes o inconscientes por parte del observador que intervienen en su interacción con la realidad a observar. Se hace necesario, por tanto, un planteamiento de naturaleza holístico e interdisciplinario (Bertalanffy, Ashby, y Weinberg, 1972).

Los planteamientos de Bertalanffy están referidos a una concepción de sistema definido por su apertura al intercambio energético con el entorno, lo que le permite alcanzar un estado de equilibrio. Conceptos como sinergia, interrelación, equifinalidad, neguentropía, permitieron caracterizar esta primera generación de sistemas abiertos (Berthier, 2001).

La teoría de sistemas supuso una revolución metodológica y epistémica en las ciencias por la necesidad de estudiar al objeto como un sistema que interactúa con el medio y que considera al sistema total como un sistema productivo y reproductivo. Los componentes del sistema son las personas, las reacciones y las respuestas a las interacciones, los fines y la interpretación de cada uno, es decir, los actores, los mensajes, las imágenes y los objetivos. Es, por tanto, el análisis de cualquier sistema a través del estudio de sus componentes y de las funciones que estos llevan a cabo (Karam, 2005).

La teoría general de sistemas busca descubrir isomorfismos en distintos niveles de la realidad que permitan (Bertalanffy, Ashby, y Weinberg, 1972):

- Usar los mismos términos y conceptos para describir rasgos esenciales de sistemas reales muy diferentes y encontrar leyes generales aplicables a la comprensión de su dinámica.
- Favorecer, primero, la formalización de las descripciones de la realidad; luego, a partir de ella, permitir la modelización de las interpretaciones que se hacen de ella.

- Facilitar el desarrollo teórico en campos en los que es difícil la abstracción del objeto por su complejidad, o por su historicidad, es decir, por su carácter único. Los sistemas históricos están dotados de memoria y no se les puede comprender sin conocer y tener en cuenta su particular trayectoria en el tiempo.
- Superar la oposición entre las dos aproximaciones al conocimiento de la realidad: la analítica, basada en operaciones de reducción, y la sistémica, basada en la composición.

Un sistema complejo es un sistema compuesto por varias partes interconectadas o entrelazadas cuyos vínculos entre ellas contienen información adicional y oculta al observador. Como resultado de las interacciones entre elementos surgen propiedades nuevas que no pueden explicarse a partir de las propiedades de los elementos aislados. Dichas propiedades se denominan propiedades emergentes (Gutiérrez, 2000).

Para describir un sistema complejo hace falta no solo conocer el funcionamiento de las partes, sino conocer cómo se relacionan entre sí:

- *El todo es más que la suma de las partes:* ésta es la llamada concepción holística. La información contenida en el sistema en conjunto es superior a la suma de la información de cada parte analizada individualmente.

- *Comportamiento difícilmente predecible:* debido a la enorme complejidad de estos sistemas.

- *Emergencia de un sistema:* este concepto es el que relaciona el todo con las partes. Se llama *complejidad emergente* cuando el comportamiento colectivo de un conjunto de elementos da, como resultado de sus interacciones, un sistema complejo.

- *Son sistemas fuera del equilibrio:* no puede automantenerse si no recibe un aporte constante de energía.

- *Autoorganización:* emerge a partir de sus partes y fluctúa hasta quedar fuertemente estabilizado.

- *Las interrelaciones están regidas por ecuaciones no-lineales:* suelen tener una fuerte dependencia con las condiciones iniciales del sistema lo que hace aún más difícil, si cabe, evaluar su comportamiento.

- *Es un sistema abierto:* se puede considerar como una máquina de generar *orden* para lo cual necesita del aporte energético constante.

- *Es un sistema adaptativo:* el sistema autoorganizado es capaz de reaccionar a estímulos externos, respondiendo así ante cualquier situación que amenace su estabilidad como sistema.

La terminología *sistemas complejos* es empleada por áreas del conocimiento muy variadas y trata sobre todo de generalizar un comportamiento complicado y rico a la vez. La *complejidad* de muchos sistemas no debe significar necesariamente una dificultad para su estudio e investigación, todo lo contrario, la cantidad de propiedades compartidas y variedad de interrelaciones mejoran la comprensión de su totalidad y la predicción de comportamientos de sus partes. El proceso de interacciones puede generar comportamientos colectivos y globales, conductas no definidas en elementos individuales que emergen como un proceso colectivo y que por tanto no pueden, ni deben explicarse aisladamente por los elementos que la forman (Miramontes, 1999).

1.2. EL MODELO ECOLÓGICO DE BRONFENBRENNER

Un modelo es un esquema o un procedimiento usado en análisis de los sistemas para predecir las consecuencias de una línea de conducta que aspira, generalmente, a representar el sistema del mundo real. Consiste entonces en un sistema de objetos descrito en términos de variables y relaciones definidas.

Para Bronfenbrenner (1987) el ambiente ecológico se concibe como un ejemplo de estructuras seriadas, cada una de las cuales cabe dentro de la siguiente, como ocurre con las famosas muñecas rusas. En el nivel más interno está el entorno inmediato que contiene a la persona en desarrollo (Bronfenbrenner, 1987).

Esas estructuras sociales se relacionan entre sí y sus interconexiones son tan decisivas para el desarrollo como lo que sucede dentro del entorno inmediato. El ambiente trasciende lo inmediato con sistemas exteriores que le afectan y lo configuran en estructuras más amplias. El investigador social, desde esta posición, debe ser ante todo un profesional abierto a la realidad (Sierra, 2001; García-Ferrando, Ibáñez, y Alvira, 2003).

El modelo ecológico surge de la psicología ambiental y se fundamenta en la consideración de interrelaciones e interdependencias complejas entre el sistema orgánico, el sistema comportamental y el sistema ambiental. Cuando hablamos de ambiente no sólo se contemplan los factores físicos y sociales, sino también las percepciones y conocimiento que, de ese ambiente, tienen las personas, es decir, el significado y sentido para las personas que interaccionan en él y con él. De esta manera, conocer los aspectos físicos, biológicos, psicológicos, sociales, culturales, económicos y políticos son determinantes para la mejor comprensión del proceso de desarrollo y maduración del ser humano. Fundamentalmente la teoría de Bronfenbrenner es un esquema conceptual unificado para describir e interrelacionar estructura y procesos, tanto en el ambiente inmediato como en el más remoto. Es, por tanto, un estudio sistemático del desarrollo humano en su contexto (Bronfenbrenner, 1987).

El desarrollo se facilita a través de la interacción con personas que ocupan una variedad de roles y a través de la participación en un repertorio de relaciones que se amplía constantemente y que hace formar una identidad más compleja.

Los sistemas socio relacionales son sistemas complejos de interacción que actúan como modeladores de las conductas de asimilación y adaptación del sujeto. Lo que cuenta para la conducta y el desarrollo es cómo se percibe el ambiente más que la realidad objetiva: *si queremos cambiar la conducta, debemos cambiar los ambientes*.

Para Bronfenbrenner (1987), *el desarrollo de la persona se ve afectado profundamente por hechos que ocurren en entornos en los que la persona ni siquiera está presente*. Por ello, nos propone el modelo ecológico como medio para la detección de una variedad amplia de factores que influyen en el desarrollo de las personas.

Bronfenbrenner hace hincapié en el análisis de los entornos o contextos en los que se produce el desarrollo del ser humano como determinante del mismo. Su hipótesis de trabajo se basa en que el desarrollo del niño se incrementa por la participación en actividades responsables, orientadas hacia una tarea fuera del hogar, que lo ponen en contacto con otros adultos, además de sus padres. El objetivo fundamental del experimento ecológico es el descubrimiento e identificación de las propiedades y procesos de los sistemas que afectan y se ven afectados por la conducta y desarrollo del ser humano.

Concibe el ambiente como una disposición de estructuras interdependientes unas de otras. Lo más importante del ambiente no son las propiedades físicas sino el ambiente percibido, el significado que adquiere el ambiente para las personas.

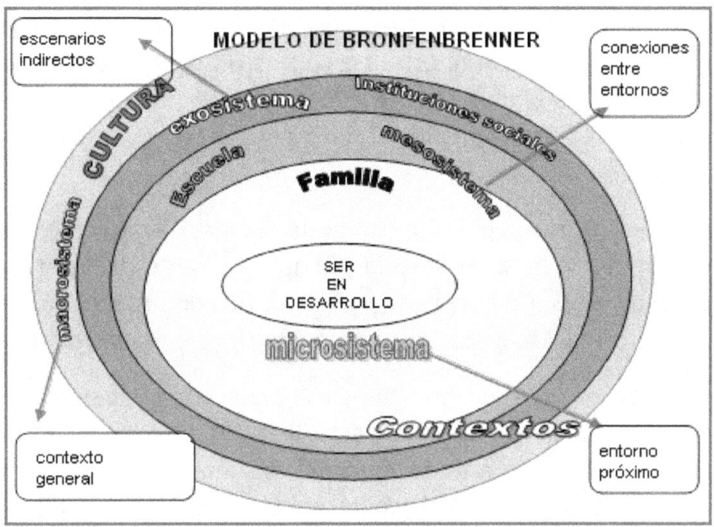

Niveles de ambiente ecológico. Modelo Bronfenbrenner.

Según el autor *"los efectos principales están en la interacción"*, e identifica cuatro niveles de ambiente ecológico:

1. *Microsistema:* entornos en los que una persona actúa directamente, está caracterizado por tres aspectos: actividades que realizan las personas implicadas; roles o funciones sociales que se ponen en juego; relaciones que mantienen entre sí. Es el complejo de interacciones dentro de un entorno inmediato. Patrón de actividades, roles y relaciones interpersonales que la persona en desarrollo experimenta en un entorno determinado, con unas características físicas y materiales particulares. Es conveniente que el sujeto sea expuesto a una diversidad de roles sociales y que a su vez pueda experimentar diversos roles y funciones sociales.

2. *Mesosistema:* comprende las interrelaciones de dos o más entornos en los que la persona actúa activamente (familia-escuela-amigos), es un sistema de microsistemas. Su potencial evolutivo aumenta proporcionalmente al grado de vinculación mayor entre los entornos que lo integran, cuando las personas que componen díadas primarias lo hacen también en entornos más lejanos.

3. *Exosistema:* compuesto por aquellos entornos que no incluyen a la persona en desarrollo como participante activo, pero en ellos se producen hechos que afectan a lo que ocurre en el entorno de la persona (situación laboral de los padres, o la propia televisión).

4. *Macrosistema:* conjunto de creencias, actitudes, tradiciones, valores, ideología, leyes que caracterizan la cultura o subcultura de la persona en desarrollo. Es el más estable y su influencia sobre los otros es importante. Es el sistema cultural del sujeto, sistema ambiental dinámico.

La capacidad de un entorno para funcionar de manera eficaz como contexto de desarrollo depende de la existencia y la naturaleza de sus interconexiones sociales. Esto implica la necesaria participación conjunta, comunicación y traspaso de información de cada entorno con respecto al otro.

En ese sentido, cobra especial importancia la díada como nivel más interno y más significativo en la interacción directa. Se trata del sistema interactivo de dos personas y que tiene una capacidad máxima de contexto efectivo para el desarrollo, componente básico del microsistema. Depende, a su vez, de forma crucial de la presencia y participación de terceras personas. El binomio entrenador-deportista se nos presenta en nuestra investigación como la díada principal. Las terceras personas son en nuestro *microsistema social* los padres principalmente, si bien, a lo largo del proceso de maduración y de socialización del individuo, se dan cambios significativos en la importancia y dirección de las interacciones, por los que los iguales y otros significativos serán los grupos de mayor influencia en el sujeto. Es lo que llama Bronfenbrenner *transiciones ecológicas* o cambios de rol o de entornos que ocurren a lo largo de toda la vida. La importancia de las transiciones ecológicas para el desarrollo deriva precisamente de ese cambio de rol o de expectativas de conducta por las distintas posiciones que se toman en el contexto social. Esta disponibilidad de entornos de apoyo depende, a su vez, de la frecuencia de una cultura determinada.

Las transiciones dependen conjuntamente de los cambios biológicos y de las circunstancias ambientales, lo que implica una acomodación mutua entre organismo y entorno. Esto, a su vez, hace que exista una reorganización en el tiempo y en el espacio y, por tanto, un cambio en la acción y en la percepción; es decir, un cambio en las representaciones e imágenes de los entornos no inmediatos: la organización social, el sistema de creencias y el estilo de vida.

La capacidad de desarrollo de la díada original aumenta en la medida en que los terceros externos apoyan las actividades de desarrollo de dicha díada. Cobra aquí especial importancia el momento motivacional, la estructura de metas y los sentimientos en la díada (Bronfenbrenner, 1987; Torrico et al., 2002; Karam, 2005).

El potencial evolutivo de un entorno varia en la medida en que los roles, las actividades y las relaciones apoyan patrones de motivación y actividad. El medio enriquece a las personas en la medida en que estas reaccionan positivamente; la mera exposición al estímulo no basta por sí misma para estimular cambio y desarrollo, la información de cualquier tipo posee escaso valor por sí misma y sólo es formativa si suscita una respuesta activa y creadora (Jouvenel et al., 1971).

Los entornos primarios son los que tienen un potencial evolutivo persistente en motivación y actividad e implican trayectorias de desarrollo más constantes. Para Bronfenbrenner: *"los entornos primarios de mayor influencia en la sociedad actual son la familia y el lugar de trabajo"* (Bronfenbrenner, 1987).

Diversos estudios de educación, de fracaso escolar (modelos conceptuales del progreso escolar), de salud (oncología), de servicios sociales (sobre vejez, atención temprana), de juventud (conducta antisocial), de infancia, etc., adoptan el modelo ecológico ambiental sistémico (Fernández-Ballesteros y Izal, 1990; Pallarés, 1998; García, F. A., 2001; Torrico et al., 2002; Frías-Armenta, López-Escobar, y Díaz-Méndez, 2003).

1.3. EL CONTEXTO SOCIAL Y ORGANIZATIVO. LA CIUDAD

El entorno es el conjunto de todos los objetos que al cambiar sus atributos afectan al sistema y aquellos objetos cuyos atributos son cambiados por el propio sistema. Un sistema, junto con su entorno, forma el universo de objetos relevantes en un contexto dado (Racionero, 1978).

La ciudad es un espacio de socialización, una experiencia o metáfora que representa la realidad. *Es un espacio en el que conviven e interactúan múltiples y contradictorias dinámicas.* Construimos ciudades y, a la vez, las ciudades nos construyen. Es cierto que somos habitantes de la ciudad, pero no es menos cierto que *la ciudad nos habita*: lo que hace a un ser específicamente humano es el hecho de ser social. Una ciudad se multiplica tanto como las experiencias de la misma (Beltrán, 2004).

La sociología procura comprender las relaciones entre ciudadanía y organización social, así como el papel de los entornos sociales en la construcción de la identidad de los sujetos, o los diferentes grados de complejidad de las organizaciones sociales. Los análisis de la realidad urbana nos ofrecen la visión de la ciudad como una totalidad que funciona con una estrecha interdependencia de sus partes y con una diferenciación funcional de las mismas. La ciudad es un espacio híbrido, un espacio global en lo local que debe tender a la ética, a concluirse en espacio ético de interacción humana (Braun, 2005).

La ciudad es estructura y funcionalidad; la estructura hace referencia a la sociedad concebida como sistema y el concepto sociológico de función hace referencia al papel que los elementos del sistema social desempeñan para el mantenimiento de ese nivel estructural (Álvaro, 2003).

Las ciudades constituyen los puntos donde se organiza la red de la economía mundial contemporánea, de las infraestructuras y servicios avanzados de esta red de flujos. Estos flujos son los elementos organizadores y de soporte de la economía mundial. Las ciudades que no logran articularse en este sistema de flujos mundial, continental o regional, quedan marginadas de los procesos de desarrollo (Pickett et al., 2001).

Las ciudades, en definitiva, se ven en la exigencia de definir una estrategia de cualificación de sus recursos humanos, infraestructurales y de servicios. Según Pascual (2001):

> *"en las circunstancias de cambio urbano tan profundas que provoca el impacto del uso de las tecnologías de la información y comunicación, las ciudades necesitan orientar sus procesos y reorganizar sus funciones urbanas para poder producir conocimiento en la era de la información. Las ciudades apuestan por el desarrollo de los servicios avanzados, y por convertirse en centros de producción o/y difusión de ciencia y tecnología, y buscar un nuevo modelo de desarrollo en que la creatividad y capacidad de innovación de las personas, empresas e instituciones, sean cada vez una fuente más importante de valor añadido urbano"* (Pascual, 2001).

El urbanismo implica directamente el ordenamiento del espacio externo de una ciudad, lo que hace necesaria la ordenación de la ciudad en el espacio. Determina a su vez tener una nueva visión: la ciudad como lugar, y la ciudad como activo o estrategia integradora (Racionero, 1978).

Este nuevo modelo de desarrollo involucra al conjunto de la ciudad, puesto que debe regirse por criterios de sostenibilidad. La educación y la cultura se convierten en los principales factores de competitividad de la ciudad y de calidad de vida de los ciudadanos. Las políticas públicas deben, por ello, gestionarse con calidad y ser capaces de articular la cooperación de todos los actores implicados, y encontrar las fórmulas para organizarse en función de los intereses y demandas de los ciudadanos. Las ciudades deben observar permanentemente los cambios en el entorno que comporta la revolución tecnológica y la globalización, desde donde se identifiquen los procesos más adecuados de adaptación y ajuste de la estrategia urbana (Pascual, 2001).

El análisis de dichas políticas públicas constituye el mejor camino para la mejora de la gestión en la administración, y la mayor fuerza de esta perspectiva está en su necesaria contextualización (Subirats, 1994).

La ciudad, traducida sociológicamente en términos de *cultura urbana,* es una variable explicativa. La ciudad como variable dependiente, como producto de la acción del complejo ecológico, que equivale a analizarla en tanto que producto de la dinámica social de una formación histórico-geográfica particular (Castells, 1975). Para Castells, los elementos del sistema urbano son:

- *producción:* dimensión espacial del conjunto de actividades productivas de bienes, servicios e informaciones.
- *consumo:* dimensión espacial de las actividades que tienen por objeto la apropiación social, individual y colectiva del producto.
- *intercambio:* dimensión espacial de los intercambios que tienen lugar.
- *gestión*: procesos de regulación de las relaciones.

El entorno, desde esta perspectiva, puede definirse como los elementos de fuera de la organización que pueden tener influencia sobre el sistema organizativo, entorno general o social (sistema socioeconómico); y entorno específico, propio de la tarea o actividad característica de la organización.

Por último, aportar cuatro dimensiones del entorno: el ambiente político-legal; el ambiente económico; el ambiente educativo-tecnológico y el ambiente sociocultural; donde ambiente educativo-tecnológico tiene que ver con el nivel educativo y de preparación profesional de la población y con el grado de avance científico y tecnológico de la sociedad; y el ambiente sociocultural lo conforman la estructura sociodemográfica y sus valores y cultura social. El conocimiento del entorno específico será fundamental para valorar las amenazas y oportunidades del exterior (Aguirre, Castillo, y Tous, 2003).

1.4. EL CONCEPTO DE CIUDAD INTELIGENTE. LA EXCELENCIA ORGANIZATIVA

Básicamente se entiende por inteligencia como la capacidad de un sistema para entender y comprender su entorno, de poder resolver sus problemas en él. La inteligencia individual se da siempre en un entorno social que la estimula o la deprime. Individuo y entorno a través de continuas interacciones provocan una emergencia de capital social y de creación de conocimiento. El valor de todas las relaciones de este capital social representa la inteligencia social; es una inteligencia, por tanto, que emerge de los grupos, asociaciones o sociedades, una inteligencia que surge de las relaciones sociales, una inteligencia *conversacional* (Marina, 2004b).

La inteligencia social es un fenómeno emergente, una inteligencia eminentemente práctica que debe aspirar a solucionar los más complejos conflictos desde una posición de ética y de dignidad compartida. La inteligencia social es una tupida red de interacciones entre sujetos inteligentes.

Para Marina (2007), son dos los objetivos fundamentales que tiene que cumplir una ciudad inteligente:

- colaborar con el bienestar de sus vecinos
- ampliar las posibilidades culturales, económicas y sociales de los ciudadanos.

La inteligencia es saber organizar y, en el caso de la organización de una ciudad, de una administración pública, es especialmente significativo por la relevancia que tiene para el bienestar de la comunidad (Marina, 2007).

La ciudad es inteligente cuando es una fuente constante de soluciones, cuando coordina los intereses, metas, aspiraciones y demandas de sus ciudadanos. Medio ambiente, población, tecnología y organización social es un sistema cultural específico generador de los nuevos valores y normas que caracterizan a las sociedades modernas, organismo ecológico capaz de auto-equilibrio. La realidad adquiere posibilidades nuevas al integrarse en un proyecto inteligente, y un proyecto es, ante todo, una idea manejada a través de signos, palabras y símbolos; es, en parte, una invención (Marina, 1993).

Las organizaciones que gestionan bien la información detectan con rapidez los problemas, son capaces de resolverlos de forma eficaz y fomentan la creatividad, son organizaciones inteligentes. Los resultados excelentes sólo se consiguen en la base de la colaboración, del desarrollo del talento individual por interacción continua, estimulante y provechosa (Marina, 2004b).

La administración pública es, por ello, la mejor situada y la que mayores instrumentos tiene para mediar entre los diferentes actores sociales. Si además es capaz de incorporar al ciudadano en la toma de decisiones dentro del modelo denominado relacional, de participación efectiva, estamos ante una administración inteligente (Díaz y Cuellar, 2007).

Una administración pública inteligente es la que se pone al servicio de los ciudadanos y sabe adaptarse a las circunstancias y desafíos complejos que requieren respuestas creativas y eficientes. A su vez, la organización social es considerada en su conjunto como medio de relación con el medio. Los valores de la organización social influyen en los procesos urbanos y por tanto en la estructura resultante. Un contexto sociodeportivo excelente, en ese sentido, tiene una marcada cultura de calidad, una trayectoria de modernización basada en la aproximación de la administración local a los modelos de gestión empresarial (Díaz y Cuellar, 2007).

Las nuevas tecnologías de la información y de la comunicación aparecen como herramientas eficaces que contribuyen a acelerar el proceso de maduración de una organización. La comunicación es, precisamente, una variable que refleja altamente el grado de caracterización cultural, es uno de los detectores más significativos de la misma. En la empresa deben existir redes de comunicación que faciliten la transmisión de los valores (Marín, 2001).

Las transformaciones en la estructura tecno-social, fundamento de la sociedad, conducen a nuevos tipos de relaciones sociales y a una nueva forma de organización espacial. Los problemas urbanos en cuestión, no son ya problemas de integración, sino, sobre todo, problemas de gestión del sistema, considerado en su conjunto: organización de las interdependencias espaciales en un medio tecnológico complejo, acción del sector público con vistas a la organización del consumo de las necesidades colectivas (Castells, 1975).

Las instituciones secundarias, como son denominadas por Berger y Luckmann, son las que contribuyen en mayor medida a la producción y procesamiento del sentido social y fortalecen la sociedad civil, pues es en ella donde se origina la *"densidad moral"* capaz de vincular y orientar al individuo. Además, estos autores coinciden con Sennett en considerar que el sentido de la propia existencia depende de concebir a ésta como un proyecto a largo plazo, que trasciende lo cotidiano (Berger y Luckmann, 1997).

Sennett se enfrenta a toda la cultura moderna del riesgo, que equipara estabilidad con fracaso, y que exalta el movimiento, *"aunque el viaje permanente no lleve a ningún sitio"*: ¿cómo pueden perseguirse objetivos a largo plazo en una sociedad a corto plazo?, ¿cómo sostener relaciones humanas duraderas?, ¿cómo puede un ser humano desarrollar un relato de su identidad e historia vital en una sociedad compuesta de episodios y fragmentos? (Sennett, 2000). Para este autor existe una disminución de la variedad y cantidad de interacción simbólica entre los individuos en las ciudades modernas, un decaimiento de la sociedad y de lo público debido a los valores individualistas. Lo común a todos estos investigadores es su interés por comprender los procesos por los cuales las personas describen, explican y dan cuenta del mundo en que viven. Esas descripciones o relatos son resultado del diálogo social y con mucha repercusión en la vida de la gente.

Proyecto a largo plazo y proyecto común de donde se derivan tres elementos importantes: *la cooperación entre ámbitos, el respeto a la diversidad, la creación de una visión compartida.* Este último aspecto entronca directamente con el desarrollo de la comunicación y del liderazgo de cada organización (Díaz y Cuellar, 2007).

1.5. EL LIDERAZGO Y LA CULTURA ORGANIZATIVA

La inteligencia contextual, la aplicación del pensamiento de sistemas a la actividad organizacional es, precisamente, uno de los rasgos característicos de los líderes. Sin reflexión, sin introspección, sin comprensión, sin aprendizaje, no hay innovación posible. Innovación y liderazgo son las dos caras de la misma moneda, la moneda del talento; talento que ha de encajar con la tarea, buscar el compromiso con el equipo y apasionadamente la mejora continua (Cubeiro, 2007).

"Las mejores organizaciones no lo son por contratar a los mejores, sino por establecer procesos y sistemas que animan a las personas a pensar, y permiten que ese pensamiento se ponga en práctica" (Stewart, 1998).

Cubeiro (2007) propone seguir el talento de Leonardo Da Vinci, sobre el que subraya su intuición e inteligencia como factores más significativos, para después remarcar como claves de su genialidad, el deseo insaciable de satisfacer su curiosidad y la capacidad para entender los sentimientos, valores y necesidades de los demás. *"Leonardo Da Vinci, como buen líder, nunca dejó de crear en las más adversas situaciones y supo multiplicar sus entornos vitales, creciendo a cada circunstancia"* (Cubeiro, 2007).

El estilo de liderazgo determina el ambiente de trabajo de cualquier organización. En el caso de la administración, la ausencia de liderazgo o estilos de liderazgo no motivadores son aspectos directamente amenazantes. Es necesario saber transmitir a los equipos de trabajo los objetivos de la organización con una orientación al ciudadano explicita y una sistemática organizacional clara. Entendiendo organización como un sistema abierto de naturaleza psicosociotécnica en equilibrio dinámico. El desarrollo organizativo es un desarrollo psicosociotécnico (Gasalla, 2004).

Para Díaz (2007), una administración inteligente requiere características de liderazgo:

- Capacidad de acción y resolución: eminentemente útil y práctica.
- Autodeterminación y proyección: visión y posicionamiento estratégico.
- Voluntad y energía para actuar: eficacia de grupo.
- Capacidad de aprendizaje: conocimiento de su realidad interna y del entorno. Innovación.
- Productividad: optimización de recursos y creación del máximo valor público. Investigación +Desarrollo+ Innovación.
- Transparencia y ética: enfoque al ciudadano.

La cultura en la organización prepara a la gente con lenguajes que le permiten leer y emplear las relaciones sociales y proporciona las bases para crear y entender a las organizaciones. Las formas de organización social se derivan de ese conjunto de factores sociales o de organización. Actividades, interacciones, sentimientos y valores, son los elementos esenciales para el marco organizacional (Litterer, 1979).

El sistema cultural de la organización está compuesto por el conjunto de valores, creencias compartidos por sus miembros y que se hacen visibles por manifestaciones estructurales, simbólicas, materiales y conductuales respecto de la cultura (Durán y Unzaga, 2004).

La cultura organizativa se encuentra positivamente relacionada con las interacciones personales que tienen lugar en los equipos de trabajo; concretamente, se relacionan con el proceso de gestión de los conflictos y con el de toma de decisiones participativa. La cultura se encuentra imbricada en la organización por medio de los valores compartidos por los integrantes de la misma (Medina, 2006).

Desde una perspectiva de sistemas y contingencias, la organización es considerada como un sistema abierto e inserto en un medio dinámico con el que interactúa, en el que influye y por el que es influida. Se hace necesario el equilibrio externo como condición inicial de eficacia de la organización:

- principio de competitividad: adaptación y anticipación a las exigencias del entorno.
- principio de equilibrio organizativo: procesos de comportamiento y aprendizaje organizativo.

La cultura organizativa es, asimismo, la forma en que una sociedad determinada se enfrenta a su medio ambiente a través de los valores, creencias, normas y símbolos, es una representación de los valores compartidos por los miembros de una organización, proporciona significado, dirección y es la energía social que mueve a la organización hacia la acción. Los elementos internos fundamentales son: fundadores y líderes, valores, creencias, conocimiento, normas, símbolos, ritos, leyendas (Aguirre, Castillo, y Tous, 2003).

La cultura organizacional es un elemento clave en la identificación y diferenciación de la organización: evoluciona al igual que los valores de las personas. Esto hace que el clima laboral influya decisivamente en la proyección de su identidad hacia el exterior; el punto de partida es el entorno externo que condiciona y a la vez es condicionado por la estrategia (Gasalla, 2004).

El éxito de las organizaciones tiene, por ello, que ver cada vez en mayor medida con las necesidades, expectativas, motivaciones e intereses de sus miembros, por lo que parte fundamental de la estrategia de empresa será la de generar compromiso constante en todos los miembros de la organización (Mondría, 2006).

Los principales rasgos de la cultura participativa son la responsabilidad compartida, el reconocimiento de la identidad personal, los intereses colectivos sobre los individuales, la gestión del conflicto donde las relaciones son más importantes que la tarea concreta. La cultura es un factor que contribuye al éxito de la estrategia. Son dos factores que van muy unidos ya que son la base de la excelencia. Transformar las organizaciones en sobresalientes, superar crisis viéndolas como oportunidades, y hacer realidad la visión de empresa no es fácil y requiere líderes que sepan complementar la estrategia con la cultura, ver qué aspectos de la cultura favorecen la estrategia para tomar medidas concretas que ajusten ambos parámetros (Marín, 2001).

Para identificar a la organización es prioritario conocer los factores externos, material documental, historia, costumbres, escenario físico, dirección, actividades, valores, otros datos; y también la estructura de la organización como sistema de articulación de las relaciones humanas en función de las tareas y trabajo organizativo (Aguirre, Castillo, y Tous, 2003).

- *Variables determinantes de la organización:* entorno, estrategia, dimensión técnica, dimensión sociocultural (historia, cultura, demografía), y dimensión política (grupos de interés y distribución del poder).

- *Estructura formal/informal:* la primera es un sistema racional, deliberadamente establecido de coordinación del trabajo; la segunda surge de afinidades profesionales, sociales, etc.

- *Grado de formalización de la organización*: burocracia o altamente formalizado; y adhocracia o sistema flexible. Comunicación: flujos y redes. La tasa de aprendizaje de una organización debe ser igual o mayor que la tasa de cambio en su entorno (Gasalla, 2004).

1.6. LA CALIDAD EN LA ADMINISTRACIÓN PÚBLICA

Una de las mejores herramientas para la determinación de los objetivos y de los resultados de una organización pública es la planificación y el seguimiento de la gestión. La evolución de los instrumentos de valoración de la productividad y de la propia gestión ha propiciado mayor capacidad resolutiva. El ajuste con la realidad se ha conseguido en mayor medida a través de los diversos programas de modernización de la administración pública (Díaz y Cuellar, 2007), prácticas inteligentes desde el enfoque teórico que derivan en resultados prácticos, en el impulso de la calidad desde la nueva gestión pública. Una nueva gestión pública o gestión basada en la excelencia y calidad, tiene como objetivos esenciales la mejora del rendimiento de la organización pública para satisfacer las demandas de los ciudadanos considerados como clientes, la mejora en la transparencia de la gestión y la motivación de los empleados públicos a través de la delegación de responsabilidades (Caballero y Sanz, 2005). Estos objetivos derivan necesariamente en un sistema cultural administrativo que tiene las siguientes características:

- Consideración del ciudadano como cliente.
- Optimización de la eficiencia y disminución de los costes.
- Gestión por objetivos.
- Separación de las funciones estratégicas y operativas.
- Creación de centros gestores responsables de su presupuesto.
- Estructuras organizativas similares a empresas privadas.
- Competencia con la creación de mercados internos.
- Privatización.

Esta forma de gestión tan empresarial de lo público puede resultar problemática para la gobernanza democrática (equilibrio entre eficiencia administrativa y participación democrática), ya que la concepción de ésta pone valores como la igualdad, justicia, universalidad y legalidad por delante de la eficiencia; y por tanto se necesita medir los resultados de la acción administrativa, también en términos de valores democráticos (Prior y Martínez, 2001). Es decir, un proceso de modernización administrativa no puede ser ajeno a los valores políticos, debe ser un proceso de calidad democrática.

En ese sentido, toda gestión pública innovadora es una variable dependiente del modelo de gobernanza y por lo tanto debe tratarse de un dispositivo para gestionar políticamente la transformación y cambio en las organizaciones públicas con el fin de dar respuesta a la realidad tan compleja y cambiante. La clave de un proceso de modernización y calidad administrativa no está solo en la consecución de los productos finales, sino permitir la interacción con otros actores teniendo en cuenta las variables del entorno y variables institucionales.

Sólo una gestión socialmente inteligente, una gestión capaz de buscar con eficiencia el bienestar social, será capaz de dar respuesta a los retos que en este siglo XXI tienen ante sí las unidades, organizaciones, sistemas y redes dedicadas a la intervención social (Fantova, 2005).

Por ello, la calidad es ante todo una cuestión de percepción por parte del cliente y en esta percepción tienen mucho que ver las acciones que realizan las organizaciones para vender su producto, así como de una ética pública compartida. Entre los indicadores que se proponen como medida de la calidad global pueden quedar reducidos a seis factores: el desarrollo, la estructura organizativa, los recursos humanos y materiales, la modernización, la investigación y, finalmente, la productividad del sistema. Estos factores hacen referencia a cuatro grandes ámbitos empíricos: el contexto, los recursos, el funcionamiento y los resultados.

La calidad tiene sentido en relación con el propósito del producto o servicio. Se trata de una definición funcional de calidad. Existe calidad solo en la medida en que un producto o un servicio se ajustan a las exigencias para cuya satisfacción fue concebido y realizado. La dimensión más importante de la calidad es la funcionalidad, es decir, *calidad como excelencia,* como superación de altos estándares y ajustado de forma inherente a las expectativas específicas de la sociedad (Caballero y Sanz, 2005).

El conocimiento del entorno, la anticipación con acciones de mejora y la toma de decisiones adecuada y eficaz son ejes fundamentales en asegurar la durabilidad de la excelencia en los servicios deportivos.

1.7. EL ASOCIACIONISMO Y LA PARTICIPACIÓN CIUDADANA. EL TERCER SECTOR

El asociacionismo es la propensión de las personas a agruparse en conjuntos estables para obtener cualquier tipo de objetivo o meta y se estructura en tres sectores básicos: el estatal, el lucrativo comercial y el no lucrativo. La definición de sector no lucrativo se identifica con la exigencia de cinco criterios fundamentales que determinan los rasgos que debe tener una institución para ser entendida como parte de este sector: ser organizada formalmente, ser privada, tener capacidad de autocontrol institucional, no repartir beneficios, y tener un marcado grado de participación voluntaria (Ruiz, 2001a).

Desde una perspectiva clásica, las asociaciones y otros grupos son algunos de los espacios sociales desde los que puede articularse en la construcción de la ciudad en su sentido más amplio; asociacionismo es sociabilidad. Las asociaciones actúan como verdaderos nexos de unión entre la base social y las instituciones.

El asociacionismo deportivo constituye un pilar básico del deporte. Desarrolla una función esencial en las políticas sociales en la medida que permite la integración social, consolida la democracia mediante la participación en cuestiones públicas, dinamiza el voluntariado y realiza funciones de transformación social como agentes sociales de cambio.

Esta coalición estratégica con los actores del entorno permite identificar de forma nítida a los actores individuales y colectivos de su ámbito, así como el ajuste mutuo por interacción continuada, la creación de dispositivos adecuados para integrar intereses, la consolidación de la cultura de negociación continua, la responsabilización a los actores implicados en acciones a largo plazo y la potenciación de las asociaciones y del tercer sector para la prestación de servicios de carácter colectivo (Iglesias, 2006).

En España el sector no lucrativo está poco estudiado y existen pocos datos fiables que nos aporten una visión de su naturaleza, peso y actividad económica que generan. Pero algunas investigaciones ofrecen datos significativos en los que las entidades deportivas tienen un peso importante en el sector no lucrativo español (Ruiz, 2001b). El sector no lucrativo se configura como una formidable fuerza económica, tanto por lo que respecta a generación de empleo como a las magnitudes de su "*facturación*". El tercer sector complementa al Estado del Bienestar sin sustituirlo. La generación de puestos de trabajo en el tercer sector parece abonar la tesis de quienes ven en él un notable yacimiento de empleo.

El sector que concentra mayor número de voluntarios en sentido amplio (dedicación mínima) es el de cultura, deporte y actividades recreativas. La importancia de este sector radica en los términos económicos, pues su operatividad se basa en cuestiones financieras donde los gastos de personal son los más significativos (Ruiz, 2001a). Algunos datos: el 58% de las entidades no lucrativas de España son de cultura, deporte y recreación; y el número de empleados remunerados en el ámbito deportivo es de más de 50.000 personas. La valoración de la evolución de las entidades no lucrativas se articula en cuatro puntos: su encuadre institucional en la sociedad, su diseño de gobernanza, el soporte financiero y su impacto social en la comunidad donde se desarrolla (Ruiz, 2007).

Una gestión pública de excelencia requiere de una revisión permanente acerca de sus rendimientos, de sus funciones y de su organización. Un eficaz proceso de modernización implica la mezcla de nueva regulación pública, dinámicas del mercado y compromiso social mediante la participación ciudadana.

El Tercer Sector es un área autónoma e intermediaria entre el mercado, el estado y la familia, que ayuda a asegurar el funcionamiento de la sociedad en su conjunto (Heinemann, 1999). Su desarrollo facilita cauces de expresión ciudadana pues es un ámbito de intermediación ciudadana y el poder público.

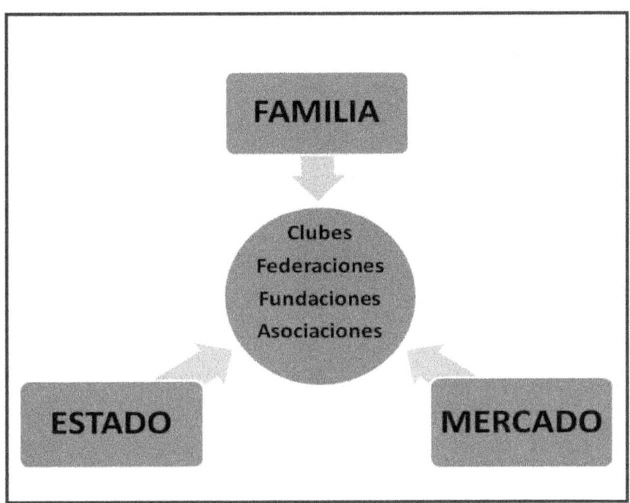

El Tercer Sector. Heinemann (1999).

El tercer sector es imprescindible para el funcionamiento de las sociedades modernas y para que los clubes adopten funciones de mediadores entre la administración y las colectividades. Se puede decir que el deporte organizado en clubes y federaciones asume tareas públicas, donde el grado de intervencionismo viene determinado en función de la amplitud con que el tercer sector se haya desarrollado autónomamente (Heinemann, 1999).

2. EL FENÓMENO DEPORTIVO.
LA PRÁCTICA DEPORTIVA

La evolución que ha experimentado el deporte en los últimos años y la incorporación tan grande que se ha producido de ciudadanos de todas las edades, han hecho que el deporte adquiera una dimensión compleja y, a la vez, apasionante. Concepción del deporte como elemento de salud e imagen personal. Lo importante del deporte popular es que hay detrás una sociedad dispuesta a hacer deporte. Como consecuencia, las demandas aumentan y la constitución de los ayuntamientos democráticos en 1979, valoran esta demanda como un servicio directo al ciudadano. La sensibilidad política de aquel tiempo hace que se constituyan servicios deportivos y se produce una fuerte expansión en el deporte local (Merino, 1999).

El concepto deporte está íntimamente relacionado con la sociedad que lo desarrolla y es, por lo tanto, un fenómeno social. Esto implica que haya ido evolucionando desde su nacimiento a lo largo de la historia, centrándose su definición antes en su aspecto lúdico, para pasar a tener un sentido competitivo y de ejercicio físico (Cagigal, 1979).

El deporte ha sido definido por García Ferrando como el fenómeno social más característico de las sociedades actuales, donde se mimetiza una gran complejidad cultural y social basada en el lenguaje y en el simbolismo que lo convierte en un hecho universal y en una institución propia de las sociedades industriales (García-Ferrando, 1990).

El deporte es un fenómeno social complejo muy difícil de delimitar, tanto en lo que al ámbito de su práctica se refiere, como en lo relativo a su precisa conceptualización. Generalmente, las consideraciones que resultan válidas aplicadas a determinados ámbitos de la práctica deportiva no resultan aplicables a otras. Así es que, en la actualidad, el deporte no se configura, como un fenómeno unitario, sino más bien como un conjunto diverso de manifestaciones sociales. El deporte es determinante en las sociedades modernas por la identificación que los individuos hacen con respecto a las colectividades a las que pertenecen, es decir, para la formación y manifestación de sus sentimientos colectivos y el equilibrio grupal (Latiesa, 2001).

Mediante la identificación con un equipo deportivo, la gente expresa su identificación con la ciudad a la que representa o con un subgrupo concreto, como una clase social o etnia. En las sociedades industriales modernas, complejas, fluidas y relativamente impersonales, la pertenencia o identificación con un equipo deportivo aporta a la gente un puntal para su identidad, una fuente de sentimientos grupales y un sentido de pertenencia, que de otra forma supondría una existencia aislada (Dunning, 2003).

La práctica deportiva posee una gran amplitud conceptual dentro de la sociedad actual, posiblemente una de las causas de ello es que el deporte se realiza atendiendo a una diversidad de objetivos y de muchas formas diferentes. No existe, pues, un solo tipo ni una única orientación en la práctica deportiva, sino toda una variedad, cuyo origen radica en la diversidad de propósitos por los que se realiza y de contextos en los que se desarrolla.

La Carta Internacional de la Educación Física y el Deporte (UNESCO, 1978) dice:

> *"Todo ser humano tiene el derecho fundamental de acceder a la educación física y al deporte, que son indispensables para el pleno desarrollo de su personalidad. El derecho a desarrollar las facultades físicas, intelectuales y morales por medio de la educación física y el deporte deberá garantizarse tanto dentro del marco del sistema educativo como en el de los demás aspectos de la vida social".*

De las distintas tipificaciones que se realizan de los deportes se puede realizar la clasificación siguiente: deporte para todos, deporte de rendimiento (deporte de base y deporte de tecnificación y alto rendimiento) y deporte espectáculo (Romero, 2001).

La participación, la recreación y el rendimiento son consustanciales al deporte de base, en el que por, una parte, debe haber un hueco para todo aquel que desee competir y en el que en mayor o menor medida se pretende un cierto rendimiento. Desde un servicio deportivo municipal se debe apoyar al deporte federado o de rendimiento pero sin estar al servicio del mismo, pues el objetivo fundamental del deporte municipal es la promoción, difusión y participación del ciudadano con indiferencia de sus cualidades (Prieto, 2006).

El deporte para todos incluye el deporte educativo, el deporte integrador, el deporte formativo, el deporte salud y el deporte recreativo; por su parte el deporte de rendimiento incluye el deporte de competición, el deporte de alto rendimiento y el deporte de gran espectáculo (De la Plata, 2001).

Dentro del deporte para todos incluimos el deporte salud y el deporte recreación. En cuanto al deporte educativo, formativo, o social, en algunos casos la referencia es al deporte para todos y en otros casos está vinculado al deporte de base, dependiendo del contexto y tipo de participante: el deporte para todos o/y deporte salud; y el deporte de rendimiento.

Según De la Plata (2001), el deporte de rendimiento influye más en el deporte para todos porque implica referencia y genera recursos. Es, siguiendo al autor, el mejor medio para que el deporte alcance un nivel alto, por la cantidad y calidad de instalaciones, técnicos, organización y economía que se generan a su alrededor. Para este autor, el deporte de competición, aunque se ha discutido su interés público, no cabe duda que crea hábitos saludables, estimula la capacidad de superación y fomenta la práctica entre la ciudadanía.

El deporte de rendimiento, en las mejores condiciones de práctica, con respeto, atención, consideración, valores y con programas adecuados, que haga deportistas más maduros, más realizados, con menos frustraciones, en definitiva, hacer a los deportistas mejores personas.

La Carta Europea del Deporte de 1992 define deporte de la siguiente manera:

> *"Se entiende por deporte cualquier forma de actividad física que, a través de una participación organizada o no, tiene por objeto la expresión o mejoría de la condición física y psíquica, el desarrollo de las relaciones o la obtención de resultados en competición a todos los niveles".*

En cuanto al deporte de rendimiento lo concebimos como aquel que requiere de tecnificación, práctica continuada y deliberada, cierto compromiso y necesidad de realizarlo en el marco de la competición (Ruiz y Sánchez, 1997; Sánchez, 2002; Thiess, Tschiene, y Nickel, 2004).

El deporte para todos o deporte salud, suele denominarse al deporte realizado por la gran mayoría de la gente, con ánimo de mejorar su bienestar físico y social y desde una posición de práctica recreativa. Aunque seguramente reduccionista, esta clasificación dicotómica nos proporciona una visión más dirigida de la parcela del deporte sobre la que realizamos nuestra investigación: focalizamos la atención en el *deporte de rendimiento*, sabiendo que el deporte para todos y el deporte de salud es también, en este municipio, un producto de *alto nivel*.

2.1. EL SISTEMA DEPORTIVO

Sistema deportivo es el conjunto de todos aquellos elementos relacionados entre sí y que contribuyen al desarrollo del deporte en todas sus manifestaciones: ordenamiento jurídico-deportivo, estructura deportiva e infraestructura deportiva (Blanco, 1999). También es definido como el conjunto de personas, medios y entidades que contribuyen a la existencia de una oferta deportiva que se realiza en el contexto público o privado, y que se puede interrelacionar (Stoppani, 1993).

Es necesario entender que sistema deportivo está relacionado con la organización y legislación del deporte y que, además de tener esta primera aproximación, debemos saber que no existe un único sistema deportivo, sino que, dependiendo del ámbito territorial y según su naturaleza pública o privada, se puede hablar de diferentes sistemas deportivos.

Ha habido muchas interpretaciones sobre el sistema deportivo. De hecho, quien introduce el término de sistema deportivo en la planificación deportiva es Rossi Mori, quien a finales de la década de los años setenta publica el llamado *"Método Punto-Deporte"*, dónde se recogen los presupuestos teóricos que se llevarían más tarde a la práctica y en el que se nos explica la aplicación del mismo a la vida real. Según Rossi, se denomina sistema deportivo al conjunto de todos los practicantes y de todos los servicios deportivos en un territorio determinado (Boné, 1999).

Según un estudio efectuado por Lagardera (1995), el sistema deportivo posee una serie de componentes que conforman una extensa y compleja red de relaciones intrínsecas y extrínsecas susceptibles de configurar otros sistemas sociales: las federaciones deportivas, las actividades y las disciplinas deportivas, los deportistas, los clubes y sociedades deportivas, los espacios e instalaciones deportivas, los espectadores y aficionados, las instituciones sociales y los medios de comunicación social.

La identificación de estos ocho componentes constitutivos del sistema deporte supone un proceso de aproximación racional, como corresponde a todo proceso de representación de un modelo de la realidad con el objetivo de abordar el fenómeno deportivo de manera más comprensible. Cada componente se constituye como un subsistema y cada subsistema presenta cambios importantes de manera particular que afectan al sistema deporte en su conjunto (Olivera, 2005).

En consecuencia el fenómeno deportivo puede ser considerado como *el producto* del sistema deportivo donde sus componentes básicos son los practicantes más los servicios deportivos, y en el que servicio deportivo es el conjunto de técnicos más equipamientos (Boné, 1999).

En términos generales, los elementos constitutivos del sistema deportivo más significativos, según Boné (1999), son: el ordenamiento jurídico del sistema deportivo, la estructura deportiva, la infraestructura deportiva, los recursos económicos, y los recursos humanos.

Las condiciones sociales están estrechamente relacionadas con el modelo de sistema deportivo e implican una determinada cultura deportiva.

2.2. LA EXCELENCIA EN EL DEPORTE. SISTEMAS DEPORTIVOS EXCELENTES Y DESARROLLO DEL DEPORTE DE ALTO NIVEL

El sistema deportivo es una entidad compleja cuyo rasgo principal es su carácter estructural, su dependencia con el entorno y la necesidad de adaptación al mismo. Lo conforman a su vez subsistemas cuyo nexo de unión está en la competición deportiva, que es lo que les da sentido a sus interacciones. Los componentes principales del sistema deportivo son los propios deportistas, las federaciones, los clubes, las infraestructuras, las instituciones sociales y los medios de comunicación (Lagardera, 1995).

Las organizaciones, su estructura y dinamismo, son la clave del sistema deportivo. Sin la estructura no existirían los sistemas sociales, y sus propiedades vienen determinadas por el comportamiento organizacional: creencias, valores, patrones de cambio, etc., (Boné, 1999).

El deportista no es un ser aislado que progresa indiferente a sus circunstancias, para su desarrollo necesita de unas condiciones estables que favorezcan su preparación deportiva y la organización y gestión del entrenamiento, sistema complejo de calidad: entorno socio ambiental, ámbito deportivo, y ámbito personal (Sáenz-López, 2006).

El deporte es un instrumento de transmisión de cultura que va a reflejar los valores básicos del marco cultural en el que se desenvuelve. Como producto social, la práctica deportiva se convierte en un elemento clave de socialización.

El sistema deportivo, por tanto, debe ser generador de estas óptimas condiciones (Gutiérrez, 1995). Un sistema rico en condiciones socioculturales e individuales que deriven en un entorno excelente para el deportista en los ámbitos de organización deportiva, de planificación del entrenamiento, de condiciones familiares y de realidad sociocultural.

La práctica deportiva en alto rendimiento requiere de unas condiciones del mayor nivel en el entorno personal y en el entorno de entrenamiento del deportista: reconocimiento social, perspectiva de futuro, apoyo técnico, infraestructuras y equipamientos, apoyo tecnológico, apoyo científico, dedicación prioritaria, estabilidad emocional y condiciones de vida adecuadas (Sánchez, 2005).

Entorno personal y de entrenamiento del deportista. Sánchez 2005.

Sistemas complejos multi-interactivos, núcleos de calidad de rendimiento donde las claves son la posibilidad de recursos, la suficiente dedicación al deportista, el apoyo técnico y científico adecuado y la estabilidad afectiva y perspectiva de futuro del deportista (Sánchez, 2005).

El rendimiento del deportista viene, entonces, determinado por al ámbito personal, el ámbito deportivo y por el entorno socio-ambiental. En el entorno socio-ambiental en donde pueden generarse entornos favorables por la creación intencionada de núcleos favorables dentro de una sociedad y ambiente de calidad.

Siguiendo a Sánchez (2005), las claves del desarrollo del alto nivel (DAN) son la concentración de recursos, la suficiente dedicación al deportista, el suficiente apoyo técnico y científico, la continuidad en la carrera profesional del deportista, la estabilidad afectiva, la perspectiva de futuro, la definición de objetivos de éxito, y la consolidación de la generación de entornos socio deportivos adecuados: los núcleos de calidad deportiva.

Ubicación de la estructura del entrenamiento de alto rendimiento deportivo dentro del contexto general del sistema deportivo:

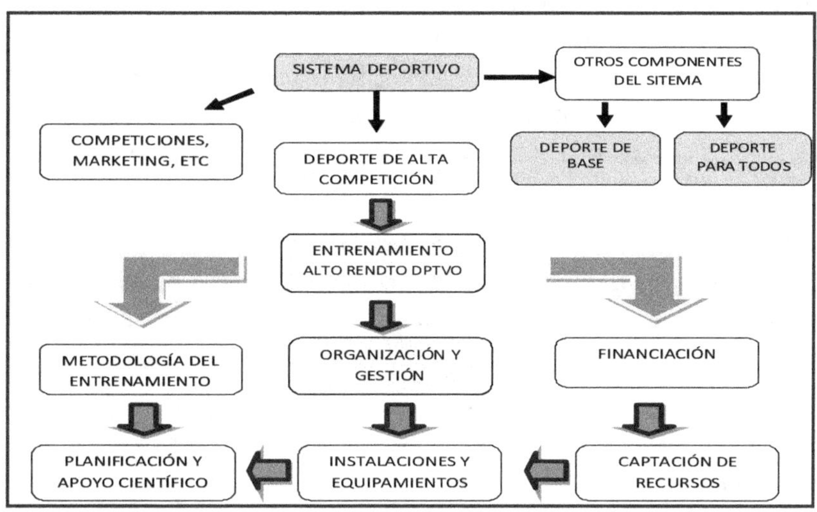

Estructura del entrenamiento de alto rendimiento deportivo.
Sánchez 2005.

Ejemplo de sistema deportivo excelente es Quebec (Canada), con la Fondation de l'athlète d'excellence du Quebec, donde se realizan programas de asistencia en distintos grados para el apoyo de los deportistas de alto nivel. Uno de los más significativos es el de apoyo económico a los atletas-estudiantes. El sistema deportivo de Quebec tiene la premisa de que el rendimiento deportivo y académico es fuente de expresión de la excelencia.

La política deportiva canadiense, con una visión del deporte que contiene un entorno deportivo dinámico y contemporáneo, permite a todos una práctica deportiva a la medida de sus habilidades e intereses, con la característica de ser un entorno excelente donde deporte de rendimiento y deporte para todos no sólo no son antagonistas, sino que conviven y se complementan para potenciarse desde la base (Loignon, 2005).

El deporte centrado en el deportista/participante es un sistema deportivo que se basa en la igualdad, accesibilidad y desarrollo personal que favorece la excelencia deportiva primando a atletas y entrenadores con nivel y posibilidades de grandes resultados (Green y Oakley, 2001). El deporte es de interés público y, en este sentido, se toma como un medio eficaz para el mantenimiento de la salud, del bienestar social y del desarrollo comunitario.

Un ejemplo de programa de deporte-estudios en Canadá es el de *Baseball Quebec* con el objetivo de permitir a los atletas acelerar su desarrollo deportivo y académico dentro de una estructura de permanente progresión que posibilita la preparación adecuada de competiciones del más alto nivel. También la *Federation equestre du Quebec* tiene un programa de desarrollo de la excelencia que permite a los deportistas a través del subprograma deporte-estudios conciliar sus objetivos académicos con sus objetivos deportivos (Loignon, 2005).

Por su parte, en Suiza se estructura el deporte desde los Cantones y municipios en unión con las confederaciones deportivas, los clubes deportivos y la Asociación Suiza del Deporte como institución de mayor rango a nivel estatal.

En España, como sistema deportivo excelente tenemos principalmente el modelo de Barcelona donde antes de las olimpiadas de 1992 ya realizaban el formato de gestión indirecta con colaboraciones de clubes de la ciudad. Su política deportiva municipal se ha basado en el liderazgo de proyectos, la estimulación de vías novedosas de acción, la definición de objetivos a nivel global y territorial, así como la promoción deportiva de calidad.

Se realiza fundamentalmente con la cesión de la gestión de las instalaciones deportivas municipales (IDM) a los clubes, asociaciones, federaciones y, en los últimos años, a empresas deportivas. Estableciendo sistemas de gestión indirecta de las instalaciones deportivas municipales.

El Sistema deportivo de la región de Madrid tiene como fundamento de gestión también la colaboración del sector público con el sector privado. Se realiza desde la Consejería de cultura y deporte de la Comunidad de Madrid (Viceconsejería de deportes). Dicha Viceconsejería de Deportes tiene la estructuración organizativa siguiente:

- Dirección General de Deportes
- Dirección General de Promoción Deportiva
- Instituto Madrileño del Deporte, el Esparcimiento y la Recreación
- Centro de Medicina Deportiva
- "Deporte y Montaña, Sociedad Anónima".

El IMDER (Instituto Madrileño del Deporte, el Esparcimiento y la Recreación) gestiona:

- Centro de Natación Mundial 86
- Estadio de Vallehermoso

- Instalación Deportiva Canal de Isabel II
- Instalación Deportiva San Vicente de Paúl
- Parque Deportivo de Puerta de Hierro

En cuanto al sistema deportivo de Madrid municipio (capital) las funciones se realizan desde de la Dirección General de Deportes del Ayuntamiento de Madrid:

- Gestión de la política deportiva del Ayuntamiento (salvo las competencias propias de los Distritos)
- Coordinación y gestión de los programas deportivos
- Gestión y seguimiento de convenios
- Seguimiento de la gestión económica, financiera y presupuestaria
- Colaboración en la preparación de eventos deportivos
- Programas y servicios deportivos
- Propuesta de nuevos servicios deportivos

La característica clave de un sistema deportivo excelente tiene que ver con tener un modelo de desarrollo deportivo que combine adecuada y equilibradamente el deporte para todos con el deporte de rendimiento. También será necesaria la mejor combinación del deporte de tecnificación con el deporte como herramienta social.

Siguiendo con las claves de generación de un sistema deportivo excelente, es determinante que preceda a éste un contexto sociodeportivo de excelencia también. De esta manera la gobernanza y cultura organizativa de calidad propiciada por el equipo de gobierno municipal deriva en una apuesta y voluntad política e institucional sobre el deporte muy potente que se une a una participación ciudadana fuerte que potencia la dinamización, gestión y promoción que se realiza desde la gestión directa de los técnicos profesionales. Estos últimos tienen la función necesaria de movilizar a realizar actividad deportiva a los ciudadanos por lo que se convierten en técnicos mediadores deportivos y sociales al realizar lo que denomina Cagigal (1979) "pedagogía deportiva".

Con todo, se termina creando lo que denominamos Ciudad multideportiva y saludable. Donde su modelo de desarrollo deportivo está basado en la diversidad deportiva y el objetivo de práctica deportiva general de la población. Ello propicia un desarrollo de ciudad tanto en resultados como en imagen que converge en ser Modelo de Ciudad.

2.3. LA GESTIÓN EXCELENTE DEL DEPORTE. LOS CLUBES DEPORTIVOS EXCELENTES

La calidad y la búsqueda de la excelencia organizativa nos lleva a profundizar y estudiar en el contexto de gestión deportiva municipal las herramientas de su gestión de la calidad: encuestas de calidad y satisfacción, sistemas de reclamaciones y sugerencias, sistemas de evaluación de actividades deportivas, cartas de servicios, estudios de satisfacción laboral, talleres de mejora, jornadas de calidad, cuadro integral de mando y autoevaluación EFQM (Dorado, 2006).

La calidad total y la mejora continua son las estrategias que proporcionan la satisfacción permanente de las expectativas y necesidades de los clientes/usuarios. Se entiende por calidad el grado en que los servicios cumplen con las exigencias de la gente que los utiliza. Es, en cierto sentido, el camino hacia la excelencia (Dorado y Gallardo, 2005).

Los sistemas de calidad son métodos apropiados para establecer la estructura organizativa, los procedimientos y los recursos necesarios para implantar la gestión de la calidad. Dichos sistemas se aplican en base a los modelos de excelencia organizativa, que son a la vez referentes de calidad en muchos casos con formato de premio. Estos modelos agrupan varios criterios en el área de la organización que sirven para estructurar los procedimientos hacia la mejora continua y hacia el logro de los resultados.

Entre estos modelos se encuentra el de excelencia europea EFQM que consta de nueve criterios, cinco de ellos son agentes facilitadores de los resultados y cuatro son los propios resultados.

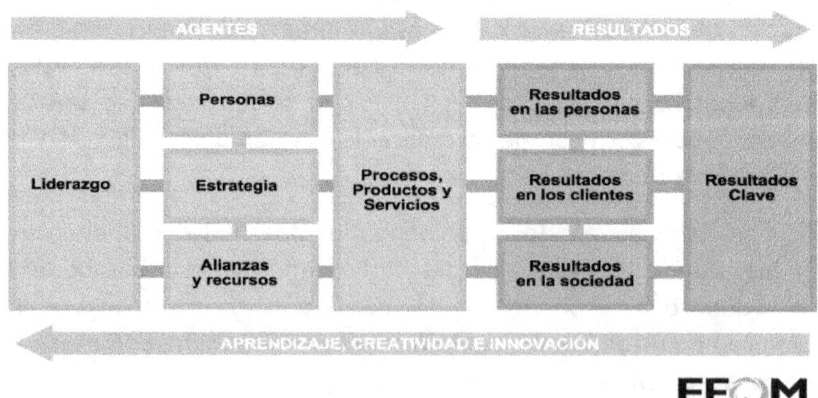

Criterios del modelo de excelencia europea EFQM.

Los criterios facilitadores son el liderazgo, las personas, la política y estrategia, las alianzas y recursos, y los procesos. Por su parte, los criterios de resultados son los resultados en las personas, en los clientes, en la sociedad, y los resultados clave. Los principios fundamentales del modelo EFQM son la orientación a los resultados y a los usuarios o clientes, que son los árbitros finales de la calidad del producto y del servicio; el liderazgo con objetivos claros y en un entorno óptimo, la gestión de los procesos, la implicación de todas las personas que intervienen y, por último, en las alianzas y la responsabilidad social que incluyen la confianza y el desarrollo del conocimiento, así como la ética y el servicio a la comunidad.

Los clubes deportivos son asociaciones privadas, sin ánimo de lucro, integradas por personas físicas o jurídicas, que tienen por objeto la promoción de una o varias modalidades deportivas, la práctica de las mismas por sus asociados, así como la participación en actividades o competiciones deportivas. Se clasifican en elementales, de base, y sociedades anónimas deportivas.

Según Stoppani (1993), entre las líneas de actuación de la política deportiva local de un ayuntamiento está también la de promover el deporte de alto nivel, colaborando con los clubes y asociaciones deportivas, a través de la creación de sistemas de becas para deportistas entrenadores, la organización de centros y programas de tecnificación deportiva, así como con el desarrollo de programas de investigación (Stoppani, 1993).

Los diversos modelos y programas de desarrollo del servicio deportivo de un municipio deben fortalecer el nivel de progreso del resto de las organizaciones deportivas que forman el sistema deportivo local, teniendo en cuenta para ello todos los aspectos cuantitativos y cualitativos de los elementos de dicho sistema, así como el contexto socioeconómico y geográfico donde se inserte.

Los factores característicos de un modelo de desarrollo deportivo de club excelente son los siguientes (Lapuente, 2003):

- Deporte de base y alta competición: compatibles, necesarios e interdependientes.
- Formación integral del deportista: valores sociales y personales, sumados a técnica y condición física.
- Alto índice de asociacionismo deportivo en el entorno.
- Comunicación bidireccional federación-club con entrenadores vinculados a la federación.

- Considerar el trabajo en la base en términos de rendimiento deportivo.
- Identificación de cada jugador con las aspiraciones de grupo.
- Implicar a socios, padres, vecinos y antiguos miembros del club en el proyecto global de la entidad.
- Entrenar el deporte como docente orientador, transmisor de valores y con una metodología pedagógica.
- Utilizar la competición como medio educativo.
- Programar específicamente por categorías deportivas.
- Obtención de parte de los recursos económicos a través de la gestión organizada por agrupaciones de clubes.

Así mismo, los factores específicos característicos de un club de alto rendimiento deportivo son (Lapuente, 2003):

- Alta cualificación técnica y humana de los entrenadores y de la dirección técnica.
- Fuerte apoyo institucional: instalaciones y espacios deportivos muy adecuados.
- Tener un primer equipo en la élite nacional.
- Contar con un grupo multidisciplinar de tecnificación y seguimiento especial para jugadores con condiciones especiales.
- Realizar investigación específica y apoyo tecnológico sobre el entrenamiento y la competición deportiva.
- Contar con una gran cantera.
- Trabajar a medio y largo plazo en los programas de talentos deportivos.
- Reciclajes periódicos de todo el cuadro técnico del club.
- Importante control de calidad y asesoramiento técnico de la institución municipal sobre programas y actividades del club.

La influencia del contexto en la iniciación deportiva de un club excelente va unido a una metodología deportiva que se encargue de organizar y estructurar todo el proceso de aprendizaje deportivo que fomente las mejores adaptaciones del sujeto como deportista y como persona. El modelo deportivo del club excelente se basa en el desarrollo del talento deportivo en condiciones favorables de nivel de competición, cantidad y calidad del entrenamiento, motivación, así como en la capacitación de sus técnicos (Lapuente, 2003).

2.4. LA EXCELENCIA EN LOS DEPORTISTAS

Establecemos el paradigma de la excelencia con los estudios de Ruiz y colaboradores (1997 y 2002) sobre los determinantes perceptivo-cognitivos y psicológicos de la excelencia en el deporte, así como sobre las claves para la optimización de los aprendizajes en deporte (Ruiz y Sánchez, 1997; Arruza y Ruiz, 2002).

Para hablar de la excelencia deportiva hay que tomar como referencia primera el concepto de talento deportivo, concepto que precisamos como la suma de las capacidades potenciales y de la realización óptima en el ámbito del deporte.

Ruiz y Sánchez (1997) definen talento como una habilidad extraordinaria, en la que los sujetos que la poseen son capaces de altas realizaciones en áreas tales como la competencia intelectual general, aptitud académica, la creatividad, el liderazgo, la competencia artística y la competencia motriz. Talento es también capacidad de compromiso, que aumenta o disminuye según las circunstancias (Cubeiro, 2007).

Según estas definiciones parece necesario detectar, seleccionar y orientar adecuadamente al sujeto para que sus potencialidades puedan generar las mayores posibilidades de rendimiento (Abbott y Collins, 2002). Detección y selección que puede resultar fútil si al talento descubierto no se le estimula, si no se le forma y si no se "cuida" el contexto donde va a desarrollarse (Ruiz et al., 2001).

La capacidad para seleccionar los contextos donde podamos sobresalir y moldear el ambiente para adaptarlo a nuestras necesidades es lo que ha denominado como inteligencia contextual (Sternberg, 1989).

Se requieren ciertas condiciones del ambiente para realizar una formación integral de los jóvenes talentos deportivos (Martindale, Collins, y Daubney, 2005):

- Visión y objetivo a largo plazo.
- Proporcionar un refuerzo coherente.
- Variedad de niveles.
- Metodología sistémica: trabajo con padres, entrenadores, etc.
- Trabajo específico del éxito y el fracaso en etapas de desarrollo.
- Ajustar expectativas, motivaciones, necesidades e intereses.
- Enseñanza específica integrada en cada etapa.

- Potenciar la responsabilidad y autonomía personal.
- Sistemas flexibles de entrenamiento.
- Ajuste de objetivos de resultado y competitivos.
- Valoración individualizada del progreso.

En la actualidad el concepto de talento se sustituye cada vez más por el de sujeto experto, concepto que es definido por Ruiz y Sánchez (1997) como sujeto con voluntad de querer llegar a lo más alto y que ha necesitado de tiempo, trabajo y correcta tutoría y supervisión técnica, y que junto con el conocimiento necesario para lograrlo le ha conducido a tener la pericia.

Estos mismos autores definen a las personas excelentes como aquellas que tienen la competencia de alcanzar las metas establecidas mediante el uso de recursos específicos. Trabajo constante y consciente, de *"práctica deliberada"*, unido a un deseo implícito de querer ser excelentes (Ruiz y Sánchez, 1997; Sánchez, 2002). Práctica deliberada entendida como una práctica altamente estructurada con el expreso deseo de progresar y mejorar y no sólo con el deseo de pasarlo bien o entretenerse. Práctica deliberada que está cargada de intencionalidad, con tareas diseñadas especialmente para mejorar el nivel de rendimiento, combinada con informaciones que permiten la corrección y la repetición dentro de un marco de compromiso y un clima psicosocial que favorece una práctica de calidad (Ruiz y Sánchez, 1997).

Al menos son necesarios diez años de práctica intensiva para adquirir las habilidades y experiencia requerida para llegar a ser experto. Es el deseo deliberado de optimizar los aprendizajes o deseo de excelencia, donde la práctica resultará efectiva cuando concurran factores como la perseverancia, entusiasmo mantenido y la tenacidad ante todo tipo de contratiempos (elevado compromiso hacia la tarea). El talento es la consecuencia del duro trabajo, de autodisciplina.

No hay que negar en ese recorrido el valor del componente genético, pero el mayor éxito sólo se da cuando coinciden una serie de elementos, en los que sin duda el compromiso, el entrenamiento adecuado, la práctica deliberada, la voluntad de mejorar y la tolerancia psicológica (autoeficacia y confianza) son los factores inherentes del experto en un deporte.

La excelencia personal es una cuestión de confianza en las propias capacidades y en comprometerte plenamente con tu propio desarrollo. Compromiso, intensidad y concentración son la clave de la excelencia (Sáenz-López et al., 2005). El proceso constante de buscar y encontrar retos que amplíen nuestra capacidad nos asegura el continuar aprendiendo y creciendo. Esto es lo que marca la diferencia entre la excelencia y la mediocridad. Llegar a ser excelentes significa tener la voluntad de sacrificarse (Orlick, 2004).

La voluntad de mejorar y de ser competente es la variable que condiciona el rendimiento y que en los expertos significa poseer un metaconocimiento afectivo elevado que les hace analizar mejor sus emociones, controlarlas adecuadamente y afrontar con eficacia los momentos difíciles (Arruza y Ruiz, 2002).

La excelencia deportiva se consigue cuando el deportista llega a alcanzar las mayores cotas de autorregulación, y esto reclama necesariamente la intervención del entrenador, después los propios sujetos incrementarán su nivel de autorregulación y su toma de decisiones, para terminar consiguiendo un elevado autoaprendizaje y gran compromiso con intervenciones cualificadas de los profesionales (Arruza y Ruiz, 2002).

Para algunos autores, entre los factores que contribuyen al éxito deportivo se encuentran, además de las cualidades físicas de base y los aspectos psicológicos, el apoyo del entorno (familia, amigos, entrenadores, club), las buenas instalaciones, así como el apoyo institucional y organizativo (Masnou y Puig, 1999).

En la familia, la relación entre padres e hijos y la práctica de deporte es fundamental. "La probabilidad de haber adquirido el hábito regular de practicar deporte es mayor entre las personas cuyos padres también hacen o hicieron deporte que entre las personas que no recibieron ese ejemplo" (García Ferrando, 1991).

El individuo se educa en el deporte ya que a través de él interioriza una serie de valores básicos para su socialización. Pero es también mediante sus acciones que el deporte adopta progresivamente sus formas y expresiones (compañerismo, solidaridad o violencia). Es decir, el carácter formativo del deporte se demuestra continuamente en su práctica. La preparación de una competición, el rigor del entrenamiento, la disciplina de equipo son aspectos educativos que se manifiestan en la práctica deportiva diaria y que se transfieren a la vida cotidiana (Sánchez, 1992).

En el momento en que todo este entorno que rodea al deportista ofrezca modelos adecuados de deportividad, sólo entonces, las competiciones deportivas para jóvenes serán el método útil para enseñar valores sociales deseables (Marín, Grau, y Yubero, 2002).

La intervención pública en el deporte de base debe tener unos criterios unificados que permitan rentabilizar y controlar los recursos y, al mismo tiempo, ofrecer un sistema estructurado. Se deben conectar las diferentes vías de promoción deportiva con la finalidad de rentabilizar esfuerzos de inversión, tanto a nivel económico como sobre todo de promoción deportiva y asegurar la continuidad del joven en la práctica deportiva (Orts y Mestre, 1997).

Para muchos autores el tener mejores resultados y con ello menor abandono, se debe a la estructura social del entorno de la escuela, donde haya un mayor capital social por la red de relaciones sociales. La densidad de vinculaciones sociales existentes tiene un efecto marcado sobre los buenos rendimientos de los jóvenes. El capital social se desarrolla a través de la confianza en la familia y en la educación por medio de redes comunitarias que comparten y refuerzan valores comunes (Bolívar, 2006).

3. MODELO DE DESARROLLO DEPORTIVO Y PRÁCTICA DEPORTIVA

Un modelo es una analogía con la realidad formado por los factores trascendentales de una situación concreta y las relaciones entre ellos. Para tener éxito, los modelos deben reducir la complejidad de las variables y de sus interrelaciones. Un modelo es una simplificación de un sistema social real, pero resulta más comprensivo que los modelos mentales para formular una política social (García, 1979).

El tratamiento de este punto lo realizamos integrando, en el mismo, la dimensión entornos del deportista, de entrenadores, así como de clubes deportivos.

Esquema gráfico de Modelo de desarrollo deportivo.

3.1. LA PRÁCTICA DEPORTIVA Y EL DEPORTE PARA TODOS

La información sobre los aspectos del sistema social y deportivo resulta imprescindible para poder realizar la evaluación de los mismos. Es preciso comprender el sistema en su totalidad llevando a cabo un proceso de clasificación, de interpretación de los hechos y de diagnóstico de los problemas. Se trata de realizar un proceso de síntesis, de tratar de estudiar el sistema en su conjunto, considerando las partes integradas de forma global en el todo. Una de las características de la teoría de sistemas es su reduccionismo por su búsqueda de la universalidad, rasgo por otra parte común y necesario en todas las ciencias cuando se tiende a la generalidad (Bertalanffy, Ashby, y Weinberg, 1972; García, 1995).

Un modelo de desarrollo deportivo de excelencia está fundamentado en el deporte para todos, en el deporte como socializador y el deporte como herramienta de cohesión de los ciudadanos. Desde un primer momento hay que tomar el deporte como un instrumento de integración de la población. El objetivo entonces es claro en el sentido de posibilitar la práctica del deporte a toda la población.

No es, por tanto, casual, que la práctica deportiva de un contexto sociodeportivo excelente sea una de las señas de identidad. La práctica deportiva debe ser valorada y potenciada como objetivo prioritario por los equipos de gobierno en la administración pública.

El deporte, en un contexto sociodeportivo excelente, no es tanto un complemento de la vida de sus ciudadanos, sino que forma parte del estilo de vida de la sociedad; se ha de tratar como objetivo explícito en el sentido de deporte educativo y de deporte como objeto social.

En este sentido, el deporte es un espacio de encuentro, un espacio educativo, donde el ciudadano se desarrolla como tal. Se presenta como un proceso educativo indispensable que permite tratar de alcanzar el objetivo de autonomía personal y participación plena en la sociedad. Los sentimientos, los afectos, los valores, las normas, son también instrumentos fundamentales de nuestro funcionamiento como seres humanos. Las interacciones sociales forman parte constituyente del desarrollo de cada ser humano (Linaza, 2006).

El deporte, además, es una buena herramienta de educación y de transmisión de valores para el niño y el joven. En los últimos años se viene potenciando el deporte femenino y el deporte para la población inmigrante en la línea de realizar actividades deportivas y de promoción del deporte para la mujer en todas las edades y para una mayor integración de los inmigrantes. Diversos especialistas en educación y en deporte llevan varios años trabajando con modelos de desarrollo de responsabilidad social y personal a través del deporte, partiendo de la base de que el *terreno de juego deportivo* es un marco perfecto para la transmisión de valores personales y sociales (Ruiz et al., 2006).

3.2. LA DIVERSIDAD DEPORTIVA

Uno de los aspectos más característicos del deporte de un contexto sociodeportivo excelente, junto con la enorme práctica general deportiva de la población, es la diversidad deportiva. Tanto para el fomento del deporte para todos, como para el progreso del deporte de competición y perfeccionamiento de los deportistas, es importante tener gran cantidad de disciplinas deportivas.

El carácter multideportivo del modelo de desarrollo de un contexto sociodeportivo excelente puede apuntarse, con toda seguridad, como generador de la gran cantidad de deportistas de alto nivel de los diversos deportes. Dicha diversidad produce un desarrollo del deporte para todas las clases sociales, con una filosofía de democratización del deporte para que no sea sólo de unos pocos. Un contexto sociodeportivo excelente es una ciudad multideportiva.

La diversidad deportiva no sólo es positiva para el ciudadano o usuario, también produce riqueza en los distintos niveles de la gestión. Se abren más tareas a nivel de gestión deportiva y mayores posibilidades de conocimiento de otras formas de hacer deporte (Blázquez, 1999; Latiesa y Martos, 2001).

3.3. EL DEPORTE DE BASE

Por su parte, la apuesta por el deporte para todos y por el deporte de base es uno de los factores clave del deporte de municipios sociodeportivos excelentes y, además, determinante en la generación de deportistas en el ámbito del rendimiento deportivo al realizarse en unas condiciones de calidad en cuanto a instalaciones, formación deportiva y gestión adecuada. Esta apuesta por el deporte de base y el deporte para todos genera mayor dinamización deportiva; por medio del deporte para todos, se proporciona la base humana que necesita el deporte de alta competición (Acuña, 1994).

Hay que decir, asimismo, que la definición de deporte de base está referida a las edades de desarrollo (niños y jóvenes), mientras que el concepto de deporte para todos lo utilizamos para definir la generalización del deporte en toda la población, principalmente la adulta. Cuando se habla de deporte de base se entiende como la actividad deportiva previa a la competición en forma de escuelas deportivas.

Siguiendo y explicando el cuadro siguiente, el deporte de base es también deporte de rendimiento en la medida de que es el paso previo para el deporte de élite y del alto rendimiento deportivo.

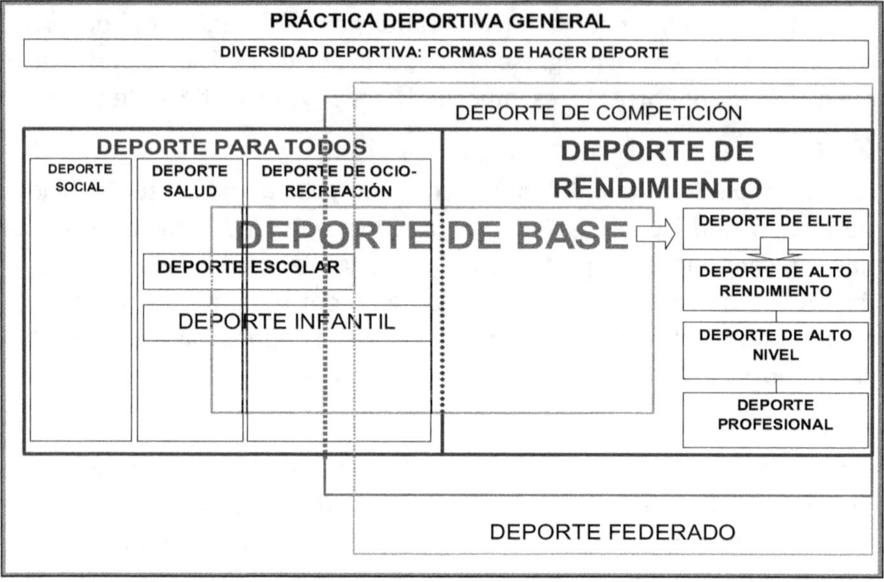

Esquema de práctica deportiva general de un contexto sociodeportivo excelente.

En el gráfico anterior se visualiza el mapa conceptual del modelo deportivo de Un contexto sociodeportivo excelente, donde la práctica deportiva general de la población es la clave principal, basada en la diversidad deportiva y la variedad de actividades físicas. Incluido en ese marco general de práctica general y diversidad de disciplinas, se encuentran las distintas formas de hacer deporte, diversificadas en dos vías bien diferenciadas, el deporte para todos y el deporte de rendimiento, algo, en principio antagónico.

El deporte para todos engloba el deporte de integración o social, el deporte salud, el deporte de ocio-recreación. También el deporte escolar y el deporte infantil, que, a su vez, quedan incluidos en el deporte de base en su vertiente de deporte para todos, pero que, en la medida que avanzamos en edad y en aprendizaje, entran en la parte de deporte de rendimiento que el deporte de base puede tener. Dentro del deporte de rendimiento se incluyen el deporte de élite, el deporte de alto rendimiento y el deporte profesional. Por su parte deporte federado abarca un abanico amplio que incluye todo el deporte de rendimiento y una parte del deporte de base-deporte para todos.

En cuanto a lo que se llama deporte de competición, evidentemente abarca todo el de rendimiento, pero también hay una gran parte del deporte para todos, deporte de base, deporte escolar y deporte infantil, que utilizan la competición como medio para desarrollar en condiciones sus objetivos de práctica normalizada. La competición, bien utilizada, puede ser fuente de educación y de transmisión de valores (Sánchez, 1992).

Cuando un niño o niña comienza en las escuelas deportivas, no debe ser condicionado negativamente ni por la referencia del alto rendimiento ni por un bajo nivel de aprendizaje, alegando objetivos exclusivamente recreativos (Lapalma, 2005).

3.4. LA INICIACIÓN DEPORTIVA

En cuanto a la iniciación deportiva, tenemos que decir que es la primera fase del itinerario orientado al éxito deportivo, por lo cual debe ser un proceso progresivo y de experimentación en la adquisición de las destrezas, conocimientos y actitudes (Martindale, Collins, y Daubney, 2005).

La iniciación deportiva es el período en el que el niño empieza a aprender de forma específica la práctica de uno o varios deportes. Tiene las características de ser un proceso de aprendizaje, donde se adquiere el conocimiento y la capacidad de ejecución deportiva; debe ser un proceso de socialización, con intencionalidad didáctica, que genere un compromiso de eficacia (Sánchez, 1992; Ruiz y Sánchez, 1997; Sánchez, 2002). El deporte sólo es educativo cuando se utiliza como objeto y medio de educación, integrado con método y orden en un programa coherente (Blázquez, 1999).

Para Dosil (2004), la iniciación deportiva es el tiempo desde el comienzo de práctica de una actividad física o deportiva hasta el aprendizaje de las destrezas mínimas para realizarla autónomamente. El autor concluye que dicha iniciación tiene un comienzo claro, pero un final difuso; y tiene una relación directa con el rendimiento por dos razones, primero por los métodos de aprendizaje, reflejo de los de la élite; y segundo por la selección de los deportistas más capacitados. Para este autor, el modelo ideal de iniciación deportiva es aquel que desde el inicio de la actividad el joven deportista o niño goza de asesoramiento psicológico (Dosil, 2004).

Si el objetivo es que el niño juegue, se divierta y adopte el deporte como parte integrante de la estructura de su personalidad, la estimulación adecuada de las actividades motoras debe comenzar lo más tempranamente posible. Es de fundamental importancia que el niño tenga, en todas las etapas, los elementos necesarios para que pueda integrar al movimiento como parte de su personalidad. La niñez es una etapa de aprendizaje y de desarrollo de las cualidades físicas básicas y no una etapa de especialización (Zurlo de Mirotti y Casasnovas, 2003; Ruiz, 2004).

En la relación entre la iniciación deportiva y el alto rendimiento, la clave, por tanto, no está tanto en el inicio como en la calidad y la perseverancia en el itinerario de tecnificación; por lo que hay que tener en cuenta en el camino hacia la excelencia varios aspectos de la formación y desarrollo técnico de los jóvenes deportistas (Arruza y Ruiz, 2002).

En la primera relación con el deporte de los deportistas de un contexto sociodeportivo excelente, se inician, principalmente, en otro deporte en el que suelen terminar compitiendo y ello hace referencia a una iniciación deportiva general sin especificar deporte alguno, datos que confirman las consideraciones de Arruza y Ruiz (2002).

No obstante, cuando la reseña está en función de la primera competición deportiva, los porcentajes son significativos en relación a su deporte actual; esto es, una mayoría de los deportistas indican haber realizado la primera competición deportiva en su deporte actual.

3.5. EL DEPORTE DE RENDIMIENTO. DEPORTE DE ELITE Y ALTO RENDIMIENTO

En un contexto sociodeportivo excelente, el deporte de rendimiento, surge desde la base, desde la buena gestión de las escuelas deportivas municipales, unido a un empuje activo desde los clubes deportivos, que hacen elevar los niveles de calidad y eficacia conforme la institución municipal ha demandado.

El crecimiento del deporte competición es muy importante en la ciudad. El deporte de rendimiento es importante que sea apoyado y que surja con fuerza, pero sin pretender, en un principio, ser el objetivo prioritario de la gestión deportiva pública.

Por lo que a la motivación se refiere, creemos como Olivera (2005), que el interés de los adolescentes por el deporte federado debe estar sustentada por valores intrínsecos, profundos y gratificantes, pues gracias a ellos su persistencia en la práctica deportiva será mucho más duradera que si se fundamenta la actividad en los tradicionales valores deportivos de carácter extrínseco: el deseo de ganar, la victoria, o el estatus social derivado de la práctica deportiva (Olivera, 2005).

El deporte de rendimiento, por tanto, en un contexto sociodeportivo excelente, debe estar gestionado directamente por los clubes deportivos a partir de las edades de juvenil desde los 18 años de edad, que es donde la administración pública en ámbito deportivo deja de *gestionar* directamente a los deportistas.

Si el deporte de rendimiento se eleva a deporte de alto rendimiento, con una formación técnica de los deportistas de cierto nivel, es gracias principalmente a los clubes y a sus técnicos. En esta fase la administración pública deportiva sólo realiza un mínimo seguimiento por efectuarse la práctica deportiva, de entrenamiento y de competición, en sus instalaciones. La excelencia deportiva en el deporte de rendimiento surge en el club deportivo, de la calidad de sus técnicos y de la calidad de su estructura organizativa-deportiva.

La excelencia deportiva es una continua búsqueda de la perfección del rendimiento deportivo, una necesidad de mejora que nace del desafío decidido de nuestros retos. Es un proceso de descubrimiento y aprendizaje constante, de encontrar sentido a nuestra propia vida y de superación de adversidades, que comienza con la visión de adonde quieres ir y el compromiso que supone llegar allí (Ruiz y Sánchez, 1997; Marina, 2004a; Orlick, 2004; Lapuente, 2005).

El referente del deporte de élite se estructura desde la base y en ese contexto, la tecnificación y el alto rendimiento son determinantes para generar el deporte de calidad. El desarrollo a largo plazo de las habilidades técnicas produce una incorporación mayor del repertorio de capacidades de éxito, como son la motivación, la adherencia al entrenamiento y la capacidad percibida (Arruza, Balagué, y Arrieta, 1998; Sánchez, 2002; Sáenz-López et al., 2005).

Con todo, es responsabilidad de las instituciones deportivas, públicas y privadas (organismos públicos deportivos y federaciones fundamentalmente), crear el entorno adecuado que permita a los jóvenes alcanzar metas importantes.

En ese sentido la infraestructura y la estructura deportiva (instalaciones, organizaciones potentes, y formación adecuada de técnicos y deportistas) son claves en la consecución del éxito deportivo (García et al., 2003).

Es aquí donde el proceso de llegar a ser experto, o el camino hacia la excelencia deportiva encajan en un mismo sentido, donde el proceso formativo, la planificación a largo plazo de forma integral y la consideración de los entornos de influencia del deportista se funden para subrayar la importancia del contexto social como factor clave inherente al proceso de formación de un deportista excelente.

Deportista experto es según Ruiz (1998), compromiso y deseo de ser excelente, entorno familiar favorable, entrenamiento adecuado para el desarrollo de sus aptitudes y cualidades. En un contexto sociodeportivo excelente ser deportista de élite se puede alcanzar desde la base; sabiendo que hay una gran diferencia entre deporte de base y deporte de élite, para lo cual se precisa realizar acciones específicas, como la agrupación de clubes y la obtención de recursos económicos, sin dejar de generar para el municipio, rendimiento social de diversa índole.

El trabajo realizado en el deporte de base, a través de las escuelas deportivas municipales y las escuelas-clubs en cogestión con las asociaciones, provoca que se llegue, casi sin querer, tanto por técnicos como por políticos, a una situación de deporte de base excelente que genera una cantidad de deportistas, equipos y clubes de cierto nivel de rendimiento. En muchos casos estos clubes, equipos o/y deportistas llegan a la élite internacional.

El deporte de rendimiento o de competición, dentro del deporte de base, debe contemplarse desde un beneficio hacia el deportista en un marco apropiado de ambiente deportivo donde prime la práctica y la realización de la actividad por encima de los resultados (Pastor y Balaguer, 2001; Jiménez et al., 2004). Se constata el hecho diferencial de fondo entre ambas formas de hacer deporte, la de práctica y la de competición, también en el deporte de base, donde la competición, bien llevada, como forma de aprendizaje y en un sentido lúdico es inherente a la propia realización deportiva (Sánchez, 1992; Blázquez, 1999). La crítica al formato de deporte de competición, sobre todo en edades de desarrollo, está presente de forma muy activa en la gestión del deporte de un contexto sociodeportivo de excelencia desde las instancias técnicas.

Estos espacios de toma de decisiones desde la gestión deportiva municipal, han de posibilitar, en parte, un avance proporcionado del deporte de base, entendido como parte primera del deporte de rendimiento. La determinación técnica de un organismo público deportivo, tiene que estar fundamentada en el conocimiento del deporte, de la educación física, de la población objetivo y de los fines sociopolíticos del gobierno municipal, desde un desarrollo del deporte de base ajustado y eficaz.

El intervencionismo apropiado desde la institución municipal, por tanto, forma parte del modelo social de desarrollo deportivo y de la necesidad de control desde la administración pública, de ámbitos de desarrollo social y formativo que deben estar asegurados y defendidos por una concepción de servicio público.

El deporte de base, por definición, debe ser saludable y tener un carácter distribuidor sobre el deporte de rendimiento, principalmente y sobre el deporte para todos. Según el Libro Blanco de I+D (Investigación + Desarrollo) del Deporte, la iniciación deportiva orientada hacia la participación en competición debería mejorar en sus aspectos lúdicos, formativos, y en su repercusión sobre la salud. Por esta razón se deben diseñar programas específicos y de desarrollo para la práctica del deporte de base, desarrollando, también, instrumentos de control de calidad y de sus resultados (Ramiro, Sánchez, y García Ferrando, 1998).

Con ello se puede, en gran medida, asegurar el buen trabajo en el deporte de base en su relación con el deporte de rendimiento, ámbito deportivo propio y lógico de niños y jóvenes (Lorenzo, 2000).

3.6. LA TECNIFICACIÓN. JÓVENES TALENTOS DEPORTIVOS

La eficacia del sistema deportivo local de un contexto sociodeportivo excelente viene determinada, además de por la iniciación deportiva, por la tecnificación de los deportistas, por la forma de tratar la competición deportiva, por la orientación de las escuelas deportivas y por el modelo de desarrollo deportivo establecido (Loignon, 2005).

En la identificación de las fases de la participación deportiva de los jóvenes deportistas existen propuestas como la de Wolfenden y Holt (2005), donde marcan entre los 6 a 12 años la iniciación genérica; de 13 a 15 años, la especialización y de 16 en adelante, el perfeccionamiento. Para estos autores, la fase de especialización es probablemente la fase más compleja de desarrollo, ya que los roles de los padres y de los entrenadores están en transición para los deportistas. Por ello, proponen un funcionamiento conjunto padres-entrenadores que facilite el desarrollo del deportista en un contexto apropiado (Wolfenden y Holt, 2005).

El alto rendimiento comienza cuando hay calidad en el trabajo del deporte de base enfocado al rendimiento y sólo quienes posean las condiciones adecuadas y la voluntad necesaria, es decir, talento y deseo de excelencia, estarán en condiciones de conseguir estar en la alta competición (Gimeno y Guedea, 2001).

En ese sentido, pueden ser muchos los clubes deportivos que propicien la excelencia en el deporte de base unido a la mejor gestión desde una administración pública deportiva. El organismo deportivo municipal, con su control sobre las escuelas y clubes, debe moderar de manera adecuada, posibles expectativas de rendimiento por parte de las entidades en deporte de base enfocadas exclusivamente a competición y a resultados.

En la programación de los servicios deportivos municipales, así mismo, se deben tener mecanismos de detección de talentos deportivos ya que el mimetismo y los referentes deportivos de alto nivel son de las mejores estrategias para fomentar la práctica deportiva y el fortalecimiento de asociaciones deportivas. Por ello es una buena fórmula, el que las escuelas deportivas de deportes de competición sean organizadas por clubes locales mediante convenios de colaboración y como método de ayuda para su consolidación (Prieto, 2006).

La propuesta de modelo de organización del deporte de base de Orts y Mestre (1997) para el deporte municipal es la siguiente: de 4 a 6 años, actividades físicas de base y juegos predeportivos; de 6 a 9 años, actividades físicas de base y juegos predeportivos y recreativos; de 9 a 11 años, iniciación deportiva y multideportiva, actividades recreativas; de 11 a 14 años, desarrollo deportivo e introducción progresiva a la competición, actividades recreativas; de 14 a 18 años, especialización deportiva y rendimiento deportivo, actividades recreativas.

En un contexto sociodeportivo excelente las escuelas deportivas tienen a sus alumnos entre los 7 a 17 años, donde cada club, dependiendo de los deportes, realiza la adecuación por niveles y grupos de edad.

Algarra y Gorrotxategi (1996), también proponen un proceso de formación a largo plazo, donde no exista precipitación en la búsqueda del rendimiento deportivo mediante el acortamiento temporal de cualquier fase de la formación. Proponen las siguientes etapas y períodos de formación: 11 a 13 años, etapa inicial de descubrimiento y familiarización; 14 a 16 años, etapa de desarrollo y entrenamiento; 17 a 19 años, etapa de formación y desarrollo específicos; 20 a 23 años, etapa de manifestación de posibilidades; 24 a

27 años, etapa de afianzamiento al máximo nivel; 28 años en adelante, etapa de madurez (Algarra y Gorrotxategi, 1996).

Algunas investigaciones concluyen en que la edad verdaderamente eficaz para el aprendizaje de un deporte (judo en este caso), es la comprendida entre los 9 y 11 años, encontrándose la edad mínima de comienzo a los 6 años y la media de iniciación en los 11 años (Carratalá y Carratalá, 2000).

Para Blázquez y Batalla (1999), la edad inicial de iniciación deportiva está entre los 6 y los 12 años, y concretan que, con un cierto nivel de exigencia, la edad de eficacia en el aprendizaje en iniciación está entre la edad de 9 y 11 años. Si bien la eficacia de aprendizaje siempre dependerá directamente del nivel de maduración, por lo que más importante que determinar la edad para iniciar a los niños en los deportes, será saber escoger la tarea adecuada y la forma de presentarla en cada momento (Blázquez y Batalla, 1999).

Siguiendo a Blázquez (1999) el programa de iniciación deportiva debe tener las siguientes características de no especialización temprana; de desarrollo de habilidades claves transferibles a diferentes deportes; de partir desde las capacidades condicionales de cada deporte; de adaptación a las posibilidades motrices del sujeto; de vincular nuevos aprendizajes a experiencias previas; y de realizar actividades coincidentes con las preferencias de los niños.

En este sentido, muchos entrenadores expertos sitúan la edad de comienzo de la etapa de iniciación deportiva en los 7-8 años y el final de esta primera fase de iniciación está en los 12 años de edad. Ello coincide en gran medida con las propuestas de Wolfenden y Holt (2005), y de Blázquez y Batalla (1999), y con el final de las etapas de descubrimiento y familiarización de Algarra y Gorrotxategi (1996); así como con los 11 años, del final de la iniciación deportiva y multideportiva, actividades recreativas, propuesta por Orts y Mestre (1997).

Esta edad de los 8 años se confirma, por nuestra parte, como la idónea de comienzo, teniendo en cuenta que para deportes individuales en gimnasio (de tatami), se puede comenzar a los 4 o 5 años. Esto coincide con los resultados de diversas investigaciones cuando se sitúa en 6 años la edad media de primera relación con el deporte (Brown, 2001).

Para el final de la iniciación deportiva, se puede establecer la edad de los 10 años.

Para el comienzo del perfeccionamiento deportivo, estamos de acuerdo con diversos entrenadores expertos, que marcan el comienzo de esta etapa entre los 14-15 años de edad. Coincide casi por completo con las edades de 13-15 años de las investigaciones de Wolfenden y Holt (2005); y de Brown (2001).

El comienzo de la competición, al igual que la etapa de rendimiento deportivo, se puede marcar en los 15-17 años, coincidiendo por completo con los 16 años propuestos por Wolfenden y Holt (2005), así como con la horquilla más amplia entre 14 y 18 años, de Orts y Mestre (1997) y que Brown (2001) marca en 18 años. En relación con el inicio de la competición, la media de edad de competición está en los 9 años y medio.

La explicación de esto puede encontrarse en el tipo de competición real referida por diversos clubes excelentes, que tiene que ver más con forma de organización deportiva, sin entrar en rendimiento del deporte, donde sí ponen el acento los entrenadores al subir el límite de edad.

Es, en definitiva, la edad que corresponde a la categoría de juvenil, donde la cifra de años se modifica algo dependiendo del tipo de deporte y de la madurez biológica y mental del joven. Coincidimos en esto con varios entrenadores expertos que admiten, como positivo, el paso de jóvenes deportistas a categorías superiores en competición siempre que se ajusten bien los objetivos, aunque otros ponen el acento en la importancia de no quemar etapas y de que cada categoría coincida con la edad del deportista.

En el deporte, la excelencia es el alto nivel deportivo, de clubes, de deportistas, del sistema deportivo y del contexto social donde tiene lugar. El modelo de gestión llega a un punto de calidad y de excelencia, en que se llega a ese tercer nivel, que es el alto rendimiento.

No cabe duda de que el deporte de élite se alcanza por el trabajo realizado desde todos los ámbitos. En este sentido, el empuje de clubes de cierto nivel y de deportistas que consiguen unos resultados excelentes hace que el deporte de rendimiento en un contexto sociodeportivo excelente sea cada día más considerado por los políticos y por los técnicos de los organismos municipales deportivos.

La relación de deportistas de base y deportistas de alta competición debe ser interdependiente y coordinada, con una presencia del deporte de alto nivel en la entidad, que es estimulante y que sirve de referencia a la toda la cantera del club (López, 1995). Para los entrenadores expertos la cantera es importante y necesaria; el talento tiene que ser descubierto, pero sobre todo tiene que ser estimulado y formado, teniendo en cuenta sus capacidades afectivas y las condiciones sociales. El talento nace y se hace, por lo que hay que realizar un proceso de formación de los jóvenes talentos a largo plazo y sin prisa (Sánchez, 2002; Moreno, 2004).

La visión del perfeccionamiento a largo plazo debe conducir de forma explícita y sistemática a que los entornos de influencia del deportista sean considerados dentro de un contexto integral de desarrollo (Martindale, Collins, y Daubney, 2005). En la primera etapa se hace difícil por cuestiones biológicas y morfológicas detectar talentos deportivos, por lo que en las etapas de desarrollo deportivo es necesario un enfoque preferentemente individual (Zelichenok, 1999).

Durante los años de aprendizaje, la competición debe ser un medio y no un fin en sí mismo. Coincidimos en este sentido con Sánchez (1994, 1999) en que la competición bien orientada es educativa y motivante, si tiene las características de interacción con el adversario y superación de uno mismo; búsqueda de perfección, de aprendizaje y de convivencia; así como de valoración del esfuerzo por búsqueda de excelencia (Sánchez, 1999).

La diversidad y equilibrio entre deportes, y el deporte de competición es un factor determinante para los jóvenes deportistas de un entorno deportivo municipal que tenga por objetivo ser contexto sociodeportivo excelente.

3.7. EL ABANDONO DEPORTIVO. LA MOTIVACIÓN DEL DEPORTISTA

En el paso del deporte de base al medio o alto rendimiento no podemos dejar de tener en cuenta la cuestión del abandono deportivo. Este es uno de los mayores problemas a los que se enfrentan los agentes sociodeportivos implicados en la formación deportiva (Contreras y Sánchez, 1998).

El deporte es una de las prácticas que suelen abandonarse con mayor frecuencia en el período adolescente, tanto en la versión recreativa como en la más competitiva. El adolescente abandona ciertos hábitos de etapas anteriores y adquiere otros nuevos y con ello va conformando una nueva personalidad y un nuevo estilo de vida. Muchos de los adolescentes que abandonan el deporte en este período ya nunca vuelven a reencontrarse con él, por lo que las decisiones y actuaciones en esta fase son fundamentales para el futuro de su vida activa (Olivera, 2005).

Autores como Personne , consideran que ciertos abandonos se producen como consecuencia de reacciones defensivas saludables (Personne, 2005).

En este sentido los técnicos deportivos expertos marcan el momento del abandono en juvenil y junior, entre los 17-18 años de edad.

A menudo la actividad física intensa y el deporte se han presentado como actividades muy competitivas en lo que lo único válido es la victoria. Sin embargo, el propio deporte se puede interpretar y practicar de manera más recreativa y gratificante en el que lo fundamental no es ganar por encima de todo, sino disfrutar de las emociones que te proporciona la actividad competitiva y pasarlo bien en compañía de la gente (Ruiz, 2004). Esta es una orientación del deporte de hoy que cada vez se está imponiendo más en entornos sociodeportivos excelentes y que puede ser el banderín de enganche para que una parte importante de nuestros adolescentes sigan ligados a la práctica deportiva en este período, consolidando un hábito esencial.

Entre las posibles causas del abandono deportivo en los jóvenes deportistas está la disminución progresiva de la intensidad de la motivación relacionada con los cambios biológicos y funcionales que se producen en estas edades, sobre todo entre los doce y catorce años (Cecchini, Méndez, y Contreras, 2005).

Prácticamente hay unanimidad, en investigaciones relevantes sobre el tema, en exponer que la motivación y el compromiso del deportista se consigue por exigencia mutua entrenador-deportista (Lapuente, 2005; Ruiz, 2006).

Siguiendo los estudios referidos, se indica que el abandono del deportista se produce por falta de esfuerzo, falta de motivación y porque no gusta la actividad que se hace. Se señalan, así mismo, razones de edad, amigos y por cambios de ciclo. Estos cambios de ciclo es a lo que se refiere Bronfenbrenner en su teoría de las transiciones ecológicas para el desarrollo, pues derivan precisamente de ese cambio de rol o de expectativas de conducta por las distintas posiciones que se toman en el contexto social (Bronfenbrenner, 1987).
Dado el carácter tremendamente selectivo del deporte de alto nivel, y una vez que se ven frustradas las expectativas de llegar a ser campeón (expectativas aumentadas frecuentemente por los propios padres) se produce con mayor frecuencia el abandono de la práctica deportiva de los jóvenes (García-Ferrando, 2006a).

Por último, indicar que los abandonos se producen fundamentalmente por las lesiones; apreciación que se confirma con investigaciones llevadas a cabo sobre deportista de alto nivel (Lapuente, 2005; Ruiz, 2006).

Un dato interesante es que los entrenadores trabajan el éxito y fracaso sobre los deportistas, en cualquiera de las dos vertientes debe trabajarse normalizando la situación, hablando con el deportista, y sabiendo relativizar y ajustar un nivel adecuado en el sujeto. La percepción del éxito o fracaso en el entrenamiento o en la competición viene determinada directamente por la percepción que los deportistas tienen de sus propios recursos y de las atribuciones que estos hacen respecto al propio rendimiento y resultado alcanzado (Ponseti et al., 1998).

La motivación deportiva es el resultado tanto de las características y metas individuales como de los factores ambientales, situación deportiva y realidad social (Garfield, 1987; Cantón, 1999). Esto sugiere que los padres, entrenadores y gestores deportivos deben estructurar la situación para mejorar o mantener la motivación de los deportistas, motivación que desciende principalmente por falta de divertimento (Cervelló, 2002; Ruiz, 2004).

Los deportistas abandonan, también, cuando se sienten incompetentes, ineficaces e inferiores a los demás pues, sobre todo en niños, el deseo de experimentar el éxito es muy importante (Blázquez, 1999). La competición deportiva, por tanto, debe ser divertida y tratarse como un medio de mejora y de desarrollo personal con énfasis en logros auto referenciados y ambiente democrático (Cecchini, Méndez, y Contreras, 2005; Pérez y Suarez, 2005).

En cuanto al control de abandonos de los deportistas, los entrenadores pertenecientes a un contexto sociodeportivo excelente realizan cierto control, bajando y adecuando niveles y ritmos de trabajo y hablando con los deportistas.

Según el modelo integrado de motivación, en el deportista influyen factores individuales como la edad, la madurez y la experiencia, y factores sociales como distintos aspectos socioeconómicos y sobre todo el liderazgo del entrenador (Balaguer, 1994; Benzi, 2004b).

Los entrenadores, con el apoyo de los clubes y de las instituciones deportivas, deben trabajar estos aspectos a través de programas concretos de deporte-estudios (Loignon, 2005). Programas específicos de deporte-estudios para sus deportistas que realizan algunos clubes deportivos.

Los peligros para el joven no provienen de la práctica deportiva sino de los excesos, es decir, del entrenamiento deportivo intenso y precoz en su conjunto (Le Sccauff y Bertsch, 1999; García, F., 2001; Personne, 2005).

3.8. GRADO DE PROFESIONALIZACIÓN Y LOGROS DE LOS DEPORTISTAS

Es muy importante realizar un autocontrol diario sobre el estado y la capacidad de trabajo, así como fijar gráficamente sus indicadores. El deportista que aprende a valorar subjetivamente su estado de forma puede prevenir el sobreentrenamiento. El deportista tiene necesidad de saber que el autocontrol diario y el análisis de sus datos, constituye la condición fundamental para la dirección óptima del proceso de preparación deportiva (Ozolin, 1983). La gestión activa y efectiva del control del rendimiento por parte del deportista favorece, además, su autonomía, implicación y adherencia a la actividad.

El autorregistro del entrenamiento y el control específico de la competición deben ser, pues, sugeridos y reforzados por parte de entrenadores como un elemento importante en la programación general deportiva (Lapuente, 2006).

Las posibilidades de progreso que tienen los deportistas y los entrenadores si se realizan programas específicos de apoyo y asesoramiento en psicología deportiva aplicada al entrenamiento y a la competición es muy grande pues se realizan pocas intervenciones y formaciones al respecto (Davies, 1991; Buceta, 1998). La metodología de la evaluación aplicada por el profesional de la psicología deportiva es de gran ayuda para detectar la necesidad de evaluar algún aspecto del entrenamiento y planteárselo al entrenador, orientar al entrenador sobre el procedimiento y los instrumentos para realizar la evaluación, diseñarlo teniendo en cuenta objetivos y contenidos señalados por el entrenador, orientar a los observadores sobre al procedimiento de registro de datos, ayudar al entrenador a relacionar e interpretar los datos registrados, ayudar al entrenador a obtener conclusiones válidas y finalmente encargarse de la evaluación de los aspectos psicológicos (Gil, 1991; Dosil y Sánchez, 2002; Buceta, 2004; Sanz et al., 2004).

Potenciar la formación y tecnificación de los deportistas es una de las claves para que del deportista de base llegue en las mejores condiciones al alto rendimiento.

En una investigación realizada sobre 170 deportistas del mayor nivel deportivo, divididos en tres segmentos (Lapuente, 2007): elite internacional, elite nacional y competición nacional, se concluyó que en relación al objetivo deportivo de temporada y al objetivo deportivo de su carrera deportiva, existen diferencias significativas entre el grupo de deportistas de élite internacional y el grupo de competición nacional. Los deportistas de élite internacional se proponen en mayor porcentaje (40%), ser deportistas de élite que los deportistas de nivel de competición nacional, que lo hacen en un 23,5%, siendo la primera opción la de divertirse (27,5%).

En este apartado de establecimiento de objetivos, es interesante ver la diferencia del nivel de dificultad de sus objetivos propuestos en un continuo de 0 a 100. Los sujetos de élite internacional se ponen objetivos de carrera deportiva con un mayor grado de dificultad que los deportistas de competición nacional.

Siguiendo con el establecimiento de objetivos, vemos como los deportistas de élite internacional se ajustan (diferencia dificultad-confianza) mejor los objetivos de temporada y los objetivos de carrera deportiva, que los deportistas de competición nacional y que los de élite nacional.

Sobre la importancia que dan a las capacidades psicológicas en relación al rendimiento deportivo, en los deportistas, la motivación aparece como lo más importante, seguido en cambio en estos, de la cohesión de equipo, como un factor determinante.

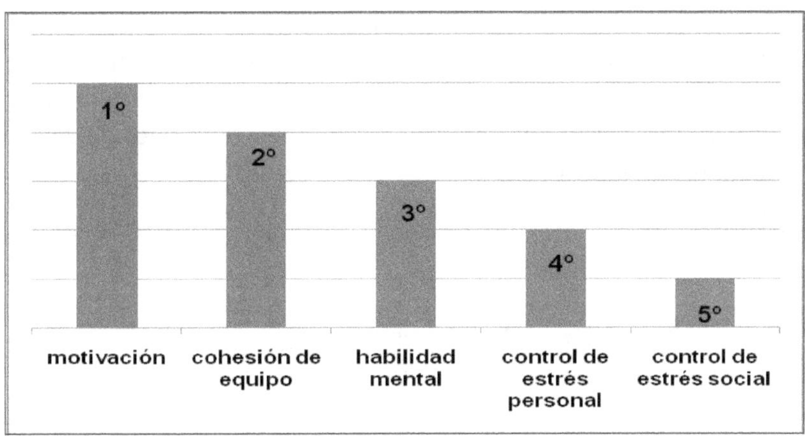

Orden de preferencia de Factores psicológicos de rendimiento deportivo.

Esta preferencia sobre la motivación coincide con estudios anteriores (Lapuente, 2005) sobre dichos factores psicológicos de rendimiento deportivo.

En el orden de importancia que los deportistas otorgan a los factores de entrenador se indica como primero el apoyo al deportista, seguido de instrucción y de organización.

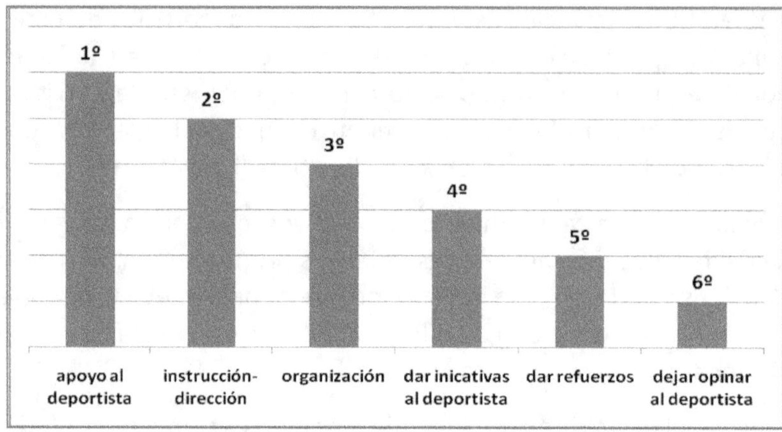

Orden de factores de liderazgo del entrenador.

La diferencia significativa con respecto a la elección de los entrenadores es que anteponen el apoyo al deportista al resto de variables, que ocupan prácticamente el mismo orden que refieren los entrenadores. Ello puede deberse a la necesidad de soporte emocional que demanda el deportista, en un ambiente difícil y a veces hostil, como es el alto rendimiento deportivo (García y Rebozo, 2003; Hohmann, Lames, y Letzeier, 2005).

En cuanto a los factores más importantes para lograr el éxito en su deporte, en primer lugar, los deportistas indican como factor más importante la constancia en el entrenamiento, le siguen, un buen entrenador, la dedicación y el apoyo familiar lo que coincide con las investigaciones de Sánchez (2002), Salinero (2006) y Ruiz (2006).

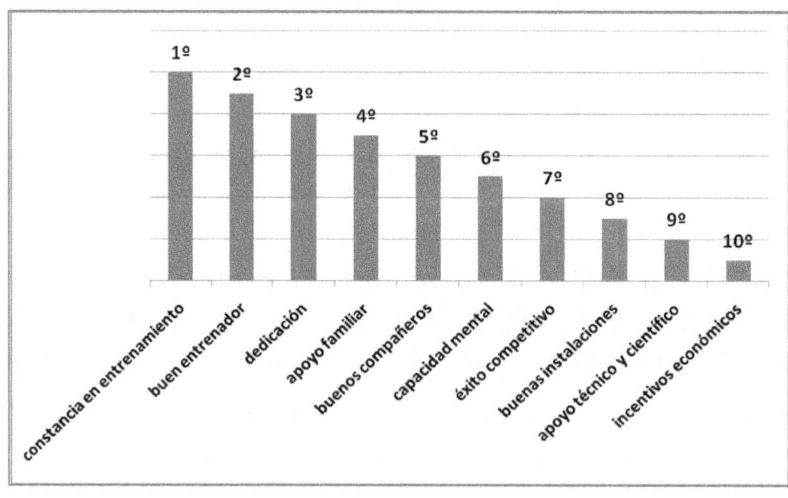

Orden de factores de éxito deportivo.

Para los deportistas sus momentos positivos principales tienen que ver con los triunfos, con ganar campeonatos, así como con con el hecho de ser convocados con alguna selección, debuts y con la realización de la primera competición importante (Benzi, 2004a).

El cambio de club es asimismo mencionado como un aspecto importante positivo en su carrera deportiva. Cuando se sugiere un segundo momento positivo, no cambian mucho las primeras referencias, pero es interesante que indican como momento positivo clave en su carrera el buen entorno de entrenamiento.

Podriamos resumir el factor de *momentos positivos* en la carrera del deportista diciendo que el principal recuerdo es *ganar y tener triunfos*, seguido de la participación en campeonatos importantes o convocatorias de selección; y por ultimo, algo que se recuerda de forma muy agradable es el buen entorno de entrenamiento o la estancia e incorparación a un club determinado; lo que coincide con las aportaciones de Salinero (2006) donde concluye que *"el clima de excelencia vivido en el club repercute de forma positiva en el resto de los deportistas, que aumentan su motivación para entrenar"*.

El desarrollo eficaz del deportista joven, por tanto, hace necesaria una revisión del sistema deportivo y del contexto general donde este está insertado como condición primera para establecer un modelo eficaz de ambiente de entrenamiento deportivo de los deportistas (Duda, 1995). La predicción temprana del alto desempeño es un problema complejo no resuelto que se afronta discrepancias en cuanto a qué se va a medir y cómo hacerlo, y hay que tener en cuenta que la excelencia es resultado de la interacción de factores intra-individuales, habilidades cognitivas y no cognitivas, con los factores ambientales (Campos, 1995; Lorenzo, 2005).

Para los momentos negativos las lesiones son lo más indicado como peor recuerdo, después, perder finales de campeonatos y por último el mal entorno de entrenamiento.

En relación a la obtención de ayudas o becas, es muy poca la ayuda que reciben los deportistas de forma personal, lo que dice mucho de la necesidad de potenciar el apoyo al deportista (Salinero, 2006).

3.9. DESARROLLO INTEGRAL DEL DEPORTISTA

El entorno de desarrollo del talento deportivo, está fundamentalmente propiciado por la forma en que el entrenador dispone la situación de entrenamiento. En ese sentido, aportamos resultados de las entrevistas a los entrenadores que son significativas sobre estos aspectos: la filosofía de entrenamiento, los valores del entrenador y su motivación intrínseca en relación a su trabajo, son factores determinantes en la mejor disposición del entorno de entrenamiento deportivo. Los entrenadores expertos, de un contexto sociodeportivo de excelencia, afirman que su filosofía de entrenamiento es la de sacar el máximo rendimiento de los deportistas, con exigencia y disciplina, pero contando con los competidores; se trata de hacer de ellos buenos deportistas y buenas personas, en donde los valores más transmitidos son el respeto, la humildad, el trabajo y el disfrute de la actividad (Guzman y García-Ferriol, 2002).

Para los entrenadores expertos, su principal motivación como entrenador reside en la mejora de los deportistas y está ligada a que consigan sus objetivos. Por esto, establecen sus objetivos vinculados y ajustados a los deportistas, de forma consensuada y a través de objetivos concretos, planificados de forma individualizada.

Para los aspectos técnicos a trabajar en la formación de los deportistas, refieren la técnica como lo primordial en la formación de deportistas expertos, y confirman que la capacidad de sufrimiento y entrenamientos extras son la causa de que lleguen a deportistas de alto nivel. Otros factores clave para llegar a ser élite del deporte son: el trabajo, la madurez mental, disfrutar, el entorno y la perseverancia.

Terminan por definir talento deportivo como: *una persona sacrificada, con determinadas condiciones innatas físicas y técnicas, trabajadores, con un deseo enorme de mejorar, que marcan la diferencia con el resto por su mayor compromiso a la tarea, su toma de decisiones, así como por su interés y sentido de una autoexigencia especial* (Romo, 2007).

En relación, a la formación integral del deportista, el deporte es una forma de vida y que hay que ser educador ya que los deportistas son primeramente personas. Los entrenadores tienen enormes responsabilidades en la educación y desarrollo moral del niño pues se constituyen, quieran o no, en poderosos agentes de influencia (Durán, 2006). Dar importancia a poder conjugar deporte y estudios es muy importante y necesario ya que, en la mayoría de las ocasiones, tratamos con deportistas que son estudiantes, incluso en el alto rendimiento, lo que hace fundamental que se realicen programas específicos que contemplen esta circunstancia.

Muchos programas de búsqueda del talento deportivo se centran en seleccionar muy temprano los mejores jóvenes con la esperanza de que sean los mejores adultos deportistas, descuidando el desarrollo y consolidación de óptimas características en otros deportistas también muy buenos (Richards, 1999). Uno de los aspectos que se ha descuidado mucho es la calidad y buen ambiente de entrenamiento, algo en lo que coinciden varios autores (Ozolin, 1983; Carrascosa, 2003b; Lynch, 2003).

En relación a esto último, podemos decir que el paso de jóvenes deportistas a categorías superiores en competición es un aspecto sobre el que es muy positivo, siempre que se ajusten bien los objetivos. Se trata en definitiva de tener una forma de desarrollo con vistas a largo plazo y orientado de forma integral, modelo de desarrollo integral del talento deportivo que proponen Martindale, Collins y Daubney (2005), modelo de identificación y desarrollo eficaz integrado, holístico y sistemático. Se reconocen aquí ciertas etapas con diversas necesidades en las que el sujeto pueda progresar de una forma integral y sistemática. Las etapas clave son las transiciones hacia el deporte de élite y de alto rendimiento deportivo, por lo que parece clara la necesidad de aportar un modelo de proceso de desarrollo de jóvenes talentos a deportistas adultos de élite. Por ello hay que considerar todos los elementos de la situación de entrenamiento que los autores denominan entorno de desarrollo del talento (EDT) (Martindale, Collins, y Daubney, 2005).

De los entornos de influencia del deportista, el orden de preferencia indicado por los entrenadores es el siguiente.

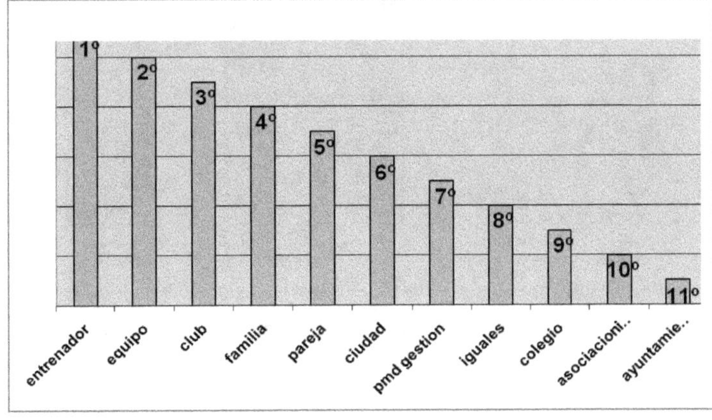

Orden de entornos de influencia de deportistas indicado por entrenadores.

En el gráfico se aprecia la importancia que los técnicos otorgan al contexto de club (entrenador, equipo, club) por delante del contexto familiar y social, lo que coincide con la tesis de Ruiz (2006) cuando afirma que *"el apoyo familiar queda infravalorado por el entrenador como factor de éxito del deportista"*.

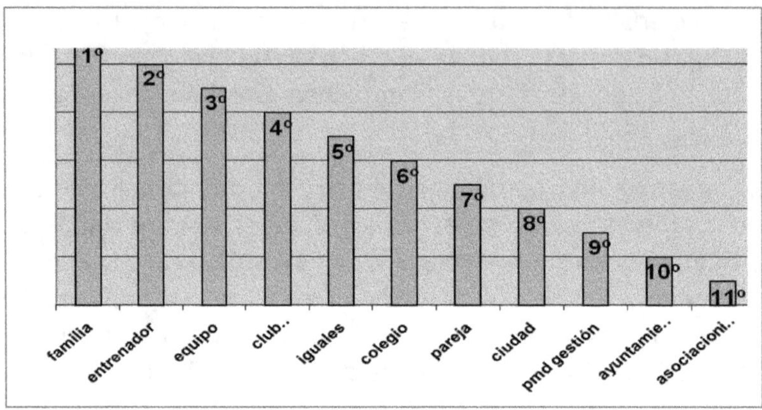

Orden de entornos de influencia de deportistas indicado por los deportistas.

En cuanto a las capacidades psicológicas de los deportistas, los entrenadores indican la motivación como lo más determinante, seguido de habilidades psicológicas. El control de estrés social y la cohesión de equipo quedan relegadas a los últimos lugares.

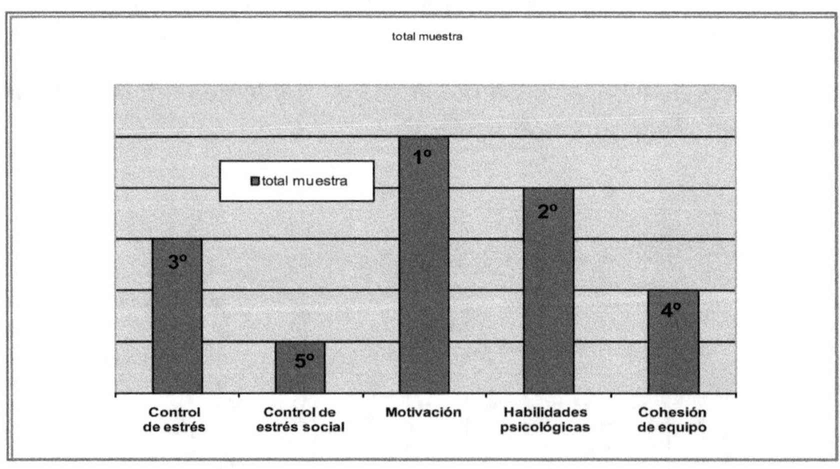

Orden de factores psicológicos de rendimiento deportivo. Según entrenadores.

Los entrenadores suelen preferir deportistas principalmente motivados y con habilidades psicológicas competitivas, de lectura de juego, con posibilidades de se entrenados eficientemente (Lapuente, 2005).

La diferencia entre los deportes de equipo y deportes individuales en las capacidades psicológicas tiene que ver con los factores de habilidades psicológicas y de cohesión de equipo donde la diferencia entre los dos grupos se muestra en el gráfico siguiente.

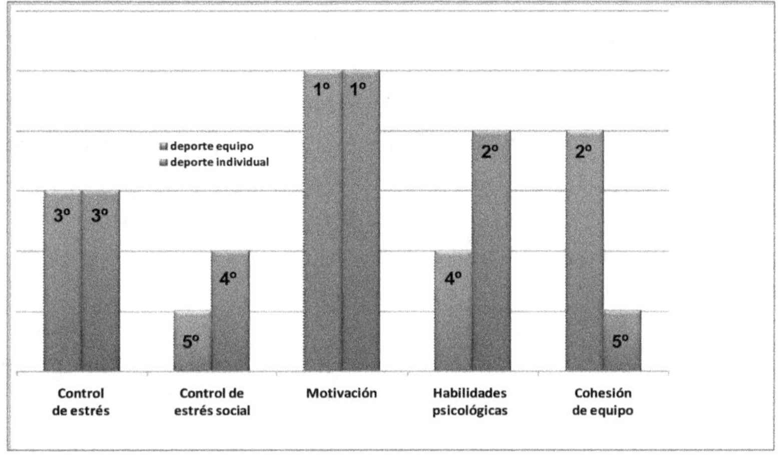

Orden de factores psicológicos de rendimiento por tipo de deporte.

La mayor comunicación existente entre el entrenador y deportista en deportes individuales posibilita que el conocimiento entre ambos sea mejor y comprometa al deportista en sus objetivos específicos diarios de manera más eficiente (Balagué, 1991).

Otro aspecto interesante en relación con los entrenadores es su forma de evaluar el rendimiento deportivo. Para los entrenamientos utilizan en mayor medida los registros y test, apoyados con videos; aunque otros prefieren una evaluación más global, flexible y cualitativa. Para la competición, afirman utilizar el feedback como herramienta de corrección. El feedback y el posterior reforzamiento positivo que proporcionan los datos pueden, dirigiendo adecuadamente la actuación, producir beneficios psicológicos sobre el aumento de la motivación, la mejora de la autoconfianza, el control del estrés, una mayor cohesión grupal, un mayor ajuste del nivel de activación y un apreciable aumento de la atención (Balagué, 1991; García-Mas, 2001; Tamorri, 2004).

Para la propia evaluación del entrenador, dicen realizarlo a través de la reflexión una vez pasada la competición y con la toma de notas. La valoración del rendimiento deportivo es seguramente una de las asignaturas pendientes de los entrenadores, incluidos los del mayor nivel. Se suele planificar concienzudamente y hacer proyectos deportivos que finalmente no se suelen llevar a cabo. Algo que unido a la falta de evaluación del rendimiento deportivo y la peor autoevaluación del entrenador pueden retardar la mejora de los entornos de entrenamiento referidos al alto rendimiento.

La valoración del rendimiento, tanto en el entrenamiento como en la competición, y el posterior análisis sistematizado de los aspectos físicos, técnicos y tácticos, determina una información y referencia al deportista que potencia variables como la motivación, la confianza, la atención y el nivel de activación (López, Pérez, y Buceta, 1999; Viadé, 2003). La evaluación del rendimiento proporciona un importante conocimiento de la preparación en los aspectos físicos, técnicos y tácticos; genera en el deportista una percepción de control sobre la situación deportiva favoreciendo un estado de funcionamiento más realista y objetivo, eliminando sesgos y ambigüedades y potenciando positivamente variables psicológicas como la autoconfianza y la motivación (Villamarín, Maurí, y Sanz, 1998; Martens, 2002).

4. EL MODELO DE GESTIÓN DE UN MUNICIPIO EXCELENTE

El modelo de gestión de un municipio excelente está basado en el compromiso de la mejora continua de los servicios públicos con los ciudadanos, en la promoción de su participación activa sobre los mismos y en la implicación de los empleados públicos.

Debe ser un referente de la Administración Pública Europea en el ámbito de la cultura de la calidad desde la implantación del Modelo Europeo de Calidad. El establecimiento de estructuras organizativas en base al Modelo Europeo de Calidad permite un proceso de modernización con una perspectiva de servicio orientada a la satisfacción de las expectativas de los ciudadanos.

La organización, las personas y el funcionamiento son los tres ejes sobre los que pivota la mejora de la calidad de la administración pública. Ello requiere de una cultura de evaluación y gestión de la calidad, donde la coordinación eficaz y la cogestión de determinados servicios son la base de unos servicios públicos donde priman la transparencia, la participación, el compromiso y la implicación.

El Sello de Excelencia Europea es una manera de enfocar la Gestión Pública desde la calidad, gracias a la puesta en marcha de herramientas que proporcionan un grado de implicación y satisfacción sobre el ciudadano y a iniciativas de carácter innovador: Planes de Participación, Planes Integrales, Plan estratégico, Cartas de Servicio, Metodologías Participativas, Proyectos tecnológicos, etc.

Con dicho Sello se logra culminar con éxito una etapa caracterizada por la modernización y el constante desarrollo e innovación de los servicios públicos. La modernización de la gestión pública en España consta de tres etapas bien diferenciadas:

Primera etapa: donde después de la constitución de los primeros ayuntamientos democráticos concurren dos aspectos significativos como son el liderazgo político innovador y un fuerte componente de voluntarismo e identificación de los empleados públicos con la institución. En esta primera etapa se crean diferentes servicios sociales, culturales y deportivos; nacen los Consejos de Barrio, Casas de la Juventud, los Servicios de Prevención, así como los primeros Juegos Deportivos Municipales.

Se implantan los primeros Sistemas de Planificación y Programación por Objetivos (SPPO), siendo una de las primeras herramientas que se incorporan en la gestión pública desde el ámbito empresarial. En esta misma etapa se realizan los primeros Estudios de Necesidades Sociales, que serán una buena fuente de información para la puesta en marcha de los primeros Planes Integrales: Plan Joven, Plan Mujer y Plan de Mayores.

Los Planes Integrales sirvieron para mostrar la importancia de la coordinación y cooperación entre áreas y equipos profesionales diferentes, lo que facilitaba una perspectiva transversal de la gestión municipal.

Más tarde se pone en marcha el sistema de Sugerencias y Reclamaciones, que, junto con los Primeros Planes Estratégicos, supondrían la aproximación del ayuntamiento al concepto de Administración Relacional.

Todos los elementos de esta primera etapa darían como resultado una interacción entre los agentes económicos y sociales potenciando un auténtico proceso de aprendizaje social y la introducción de una verdadera "Cultura de la Calidad".

Segunda etapa: período caracterizado por la difusión de la cultura de la calidad. se crean los Grupos Impulsores de la Calidad, Departamentos de Calidad, así como el denominado Comité Impulsor de la Calidad. La estrategia de difusión de la Cultura de Calidad a toda la organización es lo más relevante de esta etapa. Se ponen en marcha los Servicios de Atención Ciudadana y se realizan las primeras encuestas de Calidad.

En esta etapa los ayuntamientos más avanzados en estas estrategias se incorporan al Club de Gestión de Calidad y a la Asociación Española de Calidad (AEC), donde la primera institución pública en hacerlo es el Ayuntamiento de Barcelona y el propio Ministerio de Administraciones Públicas.

La necesidad de tener un modelo de referencia metodológico lleva a elegir el Modelo Europeo de Excelencia (EFQM) a la mayoría de los municipios vanguardistas y a convertirse necesariamente en eje integrador de los diferentes instrumentos de gestión y como la herramienta más eficaz de autodiagnóstico, análisis global, revisión y mejora del sistema de gestión.

Periodo de creación de las primeras Cartas de Servicios de diversos departamentos, la realización de diversos Talleres de mejora, la consecución de

Acreditación y Certificación en normativas de calidad variadas. La finalización de la segunda etapa concluye con la consolidación de la cultura de calidad y con una organización madura en términos de excelencia.

Tercera etapa. Coincidiendo con el comienzo del nuevo milenio. Es una etapa marcada por la cercanía y relación con el vecino a través de los distritos, y donde se implantan los nuevos proyectos de participación ciudadana. Se crean Comités de Coordinación formado por directivos profesionales de la organización que representan a los ámbitos en los que se agrupan los procesos de gestión municipal: procesos estratégicos y de apoyo, Procesos de servicio al ciudadano, Procesos de servicio a la ciudad y Procesos legales, de fiscalización y apoyo a los órganos de gobierno.

Es un Comité que enlaza la gestión técnica con la gestión política, asegurando una orientación a los resultados en los ciudadanos. Todo el proceso de modernización descrito en las tres etapas anteriores trae como consecuencia una mayor experiencia y un mayor conocimiento de las propias potencialidades como administración local. Potencialidades que derivan en una organización más sensible a las demandas de los ciudadanos y con una gran capacidad para gestionar los cambios. Es lo que se entiende Díaz Méndez (2006) por una Administración Inteligente, *"capaz de tener un proyecto sobre sí misma y potenciar las posibilidades vitales, culturales y económicas de los ciudadanos"*.

El sistema de gestión de un municipio excelente es, ante todo, un sistema de gestión basada en la calidad:

- Utiliza enfoques y modelos gerenciales de eficiencia probada tanto en gestión pública como privada y adaptados a la administración local.

- Realiza una Planificación estructurada a partir de Planes de Acción Municipal, fruto del trabajo conjunto político-técnico.

- Integra el Modelo Europeo de Excelencia como herramienta de unión de todos los instrumentos de gestión de la administración.

- Aporta Comités de Coordinación y Comités Directivo, garantes de enlazar el trabajo técnico con la gestión política.

- Desarrolla la política de calidad a través de Comités Impulsores.

- Apuesta por la innovación en la gestión, a través de la incorporación de tecnología de la información orientada al ciudadano.

Peters y Waterman (1982) identifican las siguientes características o atributos de las organizaciones excelentes: énfasis en la acción, proximidad con el cliente, autonomía e iniciativa, productividad contando con las personas, valores claros, estructuras sencillas y staff reducido.

La composición organizativa de un municipio de excelencia está formada por el propio ayuntamiento, Organismos Autónomos y empresas públicas que complementan el desarrollo del modelo necesario para el mantenimiento y funcionamiento de la ciudad:

- Patronatos deportivos municipales: promoción y producción de servicios públicos de carácter deportivo.
- Patronatos socioculturales: dinamización y promoción social y cultural de la ciudad.
- Patronatos de servicios sociales: promoción de la salud y acciones para la integración y la cohesión social.
- Empresas municipales de mantenimiento y limpieza: mantenimiento de edificios, jardinería, infraestructuras y servicios de la ciudad.
- Empresas públicas de gestión del patrimonio: gestión del patrimonio municipal.
- Otras empresas municipales: recaudación municipal, promoción de vivienda pública.

4.1. CULTURA ORGANIZATIVA Y DE GESTIÓN

El estilo de gestión permite la responsabilidad y participación de todos los directivos, creando una cultura de liderazgo compartido. La implicación de los líderes de la organización es total en los ámbitos de calidad puesto que son quienes los impulsan de una manera efectiva.

Los líderes desarrollan la misión, visión y valores de la institución municipal y actúan como modelo de referencia de una cultura de excelencia. En el municipio excelente, el liderazgo es ejercido por *"todas aquellas personas con responsabilidad sobre equipos y recursos"*. Existen dos niveles, el político formado por el alcalde y los concejales, y el técnico formado por directores, jefes, coordinadores y responsables. El nivel político transmite las prioridades políticas relacionadas a la acción municipal a los niveles directivo y técnico, siempre con un previo compromiso de cohesión de los diferentes niveles.

La *misión* tiene una doble perspectiva: de gobierno y de gestión. Gobernar y gestionar la ciudad prestando servicios a sus ciudadanos. Lo que se traduce en mantener y potenciar la calidad de vida, el bienestar y equilibrio social y el desarrollo sostenible.

La *visión* implica la mejora continua y la referencia de administración de excelencia: eficacia y optimización de recursos, excelencia de servicio al ciudadano, la participación y diversidad cultural de los ciudadanos como elementos de identidad de la ciudad, implicación y participación de los empleados públicos.

Los *valores* lo conforman los principios éticos y elementos intangibles, y con ello se trata de dar coherencia al esfuerzo generador de las personas.

Los *valores* más comunes de la administración pública de calidad son:

- Orientación al ciudadano: mejora constante al servicio del ciudadano.
- Participación de los ciudadanos: conocimiento de sus necesidades y expectativas.
- Orientación a objetivos y resultados: compromiso y responsabilidad.
- Cultura de transparencia y participación: participar en objetivos y mejoras.
- Cultura de colaboración y coordinación: sentido de pertenencia a la institución.
- Responsabilidad y conciencia de costes: gestión responsable y eficiente.

Otra de las características propias de liderazgo es la accesibilidad total que se tiene sobre el equipo directivo tanto por parte de los trabajadores, como de los usuarios o clientes.

En definitiva, ser modelo de referencia de una cultura basada en las tres dimensiones conceptuales que dirigen la acción municipal.

4.2. LA PARTICIPACIÓN CIUDADANA

El grado y forma de participación ciudadana es uno de los rasgos diferenciadores de un contexto sociodeportivo excelente con respecto a poblaciones de su entorno y a otras ciudades del ámbito nacional con similares niveles de calidad de vida.

Los ciudadanos participan en la vida pública de diferentes formas, de forma individual en las elecciones municipales y a través de los consejos de barrio o distrito; y de forma colectiva desde las asociaciones y los consejos sectoriales. Estas formas de participación están contempladas en la Ley de Bases de Régimen Local, de vital importancia para el desarrollo de la vida comunitaria.

El reglamento de participación ciudadana municipal expone que las funciones de un ayuntamiento son facilitar información, promover la participación, hacer efectivos los derechos de los ciudadanos, fomentar el asociacionismo, aproximar la gestión municipal a los vecinos y garantizar la solidaridad y el equilibrio entre barrios.

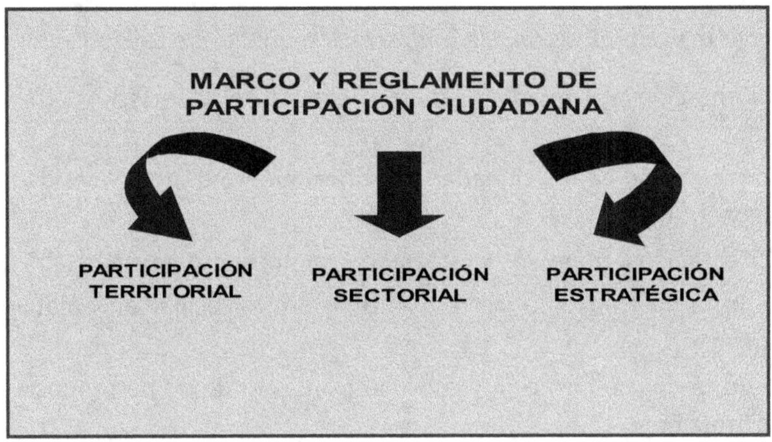

Esquema principal del marco y reglamento de Participación ciudadana.

En contextos sociodeportivos excelentes, existe un denso tejido asociativo muy importante, resultante del aumento de interés por las cuestiones sociales, por la práctica deportiva y por el mundo de la cultura, que se ha reflejado en una mayor participación ciudadana y en una vida sociocultural más rica y variada.

Para ello se articulan diversas formas de participación, entre las que destacan los consejos sectoriales y los consejos de barrio, cuya función principal es la participación, la consulta, la información y la articulación de las propuestas a los gestores municipales. Los primeros se distribuyen por áreas: deportes, cultura, ecología y medio ambiente, educación, salud y bienestar social, mujer, consumo, y juventud; los segundos se distribuyen por barrios o distritos. En todos ellos aparecen el alcalde, concejales y representación vecinal. En los Consejos de Barrio o Distrito existen órganos complementarios como son las Comisiones Informativas Sectoriales y los Grupos de Trabajo.

Los Consejos de Barrio o Distrito tienen su comienzo en los años ochenta. Dichos Consejos son espacios de comunicación donde se realizan actividades de formación, culturales y de información; y donde están representados los ciudadanos, las asociaciones y los partidos políticos fundamentalmente.

Las asociaciones y otros grupos sociales, juegan un papel importante en todo este entramado relacional ya que proceden de la base social de forma muy cercana y directa, lo que les relaciona con un espacio y tiempo concreto para poder comunicar eficazmente sus intereses comunitarios.

Se pueden encontrar un amplio abanico de asociaciones formales con intereses varios, fundamentalmente en ámbitos como la cultura, el ocio y el deporte.

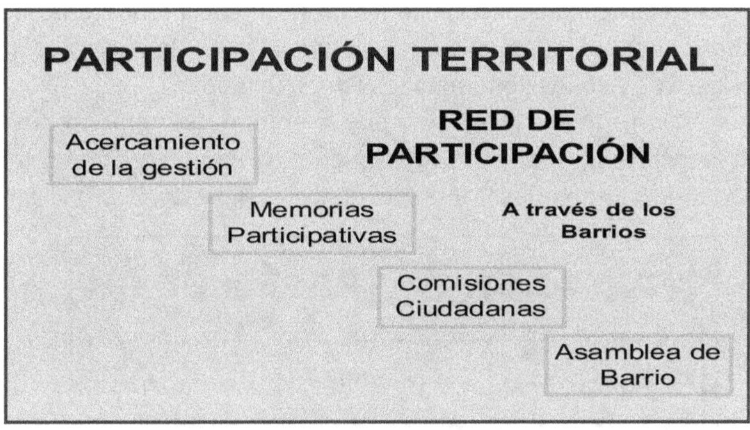

Participación territorial.

Los objetivos de Participación Ciudadana son un movimiento asociativo vinculado e implicado en el desarrollo de la ciudad y los ciudadanos a través de los barrios o distritos, una política municipal de participación integrada y coordinada en todas las áreas institucionales y la canalización de la participación de la ciudadanía no asociada en los aspectos de la gestión municipal más cercanos.

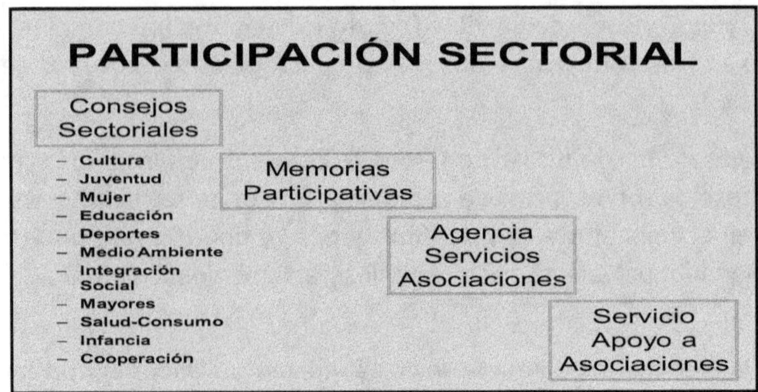

Participación sectorial.

La innovación en la participación ciudadana por la sociedad y sus ciudadanos, es algo dinámico. Para lograr su participación es necesario innovar y en ese sentido los diferentes espacios de participación ciudadana forman un conjunto que tiene que estar interconectado. Es necesario estar abierto a nuevas formas de participación. La Participación estratégica se consigue mediante unos ciudadanos, asociaciones, agentes sociales y ayuntamiento comprometidos con el desarrollo de la ciudad a través de unos presupuestos participativos y en los denominados Foros de Ciudad.

La modernización administrativa sólo puede entenderse como tal si en sus procesos se incluye al ciudadano, instrumento de comunicación horizontal entre la administración pública y la sociedad civil (Iglesias, 2006).

Ámbitos de actuación participativa.

Siguiendo a Iglesias (2006), la participación ciudadana favorece la creación de espacios de deliberación y negociación sobre los asuntos públicos locales, fomenta y moviliza a las asociaciones para generar nuevas propuestas e influye en las decisiones políticas.

El movimiento asociativo deportivo de municipios con características de gran calidad administrativa y de gestión, es en este sentido un sector muy consolidado.

4.3. EL SISTEMA DEPORTIVO LOCAL

El sistema deportivo local es, por tanto, la suma de todos los recursos disponibles, públicos y privados, en materia deportiva: conjunto de personas, medios y entidades que contribuyen a la existencia de una oferta deportiva que se realiza en el contexto público o privado y que debe ser interrelacional. Es un sistema en continuo movimiento y transformación por la permanente transformación de la demanda deportiva (Heinemann, 1999).

Las competencias genéricas de los municipios en materia deportiva son fundamentalmente: promover y fomentar la actividad deportiva, realizar equipamientos deportivos, gestionar las instalaciones, asegurarse espacios y terrenos para emplazamientos futuros, organizar las actividades deportivas como práctica ciudadana y promover acontecimientos deportivos.

El ámbito de deporte local es el sentido más amplio del deporte en un municipio pues abarca también a las empresas privadas que realizan oferta deportiva en la ciudad. En el terreno del deporte de rendimiento esto es muy importante, pues nos encontramos con una serie de deportes que, por sus características, se han generado tradicionalmente en gimnasios o clubes privados: los deportes de combate.

Deportes como el taekwondo, el judo, el karate y el kick-boxing suelen desarrollarse en gimnasios o clubes deportivos privados, que tienen la particularidad de ser clubes asentados en el tiempo, con una larga trayectoria de práctica deportiva, excelentes en competición y con una referencia muy particular hacía los maestros-entrenadores. Tienen las características propias de ser, lo que algunos autores denominan, microsistemas deportivos de alto nivel (Salinero, 2006).

El deporte tiene todavía mucho recorrido, ya que no se ha llegado al nivel de saturación del sector deportivo. En el camino realizado por dicho sector, se puede decir que en la década de los años ochenta el objetivo de gestión deportiva local estaba unido a la rentabilidad social y no económica, así como la de crear hábitos deportivos en toda la población. Se implantan servicios deportivos, se construyen instalaciones, se contratan técnicos profesionales y se crean programas de actividades (Martínez del Castillo, 1988).

En la década de los noventa, se da la circunstancia de que los ayuntamientos no puede soportar la presión fiscal generada por la prestación de servicios gratuitos, tanto deportivos, como culturales y sociales. Es en este punto cuando se genera un debate sobre el modelo de gestión pública o de gestión privada de las actividades, principalmente deportivas, aunque también se realizará en cultura. Comienzan a crearse las empresas de servicios y el deporte privado crece (Cecilio, 2000).

Lo público y lo privado actúan simultáneamente en mutuo complemento y equilibrio. La actual gestión municipal ha sabido conjugar las directrices políticas, la misión del servicio público y el conocimiento de la administración local; a la vez que tener en cuenta al cliente y atenderle correctamente; explotar los recursos humanos y económicos, así como la imagen y comunicación; gestionando la calidad y las relaciones públicas. Es necesaria la política de concertación y de acuerdos con los integrantes del sistema; así como lograr que aumente de forma importante el número de practicantes autosuficientes, de práctica libre.

Conjugar los aspectos culturales, demográficos, políticos, urbanísticos, socioeconómicos y geográficos en torno a los actores que componen el sistema deportivo local es más que necesario para entender las dinámicas y comportamientos que se generan en el mismo (Celma, 2000).

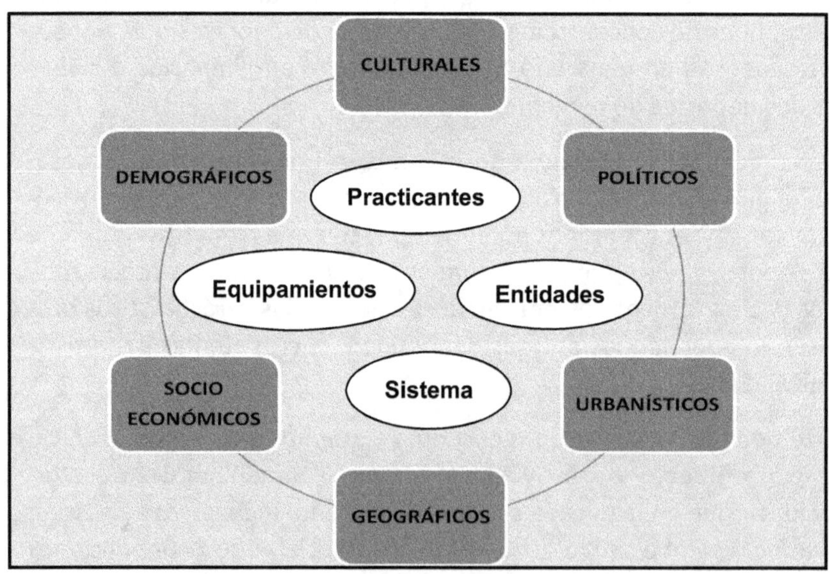

Factores del sistema deportivo municipal. Celma (2000).

Dentro del sistema deportivo, tenemos que destacar cómo el deporte de alto rendimiento está representado en la élite nacional por muchos clubes, equipos y deportistas individuales de casi todos los deportes. Uno de los parámetros de calidad del deporte de rendimiento se percibe por la evolución de los resultados de deportivos.

Por todo ello, si la política deportiva de un municipio persigue como objetivo central la satisfacción de la demanda deportiva en general, también se debe tener en cuenta que dicha demanda debe ser variada y plural, e incluir necesariamente a todo el deporte posible, desde el deporte para todos como esparcimiento y recreación, pasando por el deporte salud, deporte federado, deporte de alto rendimiento, hasta la organización de espectáculos deportivos del mayor nivel posible (Blanco, 1999).

Deporte para todos y deporte de rendimiento pueden compatibilizar su existencia llegando a beneficiarse mutuamente. Un contexto sociodeportivo excelente es un sistema deportivo basado en la participación deportiva. Modelo donde la participación es la base del desarrollo deportivo, y parte de cada uno de los cuatro componentes de la práctica deportiva: la iniciación, la recreación, la competición y el alto nivel.

Para conseguir la excelencia deportiva, los deportistas y los entrenadores tienen la necesidad de búsqueda aplicada en el deporte, recursos financieros, instalaciones de alto nivel, equipamientos de buena calidad y acceso a competiciones de gran envergadura; estas condiciones son esenciales (Orts y Mestre, 1997; Blanco, 1999; Sánchez, 2002; Sáenz-López et al., 2005; Sánchez, 2005).

4.4. LA GESTIÓN DE SERVICIOS DEPORTIVOS LOCALES. EL PATRONATO MUNICIPAL DE DEPORTES

A toda gestión deportiva eficiente le precede una exhaustiva planificación en base y con la referencia de un modelo de desarrollo y para ello se hace necesario el conocimiento del contexto sociodeportivo donde se enmarca y del sistema específico deportivo en el que está inmersa. Por tanto, el proceso de generación de la mejor gestión lleva el itinerario siguiente: sistema sociodeportivo-contexto-modelo-planificación-gestión.

Esta mejor vinculación de las fases del proceso parte de una concepción de todo ello como un proceso complejo y no necesariamente complicado. Se trata de humanizar el proceso de gestión aplicada desde lo abstracto a lo concreto. La acción debe estar precedida por la reflexión, desde el mayor conocimiento de la cuestión, para generar la disposición adecuada que produzca reacciones consecuentes y positivas.

Se trata entonces de, primeramente, tener una idea sobre el sistema sociodeportivo, un conocimiento del contexto sobre el que se asienta, un modelo de referencia y una planificación adecuada y coherente que haga de la gestión, acción productiva y eficiente.

Los datos sociodemográficos y de gestión deportiva más significativos que aportan un buen conocimiento del sistema y contexto sociodeportivo son:

- ❖ Población: habitantes.
- ❖ Término municipal: Hectáreas.
- ❖ Densidad (hab. /km^2).
- ❖ Población < 30 años %
- ❖ Población > 65 años %
- ❖ Presupuesto municipal euros
- ❖ Presupuesto municipal en deporte: €.
- ❖ € / habitante / año de gasto en deportes.
- ❖ Situación.
- ❖ m^2 de instalaciones deportivas (m^2/habitante)
- ❖ Nº de grandes complejos deportivos e instalaciones de barrio.
- ❖ Nº de asociaciones deportivas.
- ❖ Nº de fundaciones ().
- ❖ Nº de usuarios/semana realizan deporte.
- ❖ Nº de titulares de la tarjeta Abono Deporte.
- ❖ Nº de deportistas federados en X deportes.
- ❖ Nº de deportistas participantes en competiciones locales.
- ❖ Nº de usuarios en escuelas deportivas municipales.
- ❖ Nº de niños y niñas participantes en la campaña escolar.
- ❖ Nº de alumnos en la campaña de verano.
- ❖ % de la población conoce las instalaciones deportivas.
- ❖ % de la población utiliza las instalaciones deportivas.
- ❖ Valoración por los ciudadanos en encuestas de satisfacción.

La gestión deportiva de municipios excelentes se realiza normalmente a través de un organismo autónomo del ayuntamiento. Su objetivo es canalizar la actuación municipal en materia deportiva, desde una organización especializada y ágil que sea capaz de responder a las demandas y expectativas de los ciudadanos.

En la mayoría de los casos la figura que se crea es la de un patronato municipal de deportes, si bien también puede realizarse a través de un instituto municipal o incluso a través de la figura de una fundación deportiva. Un patronato deportivo municipal se configura como una institución pública innovadora y dinámica, con una visión moderna, que se aprecia en su organigrama de gestión, de instalaciones deportivas, facilitando su uso y su aprovechamiento racional.

Tres son las actuaciones más importantes en deportes en la administración local: la promoción del deporte, la construcción de instalaciones y la rentabilidad económica (Gallardo y Jiménez, 2004).

Teniendo en cuenta, además, la responsabilidad social corporativa como hilo conductor de todo el proceso de gestión. Factores de transparencia, empleabilidad, consumo y de inversión. Es decir, fundamentales son, como guías de la misión, visión, valores, la necesidad de transparencia de la corporación de gobierno, el mejor trato social a los trabajadores, el respeto al medio ambiente y la responsabilidad sobre la economía sostenible. Esto es, seguramente, lo que diferencia a un líder-planificador de un mero gestor-administrador.

La misión principal de un patronato deportivo municipal es la de promover y facilitar el acceso a la práctica deportiva de todos los ciudadanos, para lo cual desarrolla las siguientes funciones:

- Promover la creación de instalaciones deportivas.
- Gestionar convenientemente las instalaciones existentes.
- Organizar y desarrollar eventos y espectáculos deportivos.
- Gestionar la oferta deportiva con la cesión de instalaciones y la realización de actividades.

Según la Ley de Bases de Régimen Local (LBRL) de 1985, en su artículo 25.1 referente a competencias municipales en materia deportiva dice: *"el municipio, para la gestión de sus intereses y en el ámbito de sus competencias, puede promover toda clase de actividades y prestar cuantos servicios públicos contribuyan a satisfacer las necesidades y aspiraciones de la comunidad vecinal".*

Desde un patronato municipal de deportes se satisface las necesidades de las demandas ciudadanas relacionadas con el deporte de recreación y de esparcimiento, pero además se aplican mecanismos para hacer compatibles la existencia del deporte para todos y el deporte de rendimiento con la integración adecuada de los deportistas de competición en el marco del deporte municipal. En el aspecto presupuestario, los patronatos municipales deportivos han alcanzado un porcentaje del 10% sobre el presupuesto total del municipio considerado como contexto sociodeportivo excelente, algo muy significativo y que dice mucho de la importancia que tiene el deporte en este tipo de entornos de excelencia.

Un patronato deportivo municipal organiza todo tipo de actividades y eventos dirigidos al conjunto de la población, en unas ocasiones por iniciativa propia y en otras junto a la iniciativa privada, a través de los clubes y asociaciones, en unos casos de forma directa y en otros prestando apoyo a los clubes y asociaciones deportivas. Gracias a todo ello, se puede practicar todo tipo de deportes, desde los llamados minoritarios, hasta los que concitan un alto grado de participación. Esta colaboración es fundamental para mantener el gran dinamismo de la actividad deportiva en el municipio.

4.5. LA CALIDAD EN UN PATRONATO MUNICIPAL DE DEPORTES

La gestión deportiva municipal llevada a cabo en un patronato deportivo municipal, suele tener las características de calidad que requiere toda organización excelente:

- Calidad como modelo de gestión.
- Gestión estratégica de los recursos humanos.
- Formación y profesionalización de trabajadores.
- Planificación de instalaciones recreativas que aúnen el ocio, la salud, las relaciones humanas y la actividad física.
- Introducción de las nuevas tecnologías.
- La satisfacción de los clientes y de los empleados.

La calidad de la gestión deportiva en un contexto sociodeportivo excelente se basa principalmente en el modelo EFQM o modelo europeo de excelencia. Patronatos de deportes como el de Huesca, el de Esplugues de Llobregat, el de Calviá, el de Leganés o el de Alcobendas, han optado por dicho modelo de gestión de la calidad y tienen en su haber premios nacionales del deporte por su promoción y organización del deporte.

La premisa en la implantación del modelo EFQM de calidad es la de que no sólo hay que hacer bien las cosas, sino que es necesario asegurarse de que los compromisos se cumplen y de que los usuarios están satisfechos, elaborando mecanismos para su análisis, control y seguimiento.

Con ese fin, muchos municipios, enmarcan en sus planes de calidad, encuestas de satisfacción de usuarios dirigida a los diversos colectivos que utilizan las instalaciones deportivas municipales.

4.6. LAS INSTALACIONES Y LOS SERVICIOS DEPORTIVOS MUNICIPALES. PROGRAMAS ESPECÍFICOS DE ABONO DEPORTE

El tratamiento del deporte como un servicio en la administración local ha sido determinante para este desarrollo de la práctica deportiva y la difusión de sus valores entre los ciudadanos. Este es el objetivo de los programas específicos de abono deporte.

El Abono Deporte se aporta como herramienta de gestión que cubre de forma más eficiente las necesidades deportivas, de ocio y de recreo de los ciudadanos de un municipio y, a su vez, la que mejor combina la rentabilidad deportiva, social y económica para crear un contexto sociodeportivo de excelencia y con ello sostenible y rentable a nivel económico. Cumple sobradamente con las características claves de un buen programa deportivo: satisfacción del cliente y eficiencia económica (Martín, 2002).

El Abono Deporte se ha convertido en el principal instrumento facilitador de la práctica deportiva en los mencionados anteriormente contextos sociodeportivos excelentes.

Es un producto que ofrece al usuario una serie de ventajas que lo convierten en un servicio sumamente atractivo. Entre las más importantes está la gran cantidad de instalaciones que se pueden utilizar, sin necesidad de pagar más. Está concebido especialmente para todos los vecinos y trabajadores y, además, también puede conseguirlo cualquier otro aficionado al deporte que lo desee, aunque tenga su residencia y trabaje en una localidad distinta. Con el Abono Deporte, un organismo público deportivo amplía la oferta a las empresas del lugar, con lo que aumenta la ocupación de las instalaciones en las llamadas horas valle y mejora su imagen ofreciendo un servicio de calidad.

El deporte está sujeto a tendencias y a una permanente evolución en la que intervienen múltiples factores para su práctica. Uno de los objetivos de la oferta deportiva debe ser la diversificación para que cada usuario/ciudadano, pueda encontrar la actividad que mejor se ajuste a sus necesidades. Esto es algo que se consigue a través de este tipo de servicios que se apoya, además, en los mejores programas de dinamización sociodeportiva.

Dichos programas de dinamización sociodeportiva municipal tienen por objeto:

- Fomentar y desarrollar la práctica de actividades físicas en las instalaciones públicas del municipio.

- Garantizar a todos, el acceso al deporte como derecho social que es.

- Promocionar el deporte de base mediante escuelas deportivas de iniciación.

- Promocionar el deporte para todos, recreativo y de salud para alcanzar el mayor bienestar posible de la población.

- Gestionar las instalaciones para un uso adecuado.

4.7. LAS ESCUELAS DEPORTIVAS MUNICIPALES

Por su parte, las escuelas deportivas municipales organizadas por los ayuntamientos a través de patronatos e institutos, han sido el primer exponente municipal en la promoción deportiva. Con las nuevas concepciones del deporte ocio-recreación y deporte para todos comenzaron a principio de los años ochenta como respuesta entre otras razones a las carencias y limitaciones de los clubes deportivos.

El grueso de los participantes de las escuelas deportivas se refiere a escuelas deportivas de niños, y por tanto realizadas por los clubes dentro de su programa de desarrollo deportivo. Ello está relacionado en cierta medida con el deporte de rendimiento en el proceso de desarrollo de los deportistas: en la fase de iniciación deportiva, en la especialización o tecnificación, así como en el mayor nivel de rendimiento.

Los destinatarios de las escuelas deportivas comprenden las edades desde lo cinco años hasta los diecisiete, donde se abarcan los objetivos de educación para la salud, de aprovechamiento del ocio y de desarrollo integral de los niños y de las niñas.

Por otra parte, están las denominadas escuelas-club que son en cierta medida similares, pero con un mayor nivel de rendimiento deportivo por todas las partes e incluso características de mayor compromiso y nivel competitivo.

Los fines de las escuelas deportivas municipales, así como de las escuelas-club, son los mismos, con la diferencia de que estas últimas están cogestionadas con los clubes deportivos. Sus principales características son:

- Crear un ambiente deportivo sano.
- Educar con responsabilidad.
- Integrar a los padres en el fenómeno deportivo.
- Favorecer el desarrollo integral del deportista.
- Orientar posibles talentos deportivos.
- Favorecer hábitos saludables e higiénicos.

4.8. LAS ESCUELAS-CLUB

Las Escuelas-club son el soporte fundamental de la estructura deportiva local, puesto que es el inicio del entramado deportivo y la base de los deportistas. El formato convenio es el elegido como marco de concertación entre la institución municipal deportiva y el club. Es un instrumento de acuerdo en el cual se fijan y estructuran las líneas básicas de actuación de toda escuela deportiva municipal. Con ello se aseguran los recursos técnicos, materiales y humanos necesarios para el óptimo desarrollo de los objetivos del programa. Dicho Convenio es firmado normalmente por el presidente del organismo deportivo municipal y por el presidente de la entidad deportiva y tiene como primer punto del acuerdo, la implantación, potenciación y desarrollo de las escuelas deportivas que suelen estar recogidos en los planes de acción municipal cuando el ayuntamiento ha generado un contexto sociodeportivo excelente.

Desde este tipo de convenios se plantean tres objetivos prioritarios y obligatorios:

- Disfrutar del aspecto placentero y ocioso del deporte, así como potenciar la relación humana y de trabajo en equipo que toda práctica deportiva conlleva.
- Respetar y mantener el ritmo psicobiológico.
- Prevenir, conocer y detectar todas aquellas anomalías que impidan la realización normal de las actividades.

Con estos criterios previos se acuerda que toda escuela-club tenga las siguientes premisas:

- Acogimiento en la escuela de todos los niños y jóvenes independientemente de su condición física, sexo y otras circunstancias sociales.
- Realizar toda competición desde un planteamiento placentero y lúdico; no actuando para el logro de un futuro fin profesional.
- Necesaria titulación y capacitación de los técnicos deportivos para la impartición de las clases correspondientes.

En el mismo también se acuerda por parte de la institución de la cesión de los espacios e instalaciones necesarias para la práctica del determinado deporte. El apoyo institucional que recibe la entidad deportiva, se realiza desde el organismo municipal deportivo a través de subvenciones que se estipulan en el marco del convenio que ambas organizaciones suscriben. En el mismo quedan recogidos todos los apartados significativos concernientes con la organización administrativa, técnica y educativa que los programas referidos al deporte de base deben tener.

Fundamentalmente la aportación de organismo municipal deportivo tiene que ver con la cesión de espacios e instalaciones para la práctica del deporte concreto, así como con apoyo, asesoramiento técnico y control-evaluación de la calidad.

Se obliga en este convenio a entregar una programación de actividad donde se recogen los objetivos y contenidos de la escuela, así como la organización y metodología de la misma. Es aconsejable nombrar un coordinador de escuelas deportivas y responsables de escuelas-club por parte de la institución municipal que serán los encargados de supervisar y coordinar los objetivos y contenidos de la escuela, realizando las reuniones necesarias para su perfecto funcionamiento. Por su parte, debe contar con un director-técnico responsable del programa de la actividad, quien realizará los informes necesarios para el seguimiento de los objetivos.

Otras prestaciones que la institución municipal de Deportes se compromete a dar a la escuela y que se firman en el dicho convenio son: promoción, publicidad y difusión local de la escuela; gestión administrativa de cobros, atención a usuarios e informaciones varias; compra de material necesario para cada curso, según se acuerde; gestión y mantenimiento de instalaciones; seguridad y control de las instalaciones y accesos; seguro de accidente a los usuarios; así como coordinación técnica general.

Tipología básica de un Programa de Escuela-club: programa técnico específico por edades. Los alumnos de la escuela se encuadran en las etapas de aprendizaje siguientes:

Edad	Etapa de aprendizaje	Categoría
8-9	Iniciación básica	**Benjamín**
10-11	Iniciación	**Alevín**
12-13	Aprendizaje	**Infantil**
14-15-16	**Perfeccionamiento**	**Cadete/juvenil**

Etapas de aprendizaje de Escuela-Club de un contexto sociodeportivo excelente.

En el siguiente gráfico se muestra el diagrama de relaciones jerárquicas que mantiene una escuela y el propio club con los distintos estamentos con los que se vincula, incluido el organismo deportivo municipal, en la mayoría de los casos con formato organismo autónomo local (Lapuente, 2003).

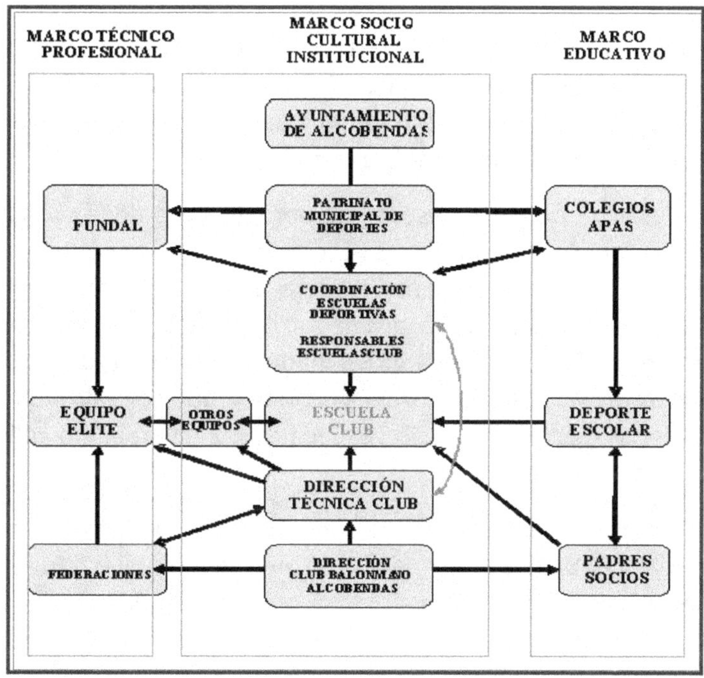

Diagrama de relaciones jerárquicas referentes a la escuela-club de un Club de un contexto sociodeportivo excelente.

La programación tiene los apartados siguientes: objetivos, contenidos, orientaciones metodológicas, evaluación y control. Las formas de acceso a cada una de las etapas de aprendizaje son: por batería de test físicos y técnicos, por observación directa del técnico, por fecha de nacimiento, siempre que los dos puntos anteriores sean positivos.

Es destacable cómo en los objetivos se especifican aspectos técnicos, conocimientos deportivos, aspectos de salud e higiene, aspectos psicológicos de motivación y autocontrol. También se hace una referencia prioritaria a los valores y cualidades humanas del deportista: voluntad, constancia, esfuerzo, etc.

Otros aspectos concretos de la escuela:

- Profesorado con talante pedagógico y transmisor de valores.
- Integración de la familia en su enseñanza deportiva.
- Educación física de base en etapas de iniciación.
- Adecuación de objetivos según etapas. Aprendizaje global.

El planteamiento pedagógico es uno de los apartados donde en la programación de la escuela se hace más hincapié. Los contenidos de estas primeras etapas hacen buena referencia a la imagen y percepción corporal, las habilidades y destrezas básicas y sobre todo al juego.

Se debe elaborar un programa específico por categoría de la preparación física diseñado por la dirección técnica. El programa cuenta también con un grupo de tecnificación y seguimiento especial para aquellos jugadores con especiales condiciones para la práctica deportiva. Se trata de un grupo multidisciplinar integrado por entrenadores, médico, fisioterapeuta, psicólogo, profesores y tutores de apoyo. A través de este grupo se realiza un apoyo científico y tecnológico, investigación específica y una verdadera aplicación de las ciencias del deporte.

Este sería el programa de detección de talentos deportivos en donde se trabaja a medio y largo plazo por lo que los factores de rendimiento deportivo, que se trabajan, se estructuran por criterios no sólo de rendimiento, de metas próximas y de eficacia técnica, sino también de relación personal, de cultura de equipo y de valores sociales.

En este sentido debemos apuntar que la institución deportiva municipal posibilita un reciclaje anual, obligatorio y gratuito, recogido en el convenio que firman con el club, dirigido a monitores, técnicos y profesores de la escuela-club con la finalidad de elevar su grado de tecnificación y poder realizar mejor sus funciones.

En cuanto a las actividades complementarias, es interesante que el club realice de forma sistematizada proyectos que unan educación y deporte, con la disposición de aulas de estudio para los deportistas de la entidad en el propio pabellón de entrenamiento para complementar el apoyo académico que su rendimiento escolar necesita.

El club además puede organizar eventos deportivos de interés tanto local y regional como nacional e internacional; de esta manera se mantiene viva la vinculación de todas las categorías de la cantera con los deportistas de mayor rendimiento y de mayor nivel deportivo. Esto significa tener un nivel de promoción en los equipos de base muy significativo y una referencia constante de sus mejoras y de sus posibilidades de rendimiento (Lapuente, 2003).

4.9. SERVICIOS DE MEDICINA DEPORTIVA

Disponer de Servicios de Medicina Deportiva es una característica clave de los contextos sociodeportivos excelentes. Tienen como misión garantizar una vigilancia y atención médica en todas las modalidades del deporte y del ejercicio físico, así como atender la demanda social de actividades físicas mediante un equipo interdisciplinar para obtener el máximo rendimiento deportivo, realizando un enfoque preventivo desde la medicina y ofreciendo un servicio de gran calidad.

Entre sus funciones destacan:

- *Función preventiva:* evaluando el estado de salud de las personas para determinar sus aptitudes y orientarlas a las actividades más convenientes, vigilando médicamente a quienes practican deporte a fin de que logren los resultados deseados sin riesgos para su salud, utilizando la actividad física como medio para adquirir, conservar o mejorar la salud y participando en la elaboración y control de las medidas de higiene y seguridad de las instalaciones.
- *Función asistencial y terapéutica*: asistencia médica de posibles accidentes o enfermedades repentinas en las instalaciones deportivas municipales, aplicando técnicas que permitan el tratamiento y la readaptación funcional de los practicantes de ejercicio físico con vistas a la reanudación de su actividad lo antes posible.
- *Función docente y de asesoramiento a sanitarios*: profesionales de la educación física y deportiva, entrenadores y educación sanitaria del público practicante o interesado.

- *Función investigadora:* de los efectos del deporte y la actividad física sobre la salud a través de la realización de estudios sobre métodos para la práctica y vigilancia de la actividad física.

Los Servicios de Medicina Deportiva de un organismo deportivo municipal son de los servicios deportivos más importantes que se pueden tener y ello dice mucho de la calidad del entorno deportivo como lugar de excelencia sociodeportiva. En los últimos años, diversos municipios han optado por abrir este tipo de servicios a la ciudadanía con orientación primera a la salud y al ocio.

Todo Servicio de Medicina Deportiva tiene como objetivo: *"Garantizar una vigilancia y atención médica en todas las modalidades del deporte y del ejercicio físico"* adoptando la definición del Consejo de Europa, en su resolución (73) 27, de 26 de octubre de 1973, sobre la creación de centros de medicina deportiva".

Además, un Servicio de Medicina Deportiva de un municipio realiza el control de parámetros físico-químicos de las aguas de las piscinas.

4.10. LOS JUEGOS DEPORTIVOS MUNICIPALES. LAS COMPETICIONES LOCALES

Los Juegos Deportivos Municipales torneos de distintas disciplinas deportivas y categorías, donde se entiende la competición como un lugar de encuentro entre personas a través de la actividad física.

Los Juegos Deportivos Municipales se organizan normalmente bajo el abrigo y apoyo de las comunidades autónomas y en muchos casos conjuntamente con otros municipios del territorio: *"en su afán por facilitar y potenciar al máximo la práctica deportiva del mayor número de vecinos de los municipios implicados".*

Con ello se pretende, además, favorecer la comunicación y los cauces para posibilitar una dinámica social más activa del entorno deportivo territorial. Participan todos los clubs y asociaciones deportivas que lo deseen, tanto a nivel individual como por equipos, teniendo prioridad los equipos y deportistas que sean de territorio donde se sitúan los municipios firmantes del convenio.

4.11. EL CONSEJO SECTORIAL DE DEPORTES

El Consejo Sectorial de Deportes es un órgano asesor y consultivo de la gestión municipal que suelen tener los municipios que crean contextos socio-deportivos excelentes.
Las Disposiciones Generales y la Composición de dicho consejo son:

Artículo 1.- El Consejo Sectorial de Deportes se constituye como un órgano asesor y consultivo de la gestión municipal en decisiones, planificación y programas relacionados con la cultura, con el objetivo de analizar, valorar, proponer y evaluar las políticas sectoriales que desde la institución se realizan.

Artículo 2.- El fin último de este órgano y su reglamento es posibilitar la participación de las asociaciones y colectivos ciudadanos, vinculados a la cultura, en el diseño y desarrollo de la política municipal en dicho sector.

Artículo 3.- Son objetivos del Consejo Sectorial de Deportes:

- Posibilitar un cauce de comunicación y diálogo entre el Gobierno municipal y el tejido asociativo vinculado al sector deportivo.

- Servir como espacio de coordinación entre las asociaciones vinculadas a este sector.

- Realizar una Memoria Participativa sobre los principales proyectos municipales a desarrollar en el ámbito deportivo.

Artículo 4.- Funciones del Consejo:

- Informar al Ayuntamiento sobre la temática especifica del Sector.

- Orientar como órgano consultivo al Alcalde o Concejal Delegado en la toma de decisiones y planificación de temas relacionados con del deporte.

- Proponer y asesorar en los programas de actuación municipal que se enfoquen hacia el desarrollo de la cultura deportiva y la democratización del deporte.

- Conocer las resoluciones municipales que se tomen respecto a la política municipal en relación, al Deporte.

- Aportar ideas y parecer al Presupuesto Anual de Deportes.

Artículo 5.- El Consejo estará integrado por:

1. Presidente: Alcalde o Concejal Delegado, que presidirá el Consejo
2. Vicepresidente: nombrado por el Alcalde
3. Representantes de asociaciones deportivas, inscritas en el Registro Municipal de Asociaciones:
   - Tres representantes de los clubes que gestionan "Escuelas Deportivas.
   - Un representante de los clubes de fútbol federado.
   - Tres representantes de las Asociaciones deportivas.
   - Un representante de las asociaciones deportivo-culturales (que realmente cubra las dos áreas).
   - Un representante de la F.A.P.A.
   - Un representante del Consejo de la Juventud de entre las asociaciones juveniles vinculadas al deporte.
4. Un representante de los Técnicos Deportivos (Profesores de Educación Física de los Colegios).
5. Un representante técnico del Patronato Municipal de Deportes.
6. Un representante del Patronato Municipal de Deportes sin voto (Secretario).

Los consejos sectoriales de deporte suelen coincidir con entornos donde existe un gran tejido asociativo en el área de deportes, por delante, incluso, de las asociaciones culturales, sociales y de juventud.

4.12. EL ASOCIACIONISMO DEPORTIVO MUNICIPAL

Según la Ley del Deporte 10/1990, de 15 de octubre: *"El Estado reconocerá y estimulará las acciones organizativas y de promoción desarrolladas por las asociaciones deportivas".*

A los efectos de esta Ley se consideran clubes deportivos las asociaciones privadas, integradas por personas físicas o jurídicas que tengan por objeto la promoción de una o varias modalidades deportivas, la práctica de las mismas por sus asociados, así como la participación en actividades y competiciones deportivas. El índice asociacionista de los ciudadanos es un importante indicador de participación en las tareas de las polis y vertebra el tejido social y sus relaciones con la administración. Las ayudas al asociacionismo deportivo desde lo público se centran en tres planos: concesión de instalaciones para entrenamientos, subvenciones anuales según su nivel de implicación y participación de deportistas, y subvenciones especificas por proyectos de interés público.

El asociacionismo deportivo es interesante como instrumento de gestión de actividades de interés público pues (Serrano, 2007):

- Facilita las iniciativas de los ciudadanos.
- Organiza y desarrolla el deporte en libertad.
- Practica la democracia de forma cotidiana sin estar sometida a procesos electorales.
- Defiende una forma de entender la práctica deportiva y la gestión de infraestructuras.
- Facilita el sentido de pertenencia de un colectivo integrado en una causa común y en un territorio concreto.
- Permite relacionarse con otras personas, vecinos comunes, en la mayoría de los casos.
- Genera riqueza de muchos tipos.

Las asociaciones han sido en diversos contextos sociodeportivos las protagonistas del impulso deportivo local, adoptando una posición de cooperación con este sector.
Según Serrano (2007), un contexto sociodeportivo excelente tiene grandes retos futuros sobre el asociacionismo deportivo y pasan por:

- Profesionalización de tareas técnicas y de gestión, convirtiendo el asociacionismo en un movimiento generador de empleo.
- Incorporación de las nuevas tecnologías de la información a los procesos de gestión. Trabajar en red.
- Diversificación de las fuentes de financiación, aumentando el patrocinio empresarial en detrimento de la subvención pública.
- Asumir responsabilidades en la gestión pública del deporte, tanto en la organización de actividades, como en la dirección de instalaciones.
- Incrementar la adhesión y la participación de los ciudadanos, sobre todo de los inmigrantes, en el movimiento asociativo, con una mayor democratización en los órganos directivos y de representación.
- Contemplar el asociacionismo como una oportunidad de esperanza y convivencia en valores.

Normalmente ese tipo de acciones en un contexto sociodeportivo de excelencia se realiza a través de los denominados departamento de apoyo a asociaciones con una serie de prestaciones a las entidades deportivas que facilitan mucho su organización y posibilidad de realización de sus actividades. Las funciones principales de dicho servicio son:

- Información sobre los trámites y documentación necesaria para la legalización de asociaciones.
- Inscripción en el Registro Municipal.
- Información y asesoramiento a las asociaciones en su gestión.
- Convocatoria de subvenciones anuales, actividades por fiestas o de carácter puntual.
- Recepción de proyectos y necesidades.
- Justificación de subvenciones.
- Información sobre las ofertas de otros organismos.
- Oferta anual de formación para asociaciones.

El departamento debe estar integrado en la estructura de la coordinación del organismo deportivo municipal y su responsable puede tener funciones específicas de apoyo a concejalía en actos y eventos, apoyo técnico y coordinación de eventos deportivos, secretaría del Consejo Sectorial de Deportes, gestión de actos corporativos, y elaboración de los baremos de subvenciones y evaluación técnica de las peticiones de subvención.

5. EL SISTEMA DEPORTIVO EN ESPAÑA

5.1. EL MODELO DEPORTIVO ESPAÑOL

Se denomina modelo deportivo a la forma de concebir la actuación de la política deportiva, entendiendo conceptualmente política como gobierno, habilidad, capacidad, estrategia para llevar a cabo un propósito. En ese sentido el nuevo modelo deportivo español está precedida por la Ley 13/1980, de 31 de marzo, General de la Cultura Física y del Deporte y se renueva con la Ley 10/1990, de 15 de octubre, del Deporte donde las características fundamentales son:

a) Transferencia a las CC. AA

b) Integrar federaciones deportivas

c) Profesionalización del deporte

d) Deporte como fenómeno de masas

e) Municipalización del deporte

f) Nuevos modelos de asociacionismo deportivo

En ese sentido, las ideas que lo informan son las siguientes:

1. El deporte como actividad social generalizada

2. La práctica deportiva como elemento fundamental del sistema educativo

3. El deporte como factor corrector de desequilibrios sociales (mapa de instalaciones deportivas, Centros de alto rendimiento, Plan de extensión de la educación física y deporte en centros públicos no universitarios).

4. El deporte como factor favorecedor de hábitos sociales que posibiliten la igualdad y la solidaridad.

5. La regulación del marco jurídico en el que se desenvuelve la práctica deportiva estatal

6. La coordinación y armonización de las competencias del Estado y Comunidades Autónomas (17 en total y 2 ciudades Autónomas: Ceuta

y Melilla) para propiciar una cultura deportiva dinámica y de efectos multiplicadores

7. La existencia de una clara delimitación del ámbito de competencias de las distintas estructuras sociales – públicas y privadas, que inciden en el fenómeno deportivo, como actividad libre y voluntaria

Así mismo, las líneas que lo configuran son:

- Nivel sociológico: que contempla la práctica deportiva realizada de forma individual o asociada en clubes

- Nivel organizativo: estructuras del deporte (federaciones, ligas, agrupaciones)

- Nivel político: *"el objetivo fundamental de la Ley es regular el marco jurídico en el que debe desenvolverse la práctica deportiva ..."*

Donde el fundamento del nivel político tiene que ver con el imperativo constitucional (Artículo 43 C.E), la justificación de que una de las formas más nobles de fomentar una actividad es ocuparse y preocuparse de ella y de sus efectos; el objetivo de ordenar su desarrollo en términos razonables; la necesidad de participar en la organización de esta actividad, cuando sea necesario; así como contribuir a su financiación.

La Constitución española de 1978 en su artículo 43. Apunta en sus tres puntos:

1) Se reconoce el derecho a la protección de la salud.

2) Compete a los poderes públicos organizar y tutelar la salud pública a través de medidas preventivas y de las prestaciones y servicios necesarios. La ley establecerá los derechos y deberes de todos al respecto.

3) Los poderes públicos fomentarán la educación sanitaria, la educación física y el deporte. Asimismo, facilitarán la adecuada utilización del ocio.

Una referencia desde los modelos de desarrollo deportivos excelentes donde se genera el mejor entorno sociodeportivo para los deportistas desde una sociedad y un deporte de calidad que sean la base de un deporte de rendimiento de excelencia para generar deporte y deportistas de alto nivel de la mayor calidad.

El marco jurídico del deporte español desde la Ley 10/1990 del Deporte y con la estructura deportiva de estado basada en la transferencia de las competencias a las 17 comunidades autónomas y las 2 ciudades autónomas aportan una organización deportiva donde se alinean adecuadamente la estructura organizativa del estado desde el consejo superior de deportes con las estructuras organizativas autonómicas y locales.

Con ello cobran una importancia clave las consejerías de deporte y de educación de las autonomías, así como las diputaciones y los cabildos en el caso de las islas canarias. Por su parte las concejalías y sus servicios deportivos municipales serán determinantes necesarios para la mejor gestión del deporte en España.

En cuanto al deporte de rendimiento, las competencias concurrentes se distribuyen de la siguiente manera con las funciones bien diferenciadas de regulación, ejecución y colaboración según el caso.

- Alto Nivel: CSD + COE + Federaciones
- Tecnificación: CSD + Federaciones + CC. AA
- Detección: CSD + Federaciones + CC. AA
- Deporte Base: CC.AA. + Entes locales

Por tanto, el Sector público deportivo está conformado por el Consejo superior de Deportes, las Direcciones Generales de Deporte y los Entes locales a través de sus servicios deportivos municipales con diferentes denominaciones y estructura organizativa.

5.2. ÁMBITO DEPORTIVO NACIONAL Y AUTONÓMICO.

5.2.1. Organización del deporte. Ámbito nacional

El Consejo superior de Deportes (CSD) es en España, por tanto, el Organismo Autónomo de carácter administrativo adscrito a Presidencia del Gobierno que tiene el mandato institucional (De acuerdo con la Ley 10/1990) de Fomento de la educación física y del deporte y la adecuada utilización del ocio.

El CSD está formado por un presidente que tiene el cargo de Secretario de Estado para el Deporte y representa al consejo, administra su patrimonio y dicta los actos administrativos pertinentes. Además, hay una Comisión directiva compuesta por 7 consejeros que representan a la administración del estado, 4 consejeros que representan a las comunidades autónomas, 3 consejeros que representan a las corporaciones locales y finalmente 6 consejeros que representan a las federaciones deportivas nacionales. Además, se invita a 2 vocales de prestigio del deporte español que forman parte de la comisión.

Órganos adscritos al CSD son:

- Comité español de disciplina deportiva
- Comisión nacional antidopaje
- Comisión nacional contra la violencia
- Junta de garantías electorales
- Comisión de evaluación del deporte de alto nivel

5.2.2. Organización del deporte. Ámbito autonómico

Los Estatutos de autonomía aportan su gestión desde las Direcciones Generales de Deportes de las Comunidades Autónomas (CC.AA.)

Sus funciones principales son:

- Fomento y desarrollo del deporte en sus distintos niveles
- Ordenación del deporte
- Gestión de los servicios deportivos propios
- Reconocimiento, tutela y financiación de las federaciones y entidades deportivas
- Organización de competiciones territoriales
- Construcción de instalaciones deportivas
- Establecimiento de las titulaciones deportivas
- Promoción de la investigación deportiva
- Funciones de inspección y sanción
- La promoción, construcción y gestión de instalaciones deportivas.
- La tutela y coordinación de las Federaciones Deportivas de ámbito territorial autonómico
- Coordinación, promoción y tutela del asociacionismo deportivo.
- Potestad legislativa sobre política deportiva en el ámbito autonómico.
- Programación de subvenciones al deporte.
- Educación Física y actividad deportiva escolar.
- La formación de técnicos y animadores deportivos.
- La gestión de los Centros de formación de los licenciados en Ciencias de la A. F. y el Deporte.

En el ejemplo de la dirección general de Deportes de la Comunidad de Madrid se compone de:

- Subdirección General de Gestión Deportiva
    - Área de Régimen Jurídico Deportivo
    - Área de Gestión Económico-Administrativa (D.G. Deportes)
- Subdirección General de Promoción Deportiva
    - Servicio de Promoción Deportiva
    - Servicio de Deporte Escolar
- Subdirección General de Deporte Federado
    - Servicio Atención al deportista
    - Servicio de Deporte Federado

5.2.3. Comité olímpico español (COE)

Coordina las actividades del Movimiento Olímpico:

- Supervisar y administrar todo lo concerniente a los Juegos Olímpicos.
- Dueño de todos los derechos asociados a los símbolos olímpicos, la bandera, himno, lema, juramento y los juegos.
- Controla los derechos de transmisión de los juegos, la publicidad y demás actividades de acuerdo, a la Carta Olímpica.

Características principales del COE:

- Asociación privada declarada de utilidad pública
- Sin fines de lucro
- Con personalidad jurídica propia
- Plena capacidad de obrar
- Patrimonio y duración ilimitados

Dotado de una estructura participativa, cuenta entre sus miembros con los máximos dirigentes deportivos españoles y destacadas personalidades del deporte. El comité está formado por un Presidente, Consejo de honor, Presidentes de federaciones Olímpicas, Presidentes de federaciones no olímpicas, Miembros de federaciones Internacionales, miembros por elección, representantes institucionales y miembros de mérito.

Según la Ley 10/1990 el COE se rige por sus propios estatutos, el marco de la Ley y los principios del Comité Olímpico Internacional (COI).

Constituido de acuerdo con sus propios Estatutos por:

- La Carta Olímpica
- La Ley española del Deporte

Finalidades principales:

- el desarrollo del Movimiento Olímpico,
- la difusión de los ideales olímpicos,
- la representación en exclusiva en España del Comité Olímpico Internacional y
- la participación española en los Juegos Olímpicos y demás de dicha naturaleza.

Incluida en el COE está la Oficina de Atención al Deportista (OAD) es un servicio para prestar información, orientación y soluciones al deportista. Aporta recursos en asuntos relacionados con la formación y las salidas profesionales en el ámbito laboral, e informarles sobre los medios, no específicamente técnico-deportivos, con los que pueden contar dentro del Comité Olímpico Español.

Está dirigida a los deportistas que han participado en Juegos Olímpicos, Juegos Mediterráneos, Festivales Olímpicos de la Juventud Europea, Campeonatos de Europa o del Mundo de la especialidad, han formado parte del equipo nacional o han figurado en las listas de Deportistas de Alto Nivel que periódicamente se publican en el BOE, y a los deportistas pertenecientes al Programa ADO.

También es muy relevante la Academia Olímpica Española. La Academia Olímpica Española, es pionera entre todas las Academias Olímpicas Nacionales, fundada en Madrid en 1968. Su función radica en la difusión de los valores e ideales del Olimpismo y para el desarrollo de la educación Olímpica, se han constituido las Academias Olímpicas.

La Academia Olímpica Internacional se creó en 1961 en Olimpia, Grecia, donde está su sede. Su principal objetivo, por tanto, es la defensa y difusión de los principios olímpicos a nivel nacional.

La naturaleza jurídica y funciones del Comité Olímpico y el Comité Paralímpico españoles se recoge en el artículo 48:

1. El Comité Olímpico Español es una asociación sin fines de lucro, dotada de personalidad jurídica cuyo objeto consiste en el desarrollo del movimiento olímpico y la difusión de los ideales olímpicos. En atención a este objeto el Comité Olímpico Español es declarado de utilidad pública.

2. El Comité Olímpico Español se rige por sus propios Estatutos y Reglamentos, en el marco de esta Ley y del ordenamiento jurídico español, y de acuerdo con los principios y normas del Comité Olímpico Internacional.

3. El Comité Olímpico Español organiza la inscripción y participación de los deportistas españoles en los Juegos Olímpicos, colabora en su preparación y estimula la práctica de las actividades representadas en dichos Juegos.

Así mismo, en su artículo 49 aborda la explotación y uso comercial de emblemas y denominaciones por el Comité Olímpico y el Comité Paralímpico españoles:

1. La explotación o utilización, comercial o no comercial, del emblema de los cinco anillos entrelazados, las denominaciones «Juegos Olímpicos», «Olimpiadas» y «Comité Olímpico», y de cualquier otro signo o identificación que por similitud se preste a confusión con los mismos, queda reservada en exclusiva al Comité Olímpico Español.

2. Ninguna persona jurídica, pública o privada, puede utilizar dichos emblemas y denominaciones sin autorización expresa del Comité Olímpico Español.

3. La explotación o utilización, comercial o no comercial, del emblema o símbolos, las denominaciones «Juegos Paralímpicos». «Paralimpiadas» y «Comité Paralímpico», y de cualquier otro signo de identificación que por similitud se preste a confusión con los mismos, queda reservada en exclusiva al Comité Paralímpico Español. Ninguna persona jurídica, pública o privada, puede utilizar dichos emblemas y denominaciones sin autorización del Comité Paralímpico Español.

5.2.4. Federaciones deportivas

Son las encargadas de la organización de un deporte en un ámbito territorial determinado y punto de encuentro de todos los clubes que realizan un deporte concreto.

Nacidas de la necesidad de unificar reglas del juego, sus principales funciones son:

- Organizar competiciones deportivas en su ámbito territorial
- Organizar o tutelar las competiciones oficiales de carácter internacional o nacional
- Realizar la formación de los técnicos deportivos

- Ejercer la potestad disciplinaria
- Diseñar, elaborar y ejecutar la planificación de los deportistas de alto nivel

En 1895 se creó la primera federación, la Unión Velocípeda española. En 1898 la Federación Española De Sociedades Gimnásticas. En 1900 la Asociación de Clubes de Fútbol, predecesora de la Federación Española De Fútbol que se constituyó en 1910.

Según la Ley 10/1990 del Deporte en su capítulo III dice: *"Además de sus propias atribuciones, ejercen, por delegación, funciones públicas de carácter administrativo, actuando en este caso como agentes colaboradores de la Administración pública."*

Las federaciones tienen una naturaleza de 2º grado por agrupar a clubes o asociaciones, o bien otras federaciones o ligas de ámbito territorial.

Su objeto principal es la promoción y reglamentación de uno o varios deportes en su respectivo territorio: provincial, autonómica, nacional, continental, mundial.

Los agentes implicados en federación son en cuanto personas físicas los propios deportistas, los árbitros, los técnicos deportivos, los dirigentes, y por último incluso los espectadores.

Como personas jurídicas: clubes, ligas, federaciones de ámbito territorial inferior, sponsors.

Las fuentes normativas de aplicación son de naturaleza privada la Carta olímpica y los estatutos y reglamentos federativos. De naturaleza pública, las leyes estatales y autonómicas. Así como diferentes Decretos emitidos desde las Comunidades autonómicas.

Las Federaciones Autonómicas tienen su actuación en el ámbito territorial autonómico y representan a la federación española en la respectiva Comunidad autónoma.

Como ejemplo, desde la Comunidad Autónoma de Madrid, en su artículo 37, se dice: *"Inscripción. 1. En la Comunidad de Madrid sólo podrá existir una Federación Deportiva por cada modalidad deportiva, salvo las polideportivas para personas con discapacidad.*

2. Todas las Federaciones Deportivas de la Comunidad de Madrid deben estar inscritas en el Registro de Entidades Deportivas. La inscripción deberá ser autorizada por el órgano competente de la Administración Deportiva de la Comunidad de Madrid y tendrá carácter provisional durante el plazo de dos años.

3. La autorización o denegación de la inscripción como Federación Deportiva de la Comunidad de Madrid de una entidad deportiva, se producirá en función de criterios de interés deportivo y de la implantación real de la modalidad deportiva.

4. La revocación del reconocimiento de las Federaciones Deportivas de la Comunidad de Madrid se producirá por la desaparición de los motivos que dieron lugar al mismo."

Por su parte, las federaciones internacionales tienen como misión regular las normas de su deporte a nivel competitivo, así como celebrar periódicamente competiciones y eventos. No se integran, ni son miembros, del COI.

5.2.5. Ligas profesionales

Por su parte las Ligas profesionales tienen Personalidad jurídica propia, autonomía de las federaciones e integran a los clubes de la liga correspondiente.

Las principales ligas profesionales en España son: la Liga profesional de fútbol, la ACB o liga de baloncesto, la Asobal de balonmano y la LNFS de futbol sala.

Las Entidades asociativas deportivas o clubes deportivos son el último escalafón asociativo y por ello definitivos en la mejor gestión deportiva del deporte. Sus objetivos fundamentales son:

- Promocionar una o más modalidades
- Práctica deportiva de asociados
- Participación en actividades
- Competir

La Ley 10/1990, de 15 de octubre, del Deporte recoge varios tipos de asociaciones deportivas: Sociedades Anónimas Deportivas (SAD), clubes profesionales, clubes básicos y clubes elementales.

5.2.6. Fundaciones Deportivas

Las fundaciones deportivas son organizaciones sin ánimo de lucro, que se dedican exclusivamente a la difusión y promoción del deporte.

Surgen, en muchos casos, con el objetivo de poder afrontar la financiación de clubes de élite y promocionar el deporte entre los más jóvenes.

El objetivo de toda fundación deportiva es principalmente:

- Ayudar a los deportes de equipo y en especial a los que participen en competiciones de ámbito nacional.
- Apoyar a los equipos deportivos para que participen en todo tipo de encuentros nacionales e internacionales.
- Celebrar o financiar encuentros y jornadas para la difusión del deporte entre la población.
- Acercar la práctica del deporte a los ciudadanos.
- Otorgar ayudas a deportistas en activo y a ex-deportistas.
- Incentivar otras actividades que contribuyan a una mayor profesionalización y difusión del deporte.

Las fundaciones deportivas se han convertido, en los últimos años, en motor del deporte y de todos los deportistas. Para ello que cuentan con el apoyo decidido de empresas varias interesadas en promocionar el deporte ya que la repercusión social de esta clase de compromisos supone beneficios de toda índole para las dichas empresas colaboradoras.

La mayoría de las compañías que apoyan al deporte a través de las fundaciones lo hacen con convenios que se firman con el visto bueno del organismo deportivo municipal donde estén localizados. El ayuntamiento generador de dichas iniciativas suele contar con la colaboración de gran cantidad de firmas, en su mayoría multinacionales, que realizan una generosa aportación a la ciudad con el apoyo al deporte con los denominados comités benefactores y grupos de empresas colaboradoras, normalmente entidades de gran prestigio que apoyan los clubes y proyectos sociales y sociodeportivos.

Sus características más significativas son:

- Ser de naturaleza privada
- Entidades sin ánimo de lucro
- Son de interés general, ya que producen gran beneficio socioeconómico-deportivo en su entorno
- Suelen estar generadas por entes públicos para la gestión de servicios deportivos
- Son reguladas por la ley 30/1994

"En un sistema de mercado existen actividades que la empresa no tiene incentivos económicos para realizar, ni las administraciones públicas capacidades para producir: este es el espacio propio de las fundaciones y asociaciones."

Alfred Vernis, 2005

Los elementos sobre los que gira una fundación deportiva son:

1) Idea de organización, que debe contar con mínima estructura interna y especializada. Profesionales. Compromiso de los profesionales con los fines de la fundación. Debe creer en el "interés general" que tiene.

2) Su fin público es el deporte, por sí mismo, ya constituye un fin de interés general que los poderes públicos debe fomentar. Supone la utilización del tiempo de ocio, de hábitos de vida sana, de educación en valores para el desarrollo integral de la persona, así como de integración social e integración laboral. Tiene siempre una finalidad socio-asistencial, finalidad formativa y finalidad cultural.

3) Voluntad de apoyo al deporte no profesional. Comunicación entre fundaciones. Comunidades Autónomas y deporte local.

4)Actividades que desarrollan:

- Actividades sociales
- Actividades formativas
- Actividades culturales
- Actividades deportivas

"Las fundaciones deportivas son la vertiente solidaria y humana del deporte y de los clubes".

Duran, J. 2006.

Según el artículo 24 de la Ley de 2002, las fundaciones podrán desarrollar actividades económicas cuyo objeto esté relacionado con los fines estatutarios o sean complementarias, así como podrán intervenir en cualesquiera actividades económicas a través de su participación en sociedades, con arreglo a la ley.

Por su parte, la estructura financiera de las entidades de las fundaciones descansa en tres pilares: las donaciones privadas, las aportaciones de las administraciones públicas y las cuotas y ventas.

1. Vías de financiación directas
    a. Dotación inicial
    b. Dotación permanente
    c. Venta de bienes y servicios
2. Vías de financiación indirectas
    a. Subvenciones, incentivos fiscales, convenios
    b. Mecenazgo y patrocinio
    c. En especie

Para terminar con el apartado de las fundaciones, los retos futuros a los que se enfrentan las fundaciones europeas, según Anheiee y Siobhan, son:

- La rendición de cuentas y transparencia.
- La profesionalización y gerencia.
- La globalización.
- El impacto en la integración europea.

5.2.7. Clubes deportivos

Según la Ley del Deporte 10/1990, de 15 de octubre, se consideran clubes deportivos las asociaciones privadas, integradas por personas físicas o jurídicas que tengan por objeto la promoción de una o varias modalidades deportivas, la práctica de las mismas por sus asociados, así como la participación en actividades y competiciones deportivas.

Según el Artículo 22. CONSTITUCIÓN ESPAÑOLA:

1. Se reconoce el derecho de asociación.
2. Las asociaciones que persigan fines o utilicen medios tipificados como delito son ilegales.
3. Las asociaciones constituidas al amparo de este artículo deberán inscribirse en un registro a los solos efectos de publicidad.
4. Las asociaciones sólo podrán ser disueltas o suspendidas en sus actividades en virtud de resolución judicial motivada.
5. Se prohíben las asociaciones secretas y las de carácter paramilitar.

Tiene dos objetivos principales:

- Lugar y medio para el desarrollo de su deporte
- Grupo para impulsar competiciones deportivas

En un mismo club suelen darse las dos vertientes.

Régimen jurídico determinado, fijado y regulado por las normas deportivas. Normativas:

- Competencias de las CC. AA en materia deportiva
- Normas de las federaciones deportivas autonómicas, nacionales e internacionales.
- Estatutos y reglamentos de régimen interno de la asociación

La clasificación y tipo de clubes deportivos son los siguientes:

- elementales
- de base
- de deporte profesional
- sociedades anónimas deportivas

Los clubes deportivos elementales son asociaciones privadas sin ánimo de lucro que tienen como finalidad principal la práctica de actividades físico-deportivas y, en su caso, la participación en competiciones de carácter deportivo.

Los clubes deportivos básicos son asociaciones privadas sin ánimo de lucro integradas por personas físicas o jurídicas que tienen por objeto la promoción de una o varias modalidades deportivas, el desarrollo y la práctica de las mismas por sus asociados y la participación en actividades o competiciones deportivas de carácter oficial.

Entidad de utilidad pública (Declarada mediante Orden ministerial con solicitud a DGD Comunidad Autónoma) con actividades, socios, beneficiarios del servicio, recursos materiales y personales, organización de servicios, resultados.

En este sentido, el artículo 2. Decreto 199/1998, de 26 de noviembre realiza la clasificación de las asociaciones deportivas:

a) Clubes.

b) Agrupaciones deportivas.

c) Secciones de acción deportiva.

d) Agrupaciones de clubes.

e) Asociaciones de federaciones deportivas.

f) Coordinadoras deportivas de barrio.

Por otra parte, los tipos de asociaciones pueden realizarse desde distintos parámetros:

- Número de socios
- Dimensión económica
- Actividad que desarrolla

En cuanto a los diversos registros que tienen que realizar las asociaciones deportivas son en la agencia tributaria y en la Seguridad social

Otros tipos de asociaciones:

- Coordinadoras de barrio (Madrid)
- Grupos de ocio (Valencia)
- Clubes filiales (Navarra)
- Agrupaciones escolares (Extremadura)
- Consejos deportivos (Cataluña)
- Secciones deportivas de entidades públicas

Parámetros de modelo ideal de club (Lapuente, 2005):

- gobierno participativo
- planificación estratégica
- participación social
- buenas relaciones públicas
- contacto con otras entidades e instituciones
- buen análisis de la demanda
- oferta con capacidad de innovación
- comunicación y transparencia
- prestigio en la colectividad donde está inmersa
- buena estructura de fuentes de financiación
- disponibilidad de infraestructuras y recursos materiales
- gestión de voluntarios
- clima organizativo interno participativo

Teniendo en cuenta lo anterior, la evaluación y baremación que hay que realizar para conocer el grado de excelencia de un club deportivo tienen que ver con examinar los siguientes factores:

- Modelo deportivo de desarrollo (programa deportivo). Metodología, idea de proyecto, innovación, valores (transmisión y potenciación)
- Reconocimiento externo: prestigio, premios y menciones. Resultados
- Modelo de calidad de gestión: funcionamiento interno

- Cobertura de niveles y categorías: formación integral y planificación a largo plazo y a alto nivel
- Resultados de los deportistas y equipos
- Lo que cuesta estar o entrar
- Fidelización: índice, vida deportiva de deportistas, itinerarios
- Programas de intercambio y actividades internacionales
- Competiciones: niveles local, regional, nacional, internacional.
- Entrenadores: titulaciones, experiencia, etc.
- Tutorías a deportistas
- Horas de entrenamiento, sesiones, etc.
- % de deportistas de la base que compiten en los primeros equipos
- Actividades sociales
- Formación extradeportiva
- Equipos multidisciplinares: médicos, psicólogos deportivos, fisioterapeutas, masajistas, etc.
- Nº deportistas de equipo/ por entrenador.
- Espacios físicos e instalaciones con que se cuentan y con las que se pueden contar en futuro próximo
- Condiciones de las instalaciones
- Utilización de tecnología aplicada al entrenamiento y formación deportiva
- Material deportivo con que se cuenta
- Situación y acceso a la instalación donde se entrena
- Aulas de formación y teórica
- Control de la competición deportiva
- Iniciación deportiva. Edad de comienzo
- Iniciación a la competición. Edad de comienzo
- Modelo de desarrollo deportivo de club excelente:
- Deporte de base y alta competición: compatibles, necesarios e interdependientes.
- Formación integral del deportista: valores sociales y personales.
- Alto índice de asociacionismo deportivo en el entorno.
- Comunicación bidireccional federación-club.
- Considerar el trabajo en la base en términos de rendimiento deportivo.
- Identificación de cada jugador con las aspiraciones de grupo.
- Implicar a socios, padres, vecinos y antiguos miembros del club en el proyecto global de la entidad.
- Entrenador como docente orientador, transmisor de valores.

- Utilizar la competición como medio educativo.
- Programar específicamente por categorías deportivas.

Así mismo, en referencia al deporte de alto nivel, los factores específicos de rendimiento deportivo son (Lapuente, 2005):

1) Alta cualificación técnica y humana de los entrenadores y de la dirección técnica.
2) Fuerte apoyo institucional: instalaciones y espacios deportivos muy adecuados.
3) Tener un primer equipo en la élite nacional.
4) Contar con un grupo multidisciplinar de tecnificación y seguimiento especial para jugadores con condiciones especiales.
5) Realizar investigación específica y apoyo tecnológico sobre el entrenamiento y la competición deportiva.
6) Contar con una gran cantera.
7) Trabajar a medio y largo plazo en los programas de talentos deportivos.
8) Reciclajes periódicos de todo el cuadro técnico del club.
9) Importante control de calidad y asesoramiento técnico de la institución municipal sobre programas y actividades del club.

5.3. ÁMBITO DEPORTIVO LOCAL

5.3.1. Organización del deporte. Ámbito local

Las Entidades Locales (Ayuntamientos, Diputaciones, Cabildos) son los principales gestores de los servicios deportivos públicos pues es desde donde se tiene el mayor conocimiento y uso de las instalaciones deportivas locales, por su grado de proximidad al domicilio familiar y por la mejor posibilidad de desarrollo y fomento de la actividad deportiva base en el ámbito local.

La forma organizativa de gestionar los recursos deportivos que tienen las entidades locales son diversas. Si bien suelen adoptarse en forma de Patronatos deportivos o institutos municipales de deporte, siempre en colaboración con entidades deportivas desde las escuelas deportivas municipales.

Las competencias de las Entidades Locales en materia deportiva son:

1. Reservar en los planes de urbanismo el suelo necesario para la construcción de instalaciones deportivas.

2. Construir, en colaboración con otras Administraciones públicas, las instalaciones deportivas locales y gestionarlas.

3. Desarrollar programas de promoción deportiva para todas las edades.

4. Ayudar a los clubes deportivos ubicados en su territorio.

Los servicios deportivos municipales tienen desde su formato organizativo tres modalidades principales de gestionar los servicios de deporte: a través de la gestión directa, desde la gestión indirecta o principalmente por gestión mixta en colaboración interesada y necesaria de lo público con lo privado. Los formatos de colaboración y las entidades de partenariado son diversas, pero imperan las fundaciones y las sociedades de distinto tipo.

Las principales prestaciones en Servicios deportivos municipales son:

- Las Escuelas Deportivas Municipales.
- La animación deportiva y el mantenimiento de adultos.
- La organización de competiciones locales.
- La oferta de instalaciones deportivas a clubes y particulares.

El Sistema de colaboración es mutua entre los sectores público y privado.

En ese sentido los Entes deportivos privados son: Comité olímpico español, Comité paralímpico español, Federaciones deportivas españolas, Federaciones deportivas autonómicas, Ligas profesionales y Entidades asociativas deportivas.

5.3.2. Los municipios, célula básica del desarrollo deportivo

Según la Ley 7/1985, de 2 de abril, Reguladora de las Bases del Régimen Local:

1. El término municipal es el territorio en que el ayuntamiento ejerce sus competencias.
2. Cada municipio pertenecerá a una sola provincia.

Son entidades locales territoriales:

- El Municipio.
- La Provincia.
- La Isla en los archipiélagos balear y canario.

Los municipios son por estas características las células básicas de todo desarrollo deportivo. La ciudad es un espacio de socialización, una experiencia o metáfora que representa la realidad. Es un espacio en el que conviven e interactúan múltiples y contradictorias dinámicas. Construimos ciudades a la vez que las ciudades nos construyen a los seres humanos que las habitamos. Hay una interacción y una reciprocidad.

La Ley 7/1985, de 2 de abril, Reguladora de las Bases del Régimen Local dice en su Artículo 1:

> 1. Los Municipios son entidades básicas de la organización territorial del Estado y cauces inmediatos de participación ciudadana en los asuntos públicos, que institucionalizan y gestionan con autonomía los intereses propios de las correspondientes colectividades.

En ese sentido, las competencias del municipio son las de promover y fomentar la actividad deportiva, especialmente el deporte para todos y el deporte escolar, elaborar y ejecutar planes de equipamientos deportivos, gestionar las instalaciones, asegurar la reserva de espacios para los equipamientos, organizar la actividad deportiva como práctica ciudadana, así como la de promover eventos deportivos.

5.3.3. Los modelos y formas administrativas de gestión

Las diversas formas de gestión administrativa son:

a) gestión directa centralizada

- Ayuntamiento sin órgano especializado
- Ayuntamiento con órgano especializado
- descentralizada
- organismo autónomo local
- entidad pública empresarial local
- sociedad mercantil local

b) gestión indirecta

- concesión
- gestión interesada
- concierto
- sociedad de economía mixta

5.3.4. El patronato deportivo municipal

Todo patronato deportivo municipal consta de un Consejo Rector donde sus miembros son, Concejal-delegado, Gerente, Partidos políticos, Sindicatos, Interventor.

La función del presidente (concejal-delegado) es: representación legal del patronato, convocar y presidir Consejo Rector, tener la representación en el Pleno Municipal.

Por su parte el consejo Rector tiene las siguientes funciones:

- Aprobar el programa de actuación
- Aprobar la plantilla del Patronato
- Aprobar los presupuestos
- Aprobar la memoria anual de actividades
- Nombrar al gerente o director

En este sentido, siempre las decisiones deben estar ratificadas necesariamente por el Pleno Municipal.

Las funciones de la Gerencia son:

- Ejecutar órdenes del Consejo Rector
- Presentar el proyecto de actividades
- Presentar el proyecto de presupuesto económico
- Realizar pagos y cobros
- Proponer al Consejo Rector el nombramiento de personal
- Dirigir al personal
- Coordinar instalaciones y actividades
- Dirigir e impulsar los servicios internos y actividades
- Ejecutar directrices del Presidente
- Asegurar el buen funcionamiento y mantenimiento de las instalaciones
- Coordinar los planes y programas deportivos
- Dirigir al personal
- Conformidad de las facturas y pagos
- Proponer las normas de funcionamiento administrativo

5.3.5. La cultura organizativa y liderazgo en los servicios deportivos locales

Los servicios deportivos locales deben ser una continuación del propio ayuntamiento en la administración y gestión, una administración inteligente, gestionando bien la información y detectando con rapidez los problemas para así tener la mayor capacidad de resolverlos de forma eficaz.

La administración pública es la mejor situada y la que mayores instrumentos tiene para mediar entre los diferentes actores sociales. Para ello no debe dejar de incorporar al ciudadano en la toma de decisiones con una participación efectiva, coordinando de forma eficiente los intereses, metas, aspiraciones y demandas de sus ciudadanos. Incluido el medio ambiente, población, tecnología y organización social es un sistema cultural. Siendo generador de los nuevos valores y normas. Siendo, por tanto, un organismo ecológico capaz de auto-equilibrio.

"Las mejores organizaciones no lo son por contratar a los mejores, sino por establecer procesos y sistemas que animan a las personas a pensar, y permiten que ese pensamiento se ponga en práctica"

(Stewart, 1998).

En este sentido el liderazgo eficaz tiene sus características en formar buenos equipos de trabajo, así como tener claro los objetivos de la organización.

La realización hacía una orientación al ciudadano eficaz y tener una sistemática organizacional clara serán otra clave de ese liderazgo eficaz y productivo.

Se trata, por tanto, de formar una organización como un sistema abierto, una organización como naturaleza en equilibrio dinámico.

Una administración inteligente requiere, entonces, las siguientes características de liderazgo:

- Capacidad de acción y resolución: eminentemente útil y práctica.
- Autodeterminación y proyección: visión y posicionamiento estratégico.
- Voluntad y energía para actuar: eficacia de grupo.
- Capacidad de aprendizaje: conocimiento de su realidad interna y del entorno. Innovación.
- Productividad: optimización de recursos y creación del máximo valor público. Investigación +Desarrollo+ Innovación.
- Transparencia y ética: enfoque al ciudadano.

Peters y Waterman (1982) identifican las siguientes características o atributos de las organizaciones excelentes:

1. énfasis en la acción
2. proximidad con el cliente
3. autonomía e iniciativa
4. productividad contando con las personas
5. valores claros

6. estructuras sencillas
7. staff reducido
8. La base de unos servicios públicos:
9. cultura de evaluación
10. gestión de la calidad
11. coordinación eficaz
12. cogestión de determinados servicios

Donde siempre la misión, visión y valores son determinantes de toda organización excelente.

La misión: de gobierno y de gestión. Gobernar y gestionar la ciudad prestando servicios a sus ciudadanos. Mantener y potenciar la calidad de vida, el bienestar y equilibrio social y el desarrollo sostenible.

La visión: mejora continua y la referencia de administración de excelencia: eficacia y optimización de recursos, excelencia de servicio al ciudadano, la participación y diversidad cultural de los ciudadanos como elementos de identidad de la ciudad, implicación y participación de los empleados públicos.

Los valores: principios éticos y elementos intangibles, que dan coherencia al esfuerzo generador de las personas.

Los valores de una organización eficaz son:

- Orientación al ciudadano: mejora constante al servicio del ciudadano.
- Participación de los ciudadanos: conocimiento de sus necesidades y expectativas.
- Orientación a objetivos y resultados: compromiso y responsabilidad.
- Cultura de transparencia y participación: participar en objetivos y mejoras.
- Cultura de colaboración y coordinación: sentido de pertenencia a la institución.
- Responsabilidad y conciencia de costes: gestión responsable y eficiente.

Por todo ello, una de las mejores herramientas para la determinación de los objetivos y de los resultados de una organización pública es la planificación y el seguimiento de la gestión, la calidad, en definitiva.

5.3.6. La gestión excelente del deporte. La calidad

La calidad es ante todo una cuestión de percepción del cliente y en esta percepción tienen mucho que ver las acciones que realizan las organizaciones para vender su producto, así como de una ética pública compartida.

Los principales indicadores de la calidad global son: el desarrollo, la estructura organizativa, los recursos humanos y materiales, la modernización, la investigación y, finalmente, la productividad del sistema.

Estos factores hacen referencia a cuatro grandes ámbitos: el contexto, los recursos, el funcionamiento y los resultados.

Para ello se cuentan con herramientas de gestión de la calidad, donde las principales son:

- encuestas de calidad y satisfacción,
- sistemas de reclamaciones y sugerencias,
- sistemas de evaluación de actividades deportivas,
- cartas de servicios,
- estudios de satisfacción laboral,
- talleres de mejora,
- jornadas de calidad,
- cuadro integral de mando y
- autoevaluación EFQM

Una nueva gestión basada en la excelencia y calidad, tiene como objetivos esenciales:

a) la mejora del rendimiento de la organización para satisfacer las demandas de los clientes
b) la mejora en la transparencia de la gestión
c) la motivación de los empleados a través de la delegación de responsabilidades

Sistema cultural administrativo que tiene las siguientes características:

1. Consideración del ciudadano como cliente.
2. Optimización de la eficiencia y disminución de los costes.
3. Gestión por objetivos.
4. Separación de las funciones estratégicas y operativas.
5. Creación de centros gestores responsables de su presupuesto.
6. Estructuras organizativas similares a empresas privadas.
7. Competencia con la creación de mercados internos.

8. Privatización.

Por ello, los datos sociodemográficos y de gestión deportiva más significativos son:

- Población
- Hectáreas.
- Densidad (hab. /km2)
- Población < 30 años
- Población > 65 años
- Presupuesto municipal
- Presupuesto en deporte
- €/habitante/año en deportes.
- Situación
- m2 de instalaciones deportivas
- complejos deportivos
- instalaciones de barrio.
- asociaciones deportivas.
- fundaciones
- usuarios/semana realizan deporte.
- titulares de abono deporte o similar.
- deportistas federados
- Nº de deportes.
- deportistas participantes en competiciones locales.
- usuarios en escuelas deportivas
- Niños/as en deporte escolar.
- alumnos en la campaña de verano.
- % de la población conoce las instalaciones deportivas.
- % de la población utiliza las instalaciones deportivas.
- % práctica deportiva general

6. El desarrollo del deportista de alto nivel

6.1. EL DESARROLLO DEL DEPORTISTA DE ALTO NIVEL

El ambiente y el estilo de vida resultan tan determinantes como la propia genética en el desarrollo de los individuos. El desarrollo del deportista está influido por una serie de factores que condicionan su progreso y que afectan de forma directa o indirecta a su rendimiento por lo que la gestión y adecuación de los mismos es primordial (Campos, 1995; Zelichenok, 1999; Sánchez, 2002).

De este contexto donde se desarrollan depende en gran medida la excelencia de los sujetos y de las organizaciones (deportistas, clubes, patronatos, etc.), entendiendo excelencia como la superior calidad posible, como el alcance de los mayores niveles de eficacia que pueden ser conseguidos (Peters y Waterman, 1982; Kaufmann, 1993). Dicha eficacia se mide por una relación entre los resultados realmente alcanzados frente a los objetivos o metas establecidos con el mejor aprovechamiento de los recursos existentes (Subirats, 1994).

Una eficacia también de procesos y de forma de realizar el camino hacia el logro deportivo, donde el éxito del deportista aparece por la mejor relación con el entorno inmediato y marcado por el contexto social, que condiciona de forma importante su quehacer y su vida (Kay, 2000).

Se han realizado diversos estudios sobre los deportistas de alto nivel en los que se ha tratado de averiguar la influencia de sus determinantes psicosociales, así como examinar cual ha sido su itinerario hacia la excelencia deportiva (García-Ferrando, 1979; Puig, 1992; Campos, 1995; Sánchez, 2002; Durán, 2003). Otras investigaciones han estado orientadas hacia el análisis de los sistemas deportivos y microsistemas específicos excelentes donde el deportista queda incluido (Boné, 1999; Nuviala, 2002; Ruiz, 2006; Salinero, 2006).

Sobre los determinantes psicosociales de los deportistas, se encuentra el estudio de Campos (1995), *"Determinantes sociales de los procesos de detección de talentos en el deporte. El caso del atletismo español"*. En su investigación, Campos, aporta algunas de las claves que han orientado la detección de talentos como un proceso que podría orientar la socialización de los atletas en el deporte competitivo. Se ha estudiado el caso del atletismo español. Los resultados permiten comprobar que la detección de talentos constituye un proceso repleto de determinantes difíciles de controlar en su totalidad, lo cual confiere un grado de complejidad estructural que es difícil analizar desde una perspectiva unidimensional (Campos, 1995).

Por su parte, Sánchez (2002) realiza la tesis doctoral *"El proceso de llegar a ser experto en baloncesto: un enfoque psicosocial"* con la que analiza, mediante un enfoque biográfico y psicosocial, el camino que siguieron nueve jugadores de baloncesto hasta alcanzar la excelencia deportiva. En el estudio se comprueba que *"no se puede entender el desarrollo de la pericia a partir de las motivaciones o la influencia medioambiental de forma aislada"*. Los resultados obtenidos apoyan la idea de que el rendimiento excelente es consecuencia de la interrelación entre: factores sociales, ambientales, psicológicos, cognitivos, biológicos y práctica (Sánchez, 2002).

Durán en 2003, realiza la investigación *"El rendimiento experto en el deporte: análisis de la participación de variables cognitivas, psicosociales y del papel de la práctica deliberada en lanzadores de martillo españoles de alto rendimiento"*, donde analiza, desde un enfoque multitarea, las dimensiones psicológicas y sociales de los lanzadores de martillo españoles de alto rendimiento.

Puig, en 1992, realiza la tesis ***"Jóvenes y deporte: influencia de los procesos de socialización en los itinerarios deportivos juveniles"***. La investigación representa otro modo de aproximar el deporte juvenil y el camino hacia la excelencia, abordado desde la perspectiva de los itinerarios deportivos y su relación con los procesos de socialización. Analiza el comportamiento deportivo sin centrarlo en un momento dado sino desde una perspectiva diacrónica. La técnica empleada fue la entrevista en profundidad. La conclusión principal es que el deporte juvenil no puede ser analizado de forma fragmentada (abandonos, influencia de la competición, etc.) sino como un conjunto de situaciones condicionadas por los procesos de socialización de sus protagonistas.

En *"Deporte y control social: aproximación sociopedagógica"*, Carravetta (1994) identifica y describe el control social, mediante el conocimiento y la comprensión de la realidad socio deportiva, como un proceso de regulación que influye en la práctica deportiva olímpica en un contexto sociocultural.

Otro trabajo que se enmarca en lo que se conoce como socialización a través del deporte lo realiza Raga (2002), *"Influencia de la actividad física y el deporte en el desarrollo de la competencia social de los adolescentes"*. De los resultados obtenidos de esta investigación se desprende que los procesos de socialización que se llevan a cabo, se enmarcan en un contexto de socialización deportiva tan importante como son la familia, la escuela o el grupo de iguales.

Con *"Práctica deportiva y niveles de desarrollo psicosocial en el fútbol federado de Guipúzcoa: análisis, valoración e influencia de las relaciones entre el tiempo de práctica deportiva, la autoeficacia y el nivel de satisfacción en jóvenes futbolistas",* se trata de contribuir a la mejora del proceso de formación y tecnificación de los jóvenes futbolistas, desde el conocimiento de variables psicosociales y de la práctica deportiva (Sistiaga, 2005).

En la misma línea de investigación vinculada a la influencia del entorno del deportista excelente, hemos encontrado estudios sobre los sistemas deportivos a nivel general y sobre los sistemas deportivos específicos, denominados también microsistemas deportivos. En cuanto a los análisis sobre modelos generales de sistemas deportivos, nos encontramos con la tesis de Ruiz (2006), *"El triatlón como modelo de sistema deportivo en el contexto nacional español e internacional: determinantes para su desarrollo y la consecución del éxito".* En su trabajo doctoral, Ruiz propone la contextualización de la dimensión deportiva del triatleta, mediante la dimensión personal y social del deportista, así como su interacción con el entorno (Ruiz, 2006).

Por su parte, el objetivo central de la investigación de Boné, *"Evolución del sistema deportivo de Aragón en el periodo 1984-1994. Aproximación a una propuesta metodológica para el análisis del deporte en un territorio"* (1995), es conocer la evolución del sistema deportivo de Aragón en el período 1984-1994. Se elabora una propuesta metodológica para el análisis y la planificación del deporte en el contexto territorial (Boné, 1999).

Otra investigación significativa sobre sistemas deportivos específicos es *"Las escuelas deportivas en el entorno rural del servicio comarcal de deportes 'Corredor del Ebro' y el municipio Fuentes de Ebro",* de Nuviala (2002). La tesis pretende aportar datos objetivos para el conocimiento de la práctica física organizada y plantear estrategias contextualizadas para el desarrollo del sistema deportivo incluido en un entorno rural. Entre las conclusiones del estudio se destaca la necesidad de consolidar una política deportiva que consolide el deporte de calidad, y la necesaria adecuación de los espacios deportivos.

Salinero, realiza en 2006 la tesis doctoral denominada *"Microsistemas deportivos de Alto Nivel. Un estudio descriptivo de clubes de karate de elite".*

En esta investigación, el autor concluye con la importancia del entorno social próximo del deportista como elemento clave en su carrera deportiva. También se apunta en sus conclusiones, que los microsistemas deportivos de elite son clubes asentados en el tiempo y con una larga trayectoria deportiva (Salinero, 2006).

En nuestra revisión bibliográfica no hemos hallado ninguna investigación realizada desde la perspectiva sistémica ecológica holística, ni con la metodología de la Teoría Fundamentada, pero sí hemos encontrado un estudio de deporte en el ámbito local basado en la teoría general de sistemas. El título de este artículo de investigación basado en su tesis doctoral es *"Aplicación del software atlas-ti para el estudio del deporte y el estado del bienestar en el ámbito local"* (Tapiador, 2006). La investigación utiliza como marco la teoría de modelos, de Luckmann y de Bertalanfy (Berger y Luckmann, 1968; Bertalanffy, Ashby, y Weinberg, 1972). Además, se vale en la investigación del programa atlas-ti para su realización, de carácter cualitativo deductivo y donde analiza de forma diacrónica un sistema deportivo municipal. Tapiador (2004), establece en sus conclusiones una serie de etapas en el tiempo significativas en el desarrollo del sistema deportivo municipal dentro del desarrollo general del deporte en España.

En cuanto a estudios sobre los servicios deportivos y la gestión deportiva se han realizado, entre otros, dos muy interesantes, *"Análisis de la satisfacción de los usuarios: hacia un nuevo modelo de gestión basado en la calidad de los servicios deportivos"*, de Dorado (2005); y *"Análisis de los servicios deportivos municipales en Castilla-La Mancha: indicadores económicos y de gestión"*, de Gallardo (2001). En ambas tesis se estudian y definen los modelos de gestión y modelos de calidad utilizados en los servicios deportivos (Gallardo, 2001; Dorado, 2006).

Diversos estudios hacen referencia a la importancia de la calidad de la gestión deportiva en el municipio; la implantación de las estrategias locales con relación al deporte escolar; y la propia figura del gestor deportivo (Mestre, 2004; Gómez y Mestre, 2005; Orts, 2005).

De estas mismas características es la tesis realizada en 2001 por Marqués, *"La implantación de la gestión de la calidad total en un patronato municipal de deportes. Utilización del modelo EFQM de excelencia empresarial para el sector público. El caso del Patronato Municipal de Deportes del Ayuntamiento de Huesca"*. El soporte teórico de la investigación se basa en un análisis del deporte desde una concepción sistémica, a través de una descripción del sistema deportivo público en la administración local, y la propuesta de interpretación del sistema deportivo municipal desde la óptica de la calidad total.

Por último, en nuestro repaso del estado empírico del problema, hacemos una referencia especial a la tesis doctoral *"Modèle de planification des activites physiques de loisir au niveau local"* de Martínez del Castillo (1988). La tesis aporta, según el autor, *"un nuevo modelo de planificación estratégica en las organizaciones deportivas municipales, que permite optimizar la productividad de los recursos existentes y por tanto poder atender las demandas de servicios de actividad física del mayor número posible de ciudadanos/as"*. La metodología aplicada fue de investigación-acción utilizando un diseño cuasi experimental con toma de datos 'antes-después'; en un mismo municipio y referido a su servicio de deportes (Martínez del Castillo, 1988).

Esta tesis doctoral de Martínez del Castillo constituyó la conclusión de su trabajo comenzado, en el municipio de Alcobendas, con la puesta en marcha en 1981 del Patronato de Deportes a partir de su tesina *"Planificación y puesta en acción de un Patronato Deportivo Municipal"* (Martínez del Castillo, 1981).

Dicha institución municipal es, precisamente, parte del objeto de estudio del texto que presentamos, por lo que los trabajos de Martínez del Castillo suponen un punto de partida de nuestro manual.

La revisión bibliográfica nos proporciona una buena aportación sobre los sistemas y microsistemas deportivos, así como sobre los determinantes psicosociales de los deportistas. Con todo, no llegan a realizar una contextualización específica y a aportar una visión global sobre el desarrollo del deportista en un sistema social más amplio del propio sistema deportivo. El estudio de las interrelaciones del deportista con su deporte y con las personas de su entorno, se muestran insuficientes para explicar el desarrollo de la excelencia y es necesario interpretarlas dentro de un contexto sociocultural (Sánchez, 2002).

Nuestra pretensión con este texto es sobrepasar el marco deportivo y realizar una explicación del desarrollo del deportista de alto nivel y de sus determinantes psicosociales, mediante un estudio holístico y contextualizado en el sistema social de un municipio de excelencia contrastada. Una visión integral en la que el contexto y el comportamiento humano son interdependientes, considerando el entorno como parte esencial del fenómeno analizado (Litterer, 1979; Bronfenbrenner, 1987; Tudge, Shanahan, y Valsiner, 1996).

Esto justifica la necesidad de estudiar el sistema sociocultural superior al sistema deportivo donde queda incluido el deportista. No se puede comprender el desarrollo de las personas al margen de su contexto cultural (Rogoff y Wertsh, 1984; Tudge, Shanahan, y Valsiner, 1996).

El municipio de Alcobendas se elige como objeto de estudio por ser un caso paradigmático de la excelencia deportiva a nivel nacional e internacional. Tanto en el deporte de rendimiento como en la práctica deportiva general de sus ciudadanos, la ciudad de Alcobendas destaca por su calidad organizativa y por sus resultados deportivos. La ciudad de Alcobendas es un contexto de excelencia en deporte y contexto de excelencia como ciudad, ya que los resultados obtenidos en los últimos años en relación a la calidad de sus recursos, hacen que, en sí misma, la ciudad pueda ser generadora de ambientes propicios para alcanzar los máximos niveles de eficacia social y deportiva; entornos adecuados al deportista de alto nivel, entornos socioculturales, organizativos, de familia, de entrenamiento y gestión deportiva.

Por lo tanto, se trata de dar a conocer las claves de la excelencia del deporte en un contexto sociodeportivo excelente y de su modelo de desarrollo deportivo en relación, al alto rendimiento. Desde el punto de vista práctico es donde tiene mayor importancia la obra. Un libro que pretende ser eminentemente útil y aplicable.

El proceso de llegar a ser un deportista excelente depende de numerosos factores que condicionan el progreso y que afectan de forma directa o indirecta al rendimiento deportivo, de ahí que el conocimiento, gestión y adecuación de los mismos sea de gran interés para el desarrollo de la pericia. El objeto de la investigación está, por tanto, en conocer las características de deportistas de alto nivel de entornos sociodeportivos excelentes. En el estudio se aplicó un cuestionario "ad hoc" a 164 deportistas de alto nivel. Se realizó un análisis de descriptivo con las siguientes medidas: análisis de frecuencias, tablas de contingencias y relaciones entre variables por comparación de medias para muestras independientes con la prueba T. Las variables estudiadas han estado relacionadas con aspectos sociodemográficos; académicos y profesionales; de iniciación deportiva y práctica deportiva; así como de grado de profesionalización y logros deportivos. Las conclusiones más significativas han sido: los deportistas de alto nivel realizan un mejor establecimiento de objetivos; la familia es el entorno de influencia más determinante en su excelencia deportiva; la motivación es indicada como la variable psicológica más importante para la consecución del éxito deportivo, así como la constancia en el entrenamiento y tener buenos entrenadores. Por último, se constata que el contexto social es un factor determinante en su formación deportiva.

El marco teórico de estudio lo conforman el paradigma de excelencia del deportista basado en los estudios de Ruiz y colaboradores (1997) sobre los determinantes perceptivo-cognitivos y psicológicos de la excelencia en el deporte (Arruza, J. A., y Ruiz, L. M. 2002). Nos apoyamos también en la aportación de los estudios de sistemas deportivos excelentes y de desarrollo del deporte de alto nivel (DAN) de Sánchez (2005), basada en los sistemas complejos multiinteractivos, núcleos de calidad de rendimiento donde las claves son la posibilidad de recursos, la dedicación al deportista, el apoyo técnico y científico adecuado, la estabilidad afectiva y perspectiva de futuro del deportista (Sánchez, F. 2005). El deporte de rendimiento lo concebimos como aquel que requiere de tecnificación, práctica continuada y deliberada, cierto compromiso y necesidad de realizarlo en el marco de la competición.

El deportista, para su desarrollo, necesita de unas condiciones estables que favorezcan su preparación deportiva y la organización y gestión del entrenamiento, sistema complejo de calidad: entorno socio ambiental, ámbito deportivo, y ámbito personal (Ruiz, L. M., y Sánchez, F. 1997). La práctica deportiva en alto rendimiento requiere de unas condiciones del mayor nivel en el entorno personal y en el entorno de entrenamiento del deportista: reconocimiento social, perspectiva de futuro, apoyo técnico, infraestructuras y equipamientos, apoyo tecnológico, apoyo científico, dedicación prioritaria, estabilidad emocional y condiciones de vida adecuadas. Sistemas complejos multi-interactivos, núcleos de calidad de rendimiento donde las claves son la posibilidad de recursos, la suficiente dedicación al deportista, el apoyo técnico y científico adecuado y la estabilidad afectiva y perspectiva de futuro del deportista.

El rendimiento del deportista viene, entonces, determinado por al ámbito personal, el ámbito deportivo y por el entorno socio-ambiental. En el entorno socio-ambiental en donde pueden generarse entornos favorables por la creación intencionada de núcleos favorables dentro de una sociedad y ambiente de calidad. Siguiendo a Sánchez (2005), las claves del desarrollo del alto nivel (DAN) son la concentración de recursos, la suficiente dedicación al deportista, el suficiente apoyo técnico y científico, la continuidad en la carrera profesional del deportista, la estabilidad afectiva, la perspectiva de futuro, la definición de objetivos de éxito, y la consolidación de la generación de entornos socio deportivos adecuados: los núcleos de calidad deportiva (Sáenz-López, P. (Ed.). 2006).

Para hablar de la excelencia deportiva hay que tomar como referencia primera el concepto de talento deportivo, concepto que precisamos como la suma de las capacidades potenciales y de la realización óptima en el ámbito del deporte.

Ruiz y Sánchez (1997) definen talento como una habilidad extraordinaria, en la que los sujetos que la poseen son capaces de altas realizaciones en áreas tales como la competencia intelectual general, aptitud académica, la creatividad, el liderazgo, la competencia artística y la competencia motriz. Talento es también capacidad de compromiso, que aumenta o disminuye según las circunstancias. Según estas definiciones parece necesario detectar, seleccionar y orientar adecuadamente al sujeto para que sus potencialidades puedan generar las mayores posibilidades de rendimiento (Abbott, A., y Collins, D. 2002). Detección y selección que puede resultar fútil si al talento descubierto no se le estimula, si no se le forma y si no se "cuida" el contexto donde va a desarrollarse (Ruiz, L. M., Gutierrez, M., Graupera, J. L., Luinaza, J. L., y Navarro, F. 2001).

Se requieren ciertas condiciones del ambiente para realizar una formación integral de los jóvenes talentos deportivos (Martindale, R., Collins, D., y Daubney, J. 2005): visión y objetivo a largo plazo, proporcionar un refuerzo coherente, variedad de niveles, metodología sistémica, trabajo específico del éxito y el fracaso en etapas de desarrollo, ajustar expectativas, motivaciones, necesidades e intereses, enseñanza específica integrada en cada etapa, potenciar la responsabilidad y autonomía personal, sistemas flexibles de entrenamiento, ajuste de objetivos de resultado y competitivos, valoración individualizada del progreso.

La excelencia deportiva se consigue cuando el deportista llega a alcanzar las mayores cotas de autorregulación, y esto reclama necesariamente la intervención del entrenador, después los propios sujetos incrementarán su nivel de autorregulación y su toma de decisiones, para terminar, consiguiendo un elevado autoaprendizaje y gran compromiso con intervenciones cualificadas de los profesionales (Arruza, J. A., y Ruiz, L. M. 2002). Para algunos autores, entre los factores que contribuyen al éxito deportivo se encuentran, además de las cualidades físicas de base y los aspectos psicológicos, el apoyo del entorno (familia, amigos, entrenadores, club), las buenas instalaciones, así como el apoyo institucional y organizativo (Masnou, M., y Puig, N. 1999).

Con todo ello se pueden conocer de forma fehaciente las características de los entornos de influencia del deportista, así como el mejor conocimiento de las características de los deportistas de alto rendimiento.

6.2. ENTORNOS DE EXCELENCIA DEL DEPORTISTA

6.2.1. Entorno deportivo local

Definimos entorno deportivo como el sistema de influencia del deportista que comprende múltiples elementos como son la familia, los clubes, y otras organizaciones e instituciones. Es lo que se denomina en el modelo ecológico sistémico como *mesosistema* pues comprende las interrelaciones de dos o más entornos en los que la persona actúa activamente, convirtiéndose en un sistema de microsistemas. La mayor vinculación entre los entornos que lo integran es determinada por el potencial evolutivo de este nivel de ambiente ecológico (Bronfenbrenner, 1987).

En la figura siguiente, presentamos el modelo sistémico deportivo específico de un entorno deportivo local:

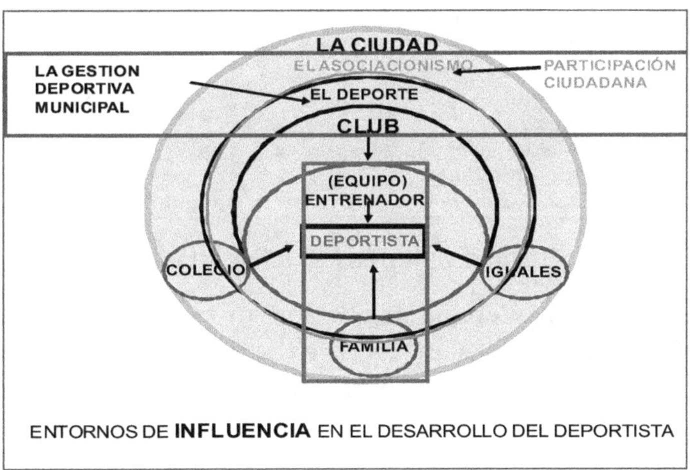

Entornos de influencia del deportista.

El sistema deportivo local excelente tiene un modelo de gestión pública que conjuga las directrices políticas, la misión de servicio público y el conocimiento de la administración local. Se realiza una eficiente política de concertación y de acuerdos con los integrantes del sistema.

El itinerario al deporte de alto nivel parte de la mayor práctica deportiva de la población y de un deporte de base de gran calidad.

En un contexto sociodeportivo excelente, muchas de las escuelas deportivas municipales que se realizan en el centro escolar, son gestionadas por el organismo deportivo municipal, lo que explica el alto porcentaje de deportistas que empiezan en el colegio.

La calidad de las escuelas deportivas municipales, propicia una formación deportiva, en edades muy tempranas, adecuadas a cada edad de desarrollo. Esto es posible por el empeño del equipo técnico del organismo deportivo público en gestionarlo con unos controles sobre los clubes deportivos muy consistentes, que han asegurado el mejor entorno de aprendizaje de los niños.

El contexto (familia, ciudad, club, colegio, instalaciones) es el primer factor señalado por el deportista como determinante en su camino al alto rendimiento.

En el orden de preferencia sobre los distintos entornos de influencia propuestos en el estudio:

1º	Familia
2º	Entrenador
3º	Equipo
4º	Club Deportivo
5º	Amigos, Compañeros de estudio
6º	Colegio
7º	Pareja
8º	Ciudad
9º	Gestión Municipal Deportiva
10º	Ayuntamiento
11º	Asociacionismo y participación ciudadana

Orden de entornos de influencia.

Familia, entrenador y el propio equipo son los tres primeros marcados como de mayor importancia e influencia en la consecución de su éxito deportivo. El contexto (familia, ciudad, club, colegio, instalaciones) es el primer factor señalado por el deportista como determinante en su camino al alto rendimiento.

La necesidad de un conocimiento específico sobre el contexto es determinante para poder aportar un ambiente de excelencia deportiva. La premisa de un entorno de desarrollo del talento es que tenga una visión, propósito e identidad a largo plazo, ya que se ha demostrado que los deportistas adultos de alto rendimiento no siempre fueron los mejores en etapas inferiores y viceversa (Sánchez, 2002).

Por lo tanto esta visión a largo plazo debe tener una característica añadida de atención sobre la progresión ya que la habilidad y el aprendizaje alcanzado a una edad temprana no es siempre la misma en todos los sujetos (Oña et al., 1999). No ser bueno en una fase del aprendizaje no tiene una relación directa en otra etapa formativa (Sánchez, 2002).

Un proyecto a largo plazo requiere la coordinación eficaz y la integración de varios factores para asegurar que los jóvenes talentos deportivos alcancen todo su potencial: metodología coherente, proceso de entrenamiento, evaluación, recursos, financiación, competición y estructura del club (Jiménez y Fierro-Hernández, 2002; Leyva, 2003).

Proceso complejo donde están implicados un número considerable de personas y estamentos que requiere un planteamiento sistemático. Algunos autores han denominado a esto *"experiencias deliberadas sistemáticas"*, en donde se sugieren entornos de aprendizaje y de entrenamiento ricos en actividades variadas y divertidas, sobre todo en los primeros años de formación deportiva específica y de especialización entre los 13 y 17 años, algo en lo que coinciden otros autores (Ruiz, 1999; Cecchini, Méndez, y Contreras, 2005).

Las diferentes fases de la formación del deportista correlacionan con las fases del desarrollo de la pericia, potenciando el valor de los distintos entornos de influencia del deportista.

En ese sentido, investigaciones sobre modelos integrales de formación de talentos deportivos apuntan la significatividad sobre el entorno educativo, sobre el sistema deportivo y la necesidad de tenerlos en cuenta en el planteamiento de modelos de desarrollo deportivo (Brotons, 2005).

En un contexto sociodeportivo excelente el deporte escolar queda difuminado por la gestión municipal en deportes a través de las escuelas deportivas.

6.2.2. Entorno escolar

En entornos deportivos locales excelentes, el deporte escolar generado desde los propios colegios y por las asociaciones de padres y madres de los colegios, suele estar fagocitado por una eficiente gestión deportiva municipal a través de la creación de las escuelas deportivas municipales. El deporte infantil por ello suele quedar absorbido de forma por la gestión deportiva desde los servicios deportivos municipales.

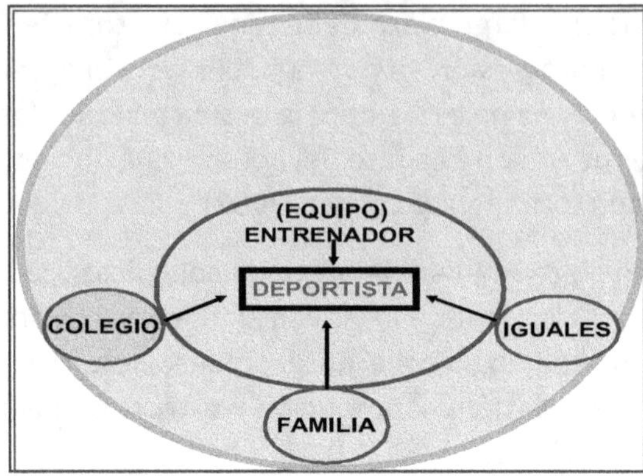

Microsistema escolar.

En contextos sociodeportivos excelentes, no hay diferencias sobre el nivel de deportistas en función de proceder del ámbito escolar privado o el público. Este dato revela que los contextos sociales con excelentes recursos deportivos municipales en instalaciones, programas y escuelas deportivas pueden ser la causa de recortar la diferencia que puede haber entre la educación pública y la educación privada en el aspecto de deporte escolar. Clave para tener un entorno deportivo de excelencia es la creación de unas condiciones idóneas de trabajo, y la posibilidad de continuidad en la formación de los deportistas en edades de desarrollo, potenciando el deporte en los colegios y la tecnificación deportiva.

La continuidad es clave, se comienzan por escuelas y cuando los niños crecen hay que generar la posibilidad de hacer equipos de mayor nivel de edad y de competición.

Este modelo formativo sustituye el concepto de talento deportivo por el concepto de experto, término que denota una mayor preocupación por la formación del deportista a largo plazo. El modelo competitivo al exigir un alto grado de selección de los participantes es más segregador que el recreativo, que sí favorece la participación de todos (Fraile, 2001).

En cualquier caso es importante señalar que en toda tecnificación hay que hacer un análisis profundo de cada deporte con una buena referencia de su estructura y grado de complejidad técnica (Lorenzo, 2001). El modelo de desarrollo debe estar concebido de forma integral en base a unos parámetros metodológicos integrados y sistemáticos con una visión a largo plazo, y tratamiento del talento deportivo por niveles, con una perspectiva educativa, individualizada y flexible (Arruza, 2002).

6.2.3. Entorno de equipo deportivo

El triángulo deportivo formado por entrenadores, deportistas y padres es determinante en el inicio y continuidad de la práctica deportiva de los jóvenes deportistas. En muchos casos el acierto del entrenador en su trato con los padres puede ser definitivo para el éxito del programa deportivo (Smoll, 1991).

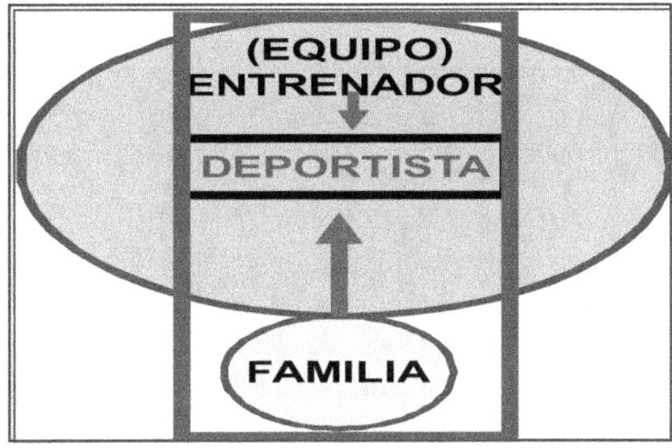

Microsistema del deportista.

La persona más significativa en la formación deportiva de los deportistas es, como no podía ser de otra manera, el entrenador.

En la calidad de la experiencia deportiva del niño y del adolescente, los entrenadores y los padres adquieren especial relevancia. Los entrenadores tienen un importante significado en las vidas de la mayoría de los jóvenes deportistas y tienen una influencia positiva y profunda en su desarrollo personal y social. Además, la buena participación de los padres suele aumentar el valor de la experiencia deportiva (Smith, Smoll, y Curtis, 1991; Smoll, 1991; Lapuente, 2005).

Los agentes psicosociales de mayor influencia en la vida del joven deportista son, por tanto, los padres y los entrenadores. La autoestima del deportista se conforma interiorizando las percepciones de estas redes de apoyo social; su mejor o peor adaptación al entorno de la competición deportiva dependerá del desarrollo equilibrado de los procesos cognitivos, sociales y afectivos en su interacción con ese contexto (Pallarés, 1998). Las condiciones en las que se realiza la actividad deportiva de los niños y de los jóvenes dependen mucho del ambiente que generen los padres y los entrenadores, por lo que debe tener el objetivo común de favorecer un clima social y afectivo, adecuado y agradable (Duda, 1995).

6.2.4. Entorno familiar

La autoestima del deportista se conforma a partir de las interiorizaciones de las percepciones de las redes de apoyo social. Su adaptación al entorno de la competición deportiva dependerá, asimismo, del desarrollo equilibrado de los procesos cognitivos, sociales y afectivos en su interacción con ese entorno (Pallarés, 1998).

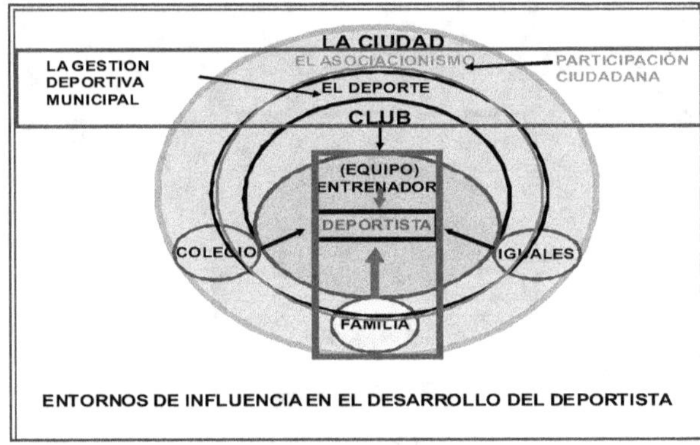

Entorno familiar.

La implicación de los padres es una de las claves del buen desarrollo deportivo de los jóvenes talentos, así como la creación de redes eficaces de apoyo donde la cuestión psicológica tiene gran importancia.

La variedad de ayuda en habilidades mentales a los deportistas en formación es reconocida por muchos autores (Durand y Salmela, 2002; Orlick, 2004). En las sociedades deportivizadas de masas, son muchos los padres que se esfuerzan en que sus hijos sean deportistas de alto nivel influidos por la popularidad y por razones económicas. En la encuesta de hábitos deportivos de 2005, García Ferrando aporta el dato significativo del 63% de los padres españoles que *"sí le gustaría que su hijo hiciera deporte profesional o de alta competición"* (García-Ferrando, 2006b).

La persona o personas que más han influido en la iniciación deportiva general del deportista son, por este orden, 1º, el padre; 2º, la madre; 3º, los amigos; 4º, los hermanos; 5º, los entrenadores.

En cuanto a las personas que han influido más en su deporte actual, el padre sigue siendo la persona de mayor influencia y lo significativo es que el entrenador pasa a la segunda posición igualado con la madre. Es significativa la baja influencia de los profesores de educación física en la iniciación deportiva de los deportistas de la muestra.

Referido por último a la persona que más apoya en su deporte actual, sigue siendo el padre y la madre las personas que realizan mayor apoyo en esta etapa de rendimiento ocupando los amigos el tercer lugar. Los hermanos y entrenador quedan igualados en 4º lugar.

1º	padre	56,70%
2º	madre	41,46%
3º	entrenador/es	40,85%
4º	amigos	35,36%
5º	hermanos	23,78%
6º	compañeros	14,63%
7º	profesor/es	7,92%
8º	otros familiares	6,70%
9º	otros	6%

Influencia en iniciación.

1º	padre	67,68%
2º	madre	56,70%
3º	amigos	34,14%
4º	hermanos	25,60%
5º	entrenador/es	20,70%
6º	compañeros	9,14%
7º	otros familiares	8,50%
8º	profesor/es	8,50%
9º	otros	2,43%

Influencia actual.

1º	padre	75,60%
2º	madre	68,29%
3º	amigos	48,78%
4º	entrenador/es	41,46%
5º	hermanos	41,46%
6º	compañeros	24,39%
7º	otros familiares	18,29%
8º	otros	15,24%
9º	profesor/es	5,48%

Apoya su deporte actual.

Estos resultados fortalecen la importancia del denominado triángulo deportivo principal formado por padres-deportista-entrenador, a la vez que eleva a categoría de apoyos fundamentales a los hermanos y a los amigos (iguales), como entornos de influencia determinantes en el inicio de la práctica deportiva general y del apoyo en la continuidad de su deporte actual. Familia, escuela e iguales, juegan un papel mucho más importante en la socialización del niño que las instituciones deportivas (Durán, 2006).

Es interesante exponer que tanto la profesión del padre como de la madre; los estudios del padre y de la madre; la práctica deportiva del padre y de la madre; así como el nivel de práctica histórica del padre y de la madre; no son variables significativas en el rendimiento deportivo de los deportistas en dichos contextos sociodeportivos de excelencia. Esto demuestra la importancia del contexto social como generador de dinamización deportiva.

El entorno familiar se confirma como esencial en el progreso adecuado de los deportistas en cualquier ámbito de desarrollo, sea recreación o deporte de rendimiento (Torregrosa y Mimbrero, 1998; Kay, 2000).
Investigaciones como la de Kay (2000) concluyen en la importancia del papel de las familias en el desarrollo de los jóvenes deportistas y en la necesidad de que las políticas deportivas identifiquen esta circunstancia en su sistema de desarrollo deportivo.
En este sentido la importancia de la familia radica principalmente en que la autoestima del adolescente es modulada sobre todo por el estilo educativo (grado de apoyo, control y comunicación existentes entre padres e hijos), y no tanto por el tipo de cohesión social y tipo de posición social de la familia (Kellerhals et al., 1992; Sánchez, 2002).

Por lo tanto, no tiene que extrañar que, en el factor de entorno familiar los aspectos estructurales no sean significativos para tener mayor o menor nivel de rendimiento deportivo. La profesión del padre y la profesión de la madre, así como los estudios del padre y los estudios de la madre no son variables significativas para el mayor nivel de rendimiento deportivo de sus hijos.

Incluso ni siquiera la práctica deportiva de cada progenitor, ni su nivel de práctica actual o histórica, condicionan el nivel de rendimiento del deportista. Conclusiones que en todo caso están referidas al ámbito del deporte de alto nivel y en etapas del alto rendimiento y no en períodos de iniciación de práctica deportiva o de iniciación de su deporte.

Una de las posibles razones de ello puede estar precisamente en la riqueza y capacidad del contexto social, en cuanto a generador de igualdad de oportunidades y de la democratización y normalización de posibilidades sociales en todos los niveles. En el marco de la investigación que nos ocupa, el entorno de ciudad, a través de una gestión con perspectiva y objetivos de dinamización social e igualdad de las oportunidades, ha sido capaz de crear las condiciones sociodeportivas necesarias, neutralizando variables condicionales de estructura familiar (Lapuente, 2007). Es decir, lo que realmente tiene peso en el desarrollo de los niños y jóvenes, deportistas o no, son las relaciones que se establecen dentro de la familia, las funciones que ésta desempeña y cómo realiza esta función, no tanto su estructura familiar (Menéndez, 2001).

El desarrollo psicológico y por tanto el óptimo desarrollo deportivo, se ve perjudicado cuando las condiciones que rodean al núcleo familiar incluyen aspectos de relaciones emocionales y afectivas alteradas, así como ausencia o escasez de apoyo familiar, factores de riesgo que aparecen en las familias independientemente de su composición o estructura. Si la dinámica de la familia incluye relaciones estables, ambiente variado pero regular y predecible, interacciones estimulantes, etc., las medidas de desarrollo de los niños y niñas que en ellas crecen serán similares, independientemente de la estructura que tenga la familia (Gano-Overway, 2001).

Los padres y madres pueden ayudar a sus hijos en la mejor relación con su actividad, explicándoles y responsabilizándoles de la tarea que van a hacer, implicándoles en la decisión de comenzar la actividad, transmitiéndoles el esfuerzo que hace la familia en tiempo y coste de la actividad, ser modelo de comportamiento tanto en casa como en el lugar de realización de la actividad deportiva y colaborando con el club deportivo en cuestiones organizativas o en tareas similares, etc.

Los padres pueden y deben dar consejos a sus hijos, siempre en privado, reforzando la figura y autoridad del entrenador; no hay que confundir al joven con mensajes contradictorios y tiene que quedar clara la parcela profesional de cada parte (Boixadós et al., 1998).

A su vez, el entrenador debe conocer el modo en que los factores extradeportivos influyen en la motivación o desmotivación del deportista y como contribuyen a aumentar o reducir las posibilidades del éxito deportivo en los atletas. Se hace imprescindible una dosificación y gestión adecuada de estos factores para que no pongan en peligro la trayectoria deportiva de jóvenes deportistas donde la excelencia deportiva tiene que tratarse como criterio supremo de calidad que se logra tras una trayectoria impecable y un reconocimiento internacional (Marco, 2003).

Sólo cuando los objetivos se presentan de forma clara conjuntamente con las posibilidades, el refuerzo y las recompensas quedan asociados a las expectativas de resultado y a la motivación. Esto justifica el desarrollo de sistemas coherentes en los distintos niveles de formación del deportista donde el refuerzo es claro y constante.

Modelo de ciudad por modelo de desarrollo deportivo.

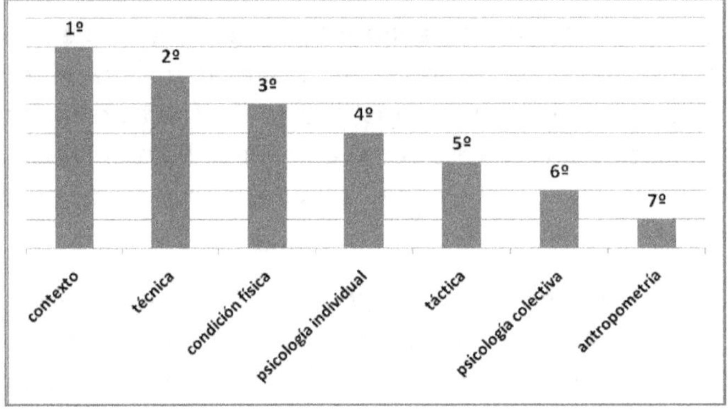

El desarrollo del deportista no se producirá a menos que sea valorado por la sociedad y reconocido y consolidado por los padres, los profesores y los entrenadores. La transición ecológica entre los microsistemas que conforman mesosistemas es una de las claves de la socialización (Granada, 2003).

Dentro del enfoque de la ecología del desarrollo humano, la configuración y mantenimiento de la calidad de los microsistemas es vital para la calidad de vida presente y futura de la sociedad. Las diadas primarias y afectivas, los cambios de roles entre los sujetos y la variedad, oportunidad y continuidad de actividades que vinculan a sus actores se convertirán en objeto de especial importancia (Bronfenbrenner, 1987; Gutiérrez, 2000). Los aspectos psicosociológicos del deporte no se entienden ni se comprenden en su totalidad sin el contexto histórico y social en el que se desenvuelven.

6.2.5. Entorno de club deportivo

El grupo deportivo, en su acepción más amplia, aparece como una esfera de participación social y de familiaridad constitutiva conjuntamente de procesos de identidad. La solidaridad traduce la participación de cada individuo a la conciencia colectiva de grupo. Por ello, las características de los clubes, su funcionamiento y estructura, son datos muy interesantes para entender el entorno deportivo de los deportistas y el grado de influencia que provoca en ellos. Las organizaciones deportivas como entidades culturales y simbólicas producen sus significados a través de su dimensión estructural, su ámbito cognitivo y su red asociativa (García-Ferrando, Puig, y Lagardera, 1998).

Una de las características principales de los clubes de un contexto sociodeportivo excelente es su antigüedad. Muchos de ellos llegan a los cuarenta años de antigüedad, coincidiendo con la constitución de los primeros ayuntamientos democráticos en España en 1979.

El complejo mundo de las relaciones humanas dentro de los equipos deportivos se nutre de un bien entendido sentido de la afectividad, que propicia el respeto mutuo, la estima recíproca hacia el esfuerzo, la comunicación entre todos y el continuo fluir de las emociones (Coca, 2004).

El número de socios totales es un buen indicador de la participación ciudadana en la gestión de los clubes (Gambau, 2006). En este sentido, la mayoría de dichos clubes está por encima de los 500 socios, llegando algunos de ellos a los 1000 socios totales, muy significativo de la capacidad de movilización social de las asociaciones deportivas en un entorno social excelente.

Desde la pertenencia a clubes, equipos, sociedades deportivas, disciplinas concretas, se crean unos fuertes sentimientos de identidad colectiva. El hecho de practicar un deporte específico puede ser utilizado a nivel grupal como un elemento de esa identidad (Ariño, 2004; Serrano, 2007).

La cogestión de instalaciones es también un buen indicador del nivel organizativo y estructura de una asociación deportiva excelente. La cogestión significa, entre otras cosas, confianza de la institución municipal hacía la entidad y visión compartida a largo plazo en programas y actividades.

En referencia a las actividades y siguiendo con la gestión compartida entidad-institución, existe la figura de convenio para la ejecución de las escuelas deportivas en casi todos los clubes. La calidad de un club deportivo se confirma también en las subvenciones que recibe y en su presupuesto anual. En cuanto al presupuesto, es una variable mucho más determinante y relacionada con la condición de alto rendimiento del club.

Las organizaciones son sistemas humanos de cooperación y coordinación acoplados dentro de unos límites definidos para perseguir metas y objetivos compartidos; en una organización no existe una mejor forma de estructurarse u organizarse, depende del contexto con el que se enfrente. La cultura afecta a la forma de actuar de las organizaciones, es lo que mantiene unido a la sociedad, a través de los valores, normas y tradiciones (Hodge, Anthony, y Gales, 2003).

La cultura del club se transmite en buena medida con la presencia en la comunidad y a través de la comunicación; la forma y cantidad de información hacía el exterior es un buen indicador del nivel de eficacia alcanzado por una entidad deportiva (Gambau, 2006; Ruiz, 2007; Serrano, 2007). Teniendo en cuenta esto, la mayor valoración de los medios con los que cuenta el club para comunicarse con sus asociados, deportistas y con la sociedad en general es un indicador muy fiable de su nivel de calidad.

La buena estructura del club necesariamente proporciona una amplia gama de oportunidades a los deportistas por la variedad de grupos de entrenamiento y aprendizaje en los que hay una diferenciación por las edades y las metas. Esto permite movimiento de los deportistas dentro del microsistema de la organización, de la especialidad deportiva y del propio sistema deportivo. La forma de estructurar el entrenamiento define un clima motivacional contextual. Estos entornos que enfatizan el proceso de aprendizaje, la participación, el dominio de la tarea y la resolución de problemas tienden a fomentar la aparición de una orientación a la tarea. En los entornos de logro, los objetivos de logro, gobiernan las creencias sobre el logro y guían de forma consecuente nuestro comportamiento (Sánchez y García, 2001; Cervelló, 2002).

Unos de los indicadores más determinantes en la calidad de los clubes deportivos, está en relación, a la aplicación de programas deportivos referentes a la formación de entrenadores, al asesoramiento a padres, a programas específicos de mujer y deporte, o de deporte-estudios. De estos programas, resaltamos, los relativos al asesoramiento a padres y de deporte-estudios, denominados también de apoyo al deportista estudiante.

Tanto los programas de mujer y deporte, como programas de formación a entrenadores, son necesarios en un entorno de calidad sociodeportiva y por lo tanto de gestión deportiva específica de club deportivo.

En relación, a programas específicos para población inmigrante o para población discapacitada, es también significativa la proliferación de aportaciones por parte de las asociaciones deportivas, en la mayoría de los casos en convenios compartidos con instituciones públicas e incluso privadas.

La realización de todas estas acciones supone un gran coste y un gran esfuerzo, pero es cierto, que se pueden encontrar formas, como la gestión compartida con otras entidades o instituciones para la consecución de resultados que orienten al club hacía su función de aportación a la sociedad, además del objetivo de rendimiento deportivo. Si queremos ayudar a los niños a su desarrollo moral a través del deporte no vale la simple práctica sino que se hace necesaria la utilización de programas específicos de intervención (Durán, 2006).

Uno de los indicadores de modernización, innovación, progreso, y por lo tanto de calidad, de cualquier tipo de organización, es el grado de equidad y equilibrio en la relación hombre-mujer (Heinemann, 1999; Lapuente, 2003; Gambau, 2006). En los niveles más altos de dirección de los clubes deportivos sigue prevaleciendo la figura del hombre. Solamente un 17% de los directivos de los clubes de la muestra, son mujeres; y lo mismo ocurre con el apartado técnico, donde tan sólo un 15% de entrenadores son mujeres. En cuanto a la relación hombres-mujeres en socios y deportistas, es interesante apreciar, que la relación mujeres-hombres, es estable en los deportistas jóvenes de 13 a 18 años y en los menores de 7 a 13 años.

Los procesos cognitivos que se producen en los niños son inseparables del contexto social en el que se halla inmerso; no es, por tanto, la conducta socio-cognitiva del individuo sino la interacción la que modifica la conducta de conocimiento y sus actitudes relacionales. Los factores sociales son variables que se consideran en el seno mismo de los procesos de conocimiento de las personas junto con los símbolos, las normas, valores y la definición del rol de los interlocutores (Perret-Clermont, 1991).

Uno de los rasgos que identifican en mayor grado la productividad del sistema deportivo de un club excelente es la existencia de base deportiva y de que esta base deportiva o cantera sea la que principalmente conforme los primeros equipos (Lapuente, 2003; Serrano, 2007). Que la mayor parte de los jóvenes deportistas de los clubes se hayan iniciado en su club es un indicador muy significativo de calidad y excelencia organizativa de la entidad. Ésta característica es propia de los contextos sociodeportivos excelentes.

Las posibilidades de mejora en el alto rendimiento por la población de deportistas jóvenes que tienen como espejo y referencia a estos deportistas de alto nivel es determinante. El progreso de los deportistas jóvenes queda condicionado positivamente por esta referencia de la posibilidad al alto rendimiento deportivo.

Las aptitudes motrices unidas a un ambiente propicio, es el que posibilita la emergencia de talentos deportivos, pues el talento por sí sólo no es suficiente condición para alcanzar el éxito deportivo si no viene acompañado de un desarrollo adecuado. Sólo de esta manera se puede proporcionar a los jóvenes las oportunidades necesarias para desarrollarse plenamente. Muchos deportistas de élite no fueron reconocidos como talentos en su infancia por no considerar la formación a largo plazo (Ruiz, 1998; Sánchez, 2002).

Con este sistema de gestión de escuelas deportivas y de gestión del propio club se pueden obtener buenos resultados en rendimiento deportivo.

El dato de deportistas seleccionados regionales y nacionales es así mismo un dato muy significativo de la calidad del entorno sociodeportivo.

También es revelador la organización de eventos deportivos y grandes eventos deportivos por parte de los clubes. Tanto de forma independiente, como cogestionados con federaciones y organismos públicos deportivos, es un indicador de contexto social de excelencia.

6.2.6. Entorno de entrenadores

Este apartado trata del modelo de desarrollo deportivo desde la perspectiva de entrenadores expertos en entornos socio deportivos excelentes.

Realizar una contextualización específica y a aportar una visión global sobre el desarrollo del deportista en un sistema social más amplio del propio sistema deportivo requiere necesariamente del estudio de las interrelaciones del deportista con su deporte y con las personas de su entorno, principalmente con el entrenador.

Se parte del hecho de que el desarrollo del deportista está influido por una serie de factores que condicionan su progreso y que afectan de forma directa o indirecta a su rendimiento por lo que la gestión y adecuación de los mismos es primordial. De este contexto donde se desarrollan depende en gran medida la excelencia de los sujetos y de sus interacciones.

Todo entorno deportivo de excelencia confirmado por resultados obtenidos en en relación a la calidad de sus recursos, hacen que el contexto sociodeportivo al que se pertenece sea, en gran medida, generador de ambientes propicios para alcanzar los máximos niveles de eficacia deportiva.

Esto es lo que ocurre con la consideración de entrenadores expertos a sujetos que tienen unas caracteristicas determinadas en cuanto a resultados deportivos, nivel de rendimiento, experiencia en el ámbito de actuación, así como una formación del mayor nivel federativo.

Todo ello confirma que el modelo de desarrollo deportivo queda condicionado por el contexto sociodeportivo excelente y por las características que tienen los diversos entornos de influencia del deportista, como es el propio entrenador.

El entorno se define como lo que rodea y puede tener influencia sobre un sistema organizativo. La capacidad de un entorno para funcionar de manera eficaz como contexto de desarrollo depende de la existencia y la naturaleza de sus interconexiones sociales. Esto implica la necesaria participación conjunta, comunicación y traspaso de información de cada entorno con respecto al otro.

Una de las dimensiones del entorno es el sociocultural que queda conformado por la estructura sociodemográfica, sus valores y su cultura social. El conocimiento del entorno específico será fundamental para valorar las amenazas y oportunidades del exterior (Aguirre, Castillo, y Tous, 2003).

A su vez, a lo largo del proceso de maduración y de socialización del individuo, se dan cambios significativos en la importancia y dirección de interacciones sociales. Es lo que llama Bronfenbrenner transiciones ecológicas o cambios de rol o de entornos que ocurren a lo largo de toda la vida. La importancia de las transiciones ecológicas para el desarrollo deriva precisamente de ese cambio de rol o de expectativas de conducta por las distintas posiciones que se toman en el contexto social. Esta disponibilidad de entornos de apoyo depende, a su vez, de la frecuencia de una cultura determinada. Se trata del sistema interactivo de dos personas y que tiene una capacidad máxima de contexto efectivo para el desarrollo, componente básico del microsistema. Depende, a su vez, de forma crucial de la presencia y participación de terceras personas. El binomio entrenador-deportista se nos presenta en nuestra investigación como la díada principal.

La capacidad para seleccionar los contextos donde podamos sobresalir y moldear el ambiente para adaptarlo a nuestras necesidades es lo que ha denominado como inteligencia contextual (Sternberg, 1989). Se requieren ciertas condiciones del ambiente para realizar una formación integral de los jóvenes talentos deportivos (Martindale, Collins, y Daubney, 2005):

- Visión y objetivo a largo plazo.
- Proporcionar un refuerzo coherente.
- Variedad de niveles.
- Metodología sistémica: trabajo con padres, entrenadores, etc.
- Trabajo específico del éxito y el fracaso en etapas de desarrollo.
- Ajustar expectativas, motivaciones, necesidades e intereses.
- Enseñanza específica integrada en cada etapa.
- Potenciar la responsabilidad y autonomía personal.
- Sistemas flexibles de entrenamiento.
- Ajuste de objetivos de resultado y competitivos.
- Valoración individualizada del progreso.

La excelencia deportiva se consigue cuando el deportista llega a alcanzar las mayores cotas de autorregulación, y esto reclama necesariamente la intervención del entrenador, después los propios sujetos incrementarán su nivel de autorregulación y su toma de decisiones, para terminar consiguiendo un elevado autoaprendizaje y gran compromiso con intervenciones cualificadas de los profesionales (Arruza y Ruiz, 2002).

Para algunos autores, entre los factores que contribuyen al éxito deportivo se encuentran, además de las cualidades físicas de base y los aspectos psicológicos, el apoyo del entorno (familia, amigos, entrenadores, club), las buenas instalaciones, así como el apoyo institucional y organizativo (Masnou y Puig, 1999).

El individuo se educa en el deporte ya que a través de él interioriza una serie de valores básicos para su socialización. Pero es también mediante sus acciones que el deporte adopta progresivamente sus formas y expresiones (compañerismo, solidaridad o violencia). Es decir, el carácter formativo del deporte se demuestra continuamente en su práctica. La preparación de una competición, el rigor del entrenamiento, la disciplina de equipo son aspectos educativos que se manifiestan en la práctica deportiva diaria y que se transfieren a la vida cotidiana (Sánchez, 1992).

En el momento en que todo este entorno que rodea al deportista ofrezca modelos adecuados de deportividad, sólo entonces, las competiciones deportivas para jóvenes serán el método útil para enseñar valores sociales deseables (Marín, Grau, y Yubero, 2002).

La intervención pública en el deporte de base debe tener unos criterios unificados que permitan rentabilizar y controlar los recursos y, al mismo tiempo, ofrecer un sistema estructurado. Se deben conectar las diferentes vías de promoción deportiva con la finalidad de rentabilizar esfuerzos de inversión, tanto a nivel económico como sobre todo de promoción deportiva y asegurar la continuidad del joven en la práctica deportiva (Orts y Mestre, 1997).

Para muchos autores el tener mejores resultados y con ello menor abandono, se debe a la estructura social del entorno de la escuela, donde haya un mayor capital social por la red de relaciones sociales. La densidad de vinculaciones sociales existentes tiene un efecto marcado sobre los buenos rendimientos de los jóvenes.

La forma de estructurar el entrenamiento define un clima motivacional contextual. En ellos deben darse situaciones caracterizadas por la competición interpersonal, la evaluación pública y retroalimentación normativa sobre el desempeño de las tareas que ayuden a que aparezca un estado de implicación personal (Cervelló Gimeno, 2002). Según Cervelló (2002) el clima motivacional situacional es el responsable de la aparición del estado de implicación referido a criterios de éxito. Estos entornos que enfatizan el proceso de aprendizaje, la participación, el dominio de la tarea y la resolución de problemas tienden a fomentar la aparición de una implicación a la tarea.

El entrenador es un agente social, pues consideramos su función desde una perspectiva social-cognitiva (Nicholls, 1989), tanto por las variables personales como por las situacionales, que serán las responsables de los pensamientos, sentimientos y conductas de las personas. En los entornos de logro, los objetivos de logro, gobiernan las creencias sobre el logro y guían de forma consecuente nuestro comportamiento.

> *"El entrenador juega aquí un papel de primer orden en la medida que sirve para dar confianza, es el ancla en el que se amarrará el deportista cuando así lo necesite. Es el faro que alumbrará las dudas del deportista ante aspectos del deporte o de su propia vida. Tomar conciencia de ello es imprescindible para poder guiar consecuentemente la carrera deportiva del deportista"*
>
> (Ruiz Pérez y Sánchez Bañuelos, 1997).

El entrenador debe diseñar un ambiente que mejore el aprendizaje, la ejecución y el desarrollo del joven deportista, aumentando su motivación al ser evaluados por su mejor técnica y por su esfuerzo con un feedback y un refuerzo bien proporcionados (Boixadós et al., 1998). La influencia que ejerce el entrenador como líder del grupo deportivo es un aspecto muy importante de la socialización (Peiró, 1990): su estilo de dirección, su conducta de apoyo social y refuerzo, la forma de instruir y la información y feedback que proporciona a los deportistas serán determinantes en el rendimiento general del deportista.

Uno de los modelos de mayor referencia es el Modelo Multidimensional de Chelladurai y Saleh (1978) que conceptualiza el liderazgo como un proceso de interacción, sosteniendo que la efectividad del líder en el deporte está asociada a características situacionales tanto del líder como de los integrantes del grupo. De esta forma, el liderazgo efectivo varía en función de las características de los deportistas y de las limitaciones de la situación. De este modelo de escala de liderazgo para los deportes (LSS, Leadership Scale for Sports) de Chelladurai y Saleh ha surgido la adaptación y validación realizada por Sánchez Bañuelos (1996).

El liderazgo es a su vez un proceso conductual que influye sobre las actividades de un grupo organizado dirigido a obtener unas metas específicas (Barrow, 1977). En este sentido la cohesión de equipo es determinante y el entrenador deberá tenerlo en cuenta. Según Schein (1970) se produce un contrato psicológico entre líder y seguidores, por el cual los miembros del grupo ejecutan las tareas y esperan ciertas recompensas implícitamente pactadas como reconocimiento, privilegios, etc. El refuerzo se convierte entonces en un factor concluyente en la relación del entrenador con el deportista.

El liderazgo significa también saber crear un sistema de creencias y valores en sus seguidores. El entrenador debe tener una concepción humanista de su trabajo, trabaja con seres humanos y debe saber manejar bien los sentimientos y la emociones.

El proceso de análisis de los entrenadores se de un contexto sociodeportivo de excelencia determinado se realiza mediante exploración cualitativa deductiva, donde las categorías recogidas se desprenden de forma directa de la pregunta formulada. El conjunto de determinadas categorías forman un factor o variable de referencia. Se recogen los factores relacionados con el modelo de desarrollo deportivo, la formación de jóvenes talentos deportivos y el estilo de liderazgo como entrenador. Las variables que se estudian desde la posición del entrenador tienen que ver con los factores y líneas de investigación siguientes:

- Modelo de desarrollo deportivo. Iniciación deportiva, especialización, rendimiento, entrenamiento y competición. Tecnificación, planificación.
- Formación del entrenador. Filosofía, valores.
- Formación de jóvenes talentos deportivos.
- Liderazgo del entrenador.

Los entrenadores marcan como más determinantes en la influencia de los deportistas, los entornos más próximos a estos. De esta manera el entrenador queda colocado en primer lugar, para ser equipo y club, segundo y tercero respectivamente, lo que dice mucho del entorno de entrenamiento y específico del deporte como muy determinante. La familia y la pareja están en una posición muy importante, cerrando en los últimos lugares los entornos referidos a ayuntamiento y asociacionismo del municipio.

Es significativo, por negativo, el lugar que ocupa, para los entrenadores, el colegio como entorno privilegiado en la influencia sobre los deportistas.

También consideramos como significativo, pero en este caso positivo, el puesto de la ciudad como contexto social, que determina más influencia positiva que otros entornos similares (gestión, ayuntamiento y asociacionismo).

En cuanto al liderazgo del entrenador, la instrucción y la organización son los dos factores más importantes en su quehacer de técnicos.

Ello coincide con los resultados del estudio, "Análisis de la relación de características de liderazgo del entrenador y capacidades psicológicas de los deportistas" donde los factores de instrucción y de organización ocupaban el mismo lugar preferente (Lapuente, 2005); así como con la investigación de Salinero (2006), en la que los entrenadores de su muestra "presentan una alta instrucción-dirección y previsión-organización".

Por tipo de deporte, la diferencia más significativa está en que para los entrenadores de deportes de equipo el refuerzo es mucho más importante que para los entrenadores de deportes individuales.

En cuanto a las capacidades psicológicas de los deportistas en relación con el rendimiento deportivo, los entrenadores indican que la motivación es lo más determinante en sus deportistas, seguido de la posesión de habilidades psicológicas. El control de estrés social y la cohesión de equipo quedan relegadas a los últimos lugares.

La diferencia entre los deportes de equipo y deportes individuales en las capacidades psicológicas está referida a los factores de habilidades psicológicas y de cohesión de equipo donde queda marcada la diferencia entre los dos grupos como se muestra en el gráfico.

El entorno de desarrollo del talento deportivo está fundamentalmente propiciado por la forma en que el entrenador dispone la situación de entrenamiento. En ese sentido la filosofía de entrenamiento, los valores del entrenador y su motivación intrínseca en relación a su trabajo, son factores determinantes en la mejor disposición del entorno de entrenamiento deportivo. Para los entrenadores expertos, la filosofía de entrenamiento es la de sacar el máximo rendimiento de los deportistas, con exigencia y disciplina, pero contando con los competidores; se trata de hacer de ellos buenos deportistas y buenas personas, en donde los valores más transmitidos son el respeto, la humildad, el trabajo y el disfrute de la actividad (Guzman y García-Ferriol, 2002).

Para dichos entrenadores, su principal motivación como entrenador reside en la mejora de los deportistas y está ligada a que consigan sus objetivos. Por esto, sobre todo establecen sus objetivos vinculados y ajustados a los deportistas, de forma consensuada en la mayoría de los casos y a través de objetivos concretos, planificados de forma individualizada.

Para los aspectos técnicos a trabajar en la formación de los deportistas, refieren la técnica como lo primordial en la formación de deportistas expertos, y confirman que la capacidad de sufrimiento y entrenamientos extras son la causa de que lleguen a deportistas de alto nivel. Otros factores clave para llegar a ser élite del deporte, según los entrenadores pertenecientes a contextos sociodeportivos excelentes son: el trabajo, la madurez mental, disfrutar, el entorno y la perseverancia.

Terminan por definir talento deportivo como: una persona sacrificada, con determinadas condiciones innatas físicas y técnicas, trabajadores, con un deseo enorme de mejorar, que marcan la diferencia con el resto por su mayor compromiso a la tarea, su toma de decisiones, así como por su interés y sentido de una autoexigencia especial (Romo, 2007).

En relación a la formación integral del deportista, indican la necesidad de que el deporte sea una forma de vida y que hay que ser educador ya que los deportistas son primeramente personas. Estos entrenadores tienen enormes responsabilidades en la educación y desarrollo moral del niño pues se constituyen, quieran o no, en poderosos agentes de influencia (Durán, 2006). Dan, así mismo, importancia a poder conjugar deporte y estudios. Este aspecto además de ser muy importante, es necesario ya que en la mayoría de las ocasiones, tratamos con deportistas, incluso en el alto rendimiento, que son estudiantes.

Autores como Personne, consideran que ciertos abandonos se producen como consecuencia de reacciones defensivas saludables (Personne, 2005). En este sentido marcan el momento del abandono en juvenil y junior, entre los 17-18 años de edad. A menudo la actividad física intensa y el deporte se han presentado como actividades muy competitivas en lo que lo único válido es la victoria. Sin embargo, el propio deporte se puede interpretar y practicar de manera más recreativa y gratificante en el que lo fundamental no es ganar por encima de todo, sino disfrutar de las emociones que te proporciona la actividad competitiva y pasarlo bien en compañía de la gente (Ruiz, 2004). Esta es una orientación del deporte de hoy que cada vez se está imponiendo más en nuestro entorno y que puede ser el banderín de enganche para que una parte importante de nuestros adolescentes sigan ligados a la práctica deportiva en este período, consolidando un hábito esencial.

Entre las posibles causas del abandono deportivo en los jóvenes deportistas está la disminución progresiva de la intensidad de la motivación relacionada con los cambios biológicos y funcionales que se producen en estas edades, sobre todo entre los doce y catorce años (Cecchini, Méndez, y Contreras, 2005).

Prácticamente hay unanimidad por parte de los entrenadores en exponer que la motivación y el compromiso del deportista se consigue por exigencia mutua entrenador-deportista, algo que coincide con otros estudios (Lapuente, 2005; Ruiz, 2006).

Siguiendo con estos aspectos, indican que el abandono del deportista se produce por falta de esfuerzo, falta de motivación y porque no gusta la actividad que hacen. Los técnicos señalan razones de edad, amigos y por cambios de ciclo. Estos cambios de ciclo es a lo que se refiere Bronfenbrenner en su teoría de las transiciones ecológicas para el desarrollo, pues derivan precisamente de ese cambio de rol o de expectativas de conducta por las distintas posiciones que se toman en el contexto social (Bronfenbrenner, 1987).

Dado el carácter tremendamente selectivo del deporte de alto nivel, y una vez que se ven frustradas las expectativas de llegar a ser campeón (expectativas aumentadas frecuentemente por los propios padres) se produce con mayor frecuencia el abandono de la práctica deportiva de los jóvenes (García-Ferrando, 2006).

La forma en que los entrenadores trabajan el éxito y fracaso sobre los deportistas, es que debe trabajarse normalizando la situación, hablando con el deportista, y sabiendo relativizar y ajustar un nivel adecuado en el sujeto. La percepción del éxito o fracaso en el entrenamiento o en la competición viene determinada directamente por la percepción que los deportistas tienen de sus propios recursos y de las atribuciones que estos hacen respecto al propio rendimiento y resultado alcanzado (Ponseti et al., 1998).

Los deportistas abandonan, también, cuando se sienten incompetentes, ineficaces e inferiores a los demás pues, sobre todo en niños, el deseo de experimentar el éxito es muy importante (Blázquez, 1999). La competición deportiva, por tanto, debe ser divertida y tratarse como un medio de mejora y de desarrollo personal con énfasis en logros auto referenciados y ambiente democrático (Cecchini, Méndez, y Contreras, 2005; Pérez y Suarez, 2005).

En cuanto al control de abandonos de los deportistas, hay que realizar cierto control, bajando y adecuando niveles y ritmos de trabajo y hablando con los deportistas. Según el modelo integrado de motivación, en el deportista influyen factores individuales como la edad, la madurez y la experiencia, y factores sociales como distintos aspectos socioeconómicos y sobre todo el liderazgo del entrenador (Balaguer, 1994; Benzi, 2004b).

Es muy importante realizar un autocontrol diario sobre el estado y la capacidad de trabajo, así como fijar gráficamente sus indicadores. El deportista que aprende a valorar subjetivamente su estado de forma puede prevenir el sobreentrenamiento. El deportista tiene necesidad de saber que el autocontrol diario y el análisis de sus datos, constituye la condición fundamental para la dirección óptima del proceso de preparación deportiva (Ozolin, 1983).

La gestión activa y efectiva del control del rendimiento por parte del deportista favorece, además, su autonomía, implicación y adherencia a la actividad. El autorregistro del entrenamiento y el control específico de la competición deben ser, pues, sugeridos y reforzados por parte de entrenadores como un elemento importante en la programación general deportiva (Lapuente, 2006). Ello está ciertamente relacionado con la importancia de realizar un apoyo psicológico de forma sistematizada ypor profesionales expertos en la materia. Esta circunstancia dice mucho de las posibilidades de progreso que tienen los deportistas y los entrenadores si se realizan programas específicos de apoyo y asesoramiento en psicología deportiva aplicada al entrenamiento y a la competición (Davies, 1991; Buceta, 1998).

La metodología de la evaluación aplicada por el profesional de la psicología deportiva es de gran ayuda para detectar la necesidad de evaluar algún aspecto del entrenamiento y planteárselo al entrenador, orientar al entrenador sobre el procedimiento y los instrumentos para realizar la evaluación, diseñarlo teniendo en cuenta objetivos y contenidos señalados por el entrenador, orientar a los observadores sobre al procedimiento de registro de datos, ayudar al entrenador a relacionar e interpretar los datos registrados, ayudar al entrenador a obtener conclusiones válidas y finalmente encargarse de la evaluación de los aspectos psicológicos (Gil, 1991; Dosil y Sánchez, 2002; Buceta, 2004; Sanz et al., 2004).

Los entrenadores suelen preferir deportistas principalmente motivados y con habilidades psicológicas competitivas, de lectura de juego, con posibilidades de ser entrenados eficientemente (Lapuente, 2005).

La mayor comunicación existente entre el entrenador y deportista en deportes individuales posibilita que el conocimiento entre ambos sea mejor y comprometa al deportista en sus objetivos específicos diarios de manera más eficiente (Balagué, 1991).

Otro aspecto interesante en relación con los entrenadores es su forma de evaluar el rendimiento deportivo. Para los entrenamientos utilizan en mayor medida registros y test, apoyados con videos; aunque tambien se apunta como interesante una evaluación más global, flexible y cualitativa. Para la competición, se utiliza el feedback como herramienta de corrección. El feedback y el posterior reforzamiento positivo que proporcionan los datos pueden, dirigiendo adecuadamente la actuación, producir beneficios psicológicos sobre el aumento de la motivación, la mejora de la autoconfianza, el control del estrés, una mayor cohesión grupal, un mayor ajuste del nivel de activación y un apreciable aumento de la atención (Balagué, 1991; García-Mas, 2001; Tamorri, 2004).

Para la propia evaluación del entrenador, se realiza a través de la reflexión una vez pasada la competición y con la toma de notas. La valoración del rendimiento deportivo es seguramente una de las asignaturas pendientes de los entrenadores, incluidos los del mayor nivel. Se suele planificar concienzudamente y hacer proyectos deportivos que finalmente no se suelen llevar a cabo. Algo que unido a la falta de evaluación del rendimiento deportivo y la peor autoevaluación del entrenador pueden retardar la mejora de los entornos de entrenamiento referidos al alto rendimiento.

La valoración del rendimiento, tanto en el entrenamiento como en la competición, y el posterior análisis sistematizado de los aspectos físicos, técnicos y tácticos, determina una información y referencia al deportista que potencia variables como la motivación, la confianza, la atención y el nivel de activación (López, Pérez, y Buceta, 1999; Viadé, 2003). La evaluación del rendimiento proporciona un importante conocimiento de la preparación en los aspectos físicos, técnicos y tácticos; genera en el deportista una percepción de control sobre la situación deportiva favoreciendo un estado de funcionamiento más realista y objetivo, eliminando sesgos y ambigüedades y potenciando positivamente variables psicológicas como la autoconfianza y la motivación (Villamarín, Maurí, y Sanz, 1998; Martens, 2002).

Conclusiones de modelo de desarrollo deportivo desde la perspectiva de entrenadores expertos en entornos socio deportivos excelentes:

- El contexto social es factor clave inherente al proceso de formación de un deportista excelente. Se trata de alcanzar la élite desde la base, sabiendo que hay una gran diferencia entre deporte de base y deporte de élite, para lo cual se precisa realizar acciones específicas como la agrupación de clubes y la obtención de recursos económicos sin dejar de generar en el municipio rendimiento social a través del deporte.
- La mayoría de los entrenadores de la muestra admiten como positivo el paso de jóvenes deportistas a categorías superiores en competición siempre que se ajusten bien los objetivos.
- El abandono del deportista, según los entrenadores de la muestra, se produce principalmente por cambios de ciclo, falta de esfuerzo, falta de motivación y porque no les gusta la actividad que hacen.
- El momento del abandono, para los técnicos deportivos entrevistados, se produce en la categoría juvenil y junior, entre los 17-18 años de edad.
- El éxito y fracaso de los deportistas es trabajado por los entrenadores normalizando la situación y ajustando un nivel adecuado en el sujeto.
- La filosofía de trabajo de los entrenadores es sacar el máximo rendimiento de los deportistas con exigencia y disciplina, pero contando con los competidores. Hacer de ellos buenos deportistas y buenas personas, transmitiéndoles valores como el respeto, la humildad, el trabajo y el disfrute de la actividad.

- Para los entrenadores, el deporte es una forma de vida donde hay que ser fundamentalmente educador y dar importancia a conjugar deporte y estudios.

- El orden de importancia que dan los entrenadores a las capacidades psicológicas relacionadas con el rendimiento deportivo es: 1º motivación; 2º habilidad mental; 3º control de estrés personal; 4º cohesión de equipo; 5º control de estrés social.

- El orden de importancia del entrenador referente al liderazgo del entrenador es: 1º instrucción-dirección; 2º organización-previsión; 3º margen de iniciativa; 4º refuerzo; 5º dejar opinar al deportista; 6º apoyo social. Por tipo de deporte, la diferencia más significativa está en que para los entrenadores de deportes de equipo el refuerzo es mucho más importante que para los entrenadores de deportes individuales.

- Los entrenadores de la muestra establecen sus objetivos vinculados y ajustados a los deportistas, de forma consensuada en la mayoría de los casos y a través de objetivos concretos, planificados de forma individualizada o por grupos similares.

- En la formación de deportistas expertos el aspecto técnico principal a trabajar para los entrenadores es la técnica, también afirman que la capacidad de sufrimiento y entrenamientos extras son la causa de que lleguen a deportistas de alto nivel. Otros factores clave para llegar a ser élite del deporte, según los entrenadores, son: el trabajo, la madurez mental, disfrutar, el entorno y la perseverancia.

- Talento deportivo es, para los entrenadores de la muestra, una persona sacrificada, con determinadas condiciones innatas físicas y técnicas; trabajadores, con un deseo enorme de mejorar, que marcan la diferencia con el resto por su mayor compromiso a la tarea, su toma de decisiones y por una autoexigencia especial.

- El paso de jóvenes deportistas a categorías superiores en competición es un aspecto positivo para más de la mitad de los entrenadores siempre que se ajusten bien los objetivos, se haga con vistas a largo plazo y esté orientado de forma integral.

- El orden de preferencia, indicado por los entrenadores de los entornos de influencia del deportista propuestos en el estudio son: 1º entrenador; 2º equipo; 3º club; 4º familia; 5º pareja; 6º ciudad; 7º gestión deportiva; 8º iguales; 9º colegio; 10º asociacionismo; 11º ayuntamiento.

6.3. FACTORES PSICOSOCIALES

6.3.1. Características psicosociales principales

Los deportistas de alto nivel de un contexto sociodeportivo excelente, en su primera relación con el deporte se suelen iniciar en su deporte actual. Así mismo, un 67,1% de ellos han realizado su primera competición deportiva en su deporte actual.

En cuanto a las personas que más han influido en su formación deportiva, un gran porcentaje refieren que la persona más significativa en su formación deportiva ha sido el entrenador.

Dentro del ámbito del entrenamiento, les gusta trabajar la condición técnica (84%), y en menor medida la física (55,2%) y la psicológica (41,7%). Un 31,2% del total señala la opción de todas por igual.

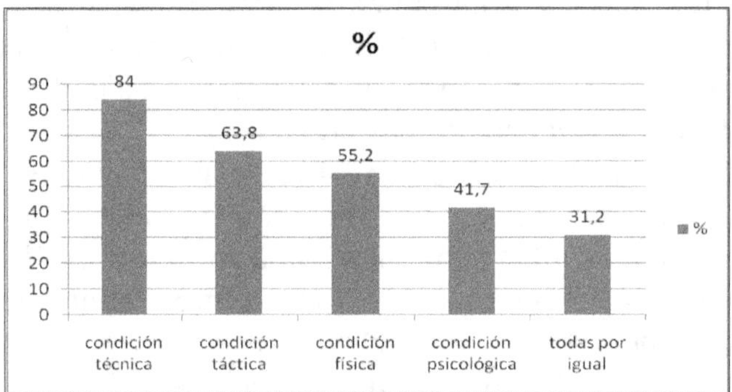

Orden de preferencia de capacidades condicionales.

Los deportistas dan mayor importancia a la motivación y al equipo, dejando en último lugar el control de estrés social.

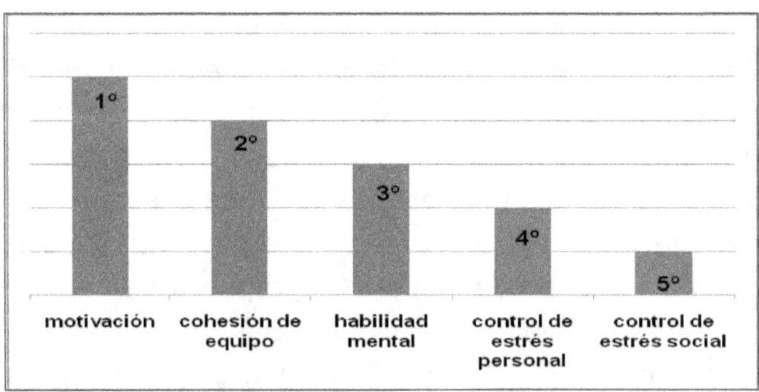

Orden de factores de rendimiento deportivo.

El orden de importancia sobre los factores del buen entrenador es el siguiente. Se indica como primero el apoyo al deportista, seguido de la instrucción y de la organización. En último lugar está el dejarles opinar.

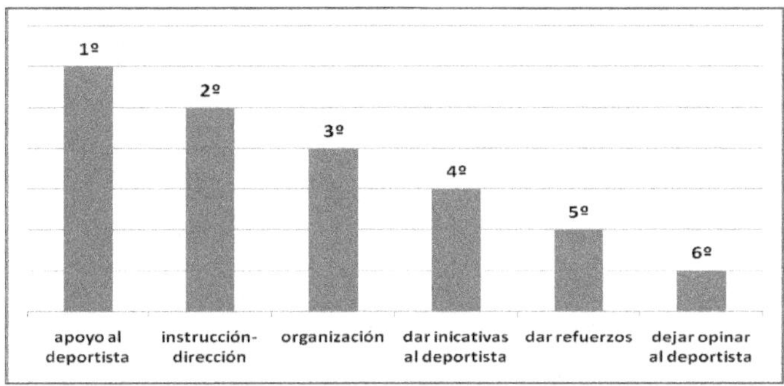

Orden de factores de liderazgo del entrenador.

En cuanto al factor más determinante en su formación deportiva, el contexto, en modo global (familia, ciudad, club, colegio, instalaciones), es el primero para después señalar como más importante la técnica y la condición física. En los últimos lugares están la antropometría y la psicología de grupo o colectiva.

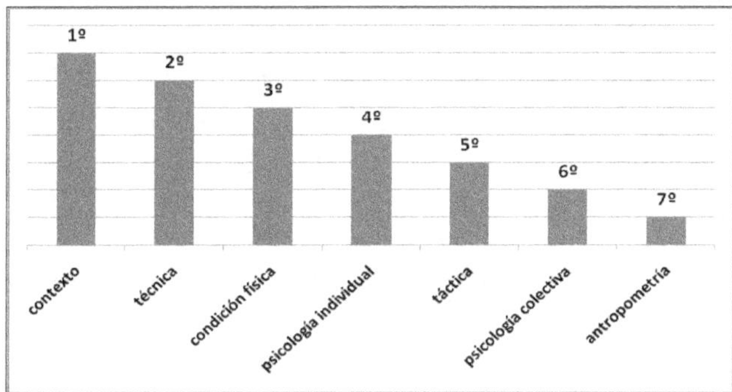

Orden de factores determinantes para la formación deportiva.

Los factores más importantes para lograr el éxito en su deporte, han quedado ordenados de la siguiente manera después de ordenar el porcentaje obtenido por cada categoría por respuesta múltiple. En primer lugar, indican como factor más importante la constancia en el entrenamiento, le siguen un buen entrenador, la dedicación y el apoyo familiar. En los últimos lugares quedan los incentivos económicos, el apoyo técnico y las buenas instalaciones.

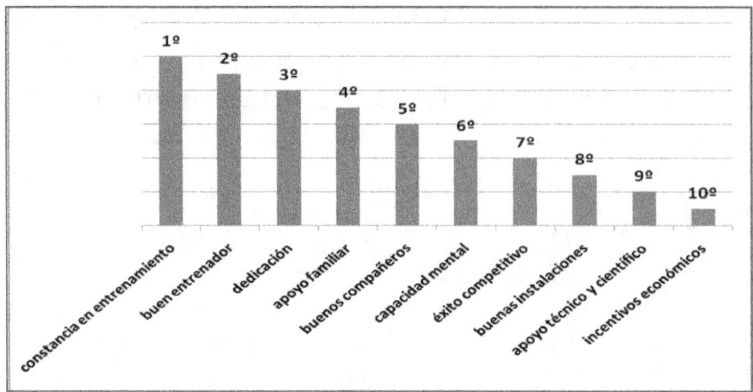

Orden de factores de éxito deportivo.

El desarrollo del deportista no se producirá a menos que sea valorado por la sociedad y reconocido y consolidado por los padres, los profesores y los entrenadores. La transición ecológica entre los microsistemas que conforman mesosistemas es una de las claves de la socialización (Bronfenbrenner, U. 1987). Dentro del enfoque de la ecología del desarrollo humano, la configuración y mantenimiento de la calidad de los microsistemas es vital para la calidad de vida presente y futura de la sociedad. Las diadas primarias y afectivas, los cambios de roles entre los sujetos y la variedad, oportunidad y continuidad de actividades que vinculan a sus actores se convertirán en objeto de especial importancia (Kellerhals, J., Montandon, C., Ritschard, G., y Sardi, M. 1992). Los aspectos psicosociológicos del deporte no se entienden ni se comprenden en su totalidad sin el contexto histórico y social en el que se desenvuelven (Marco, J. C. 2003).

Para terminar este capítulo se pueden extraer las siguientes conclusiones finales:

- Las personas que más han influido en la iniciación deportiva general del deportista son por orden de importancia: el padre, la madre, los amigos, los hermanos y los entrenadores.

- Las personas que han influido más en su deporte actual son por orden de importancia: el padre, la madre, los entrenadores, los amigos, los hermanos y los compañeros.

- Las personas que más apoyan en su deporte actual son por orden de importancia: el padre, la madre, los amigos, el entrenador, los hermanos, los compañeros y la pareja.

- La profesión del padre y de la madre, los estudios del padre y de la madre, la práctica deportiva del padre y de la madre, así como el nivel de práctica histórica del padre y de la madre, no son factores significativos en el rendimiento deportivo de los deportistas.

- La práctica deportiva de cada progenitor y su nivel de práctica actual o histórica no condicionan el nivel de rendimiento del deportista.

- Los deportistas de élite internacional realizan más sesiones de entrenamiento a la semana (5 sesiones) que los deportistas de competición nacional (4 sesiones).

- Los deportistas de la muestra prefieren entrenar la condición técnica seguida de la táctica.

- Los deportistas de élite internacional se ponen objetivos de carrera deportiva con un mayor grado de dificultad que los deportistas de competición nacional y de élite nacional.

- En el establecimiento de objetivos, los deportistas de élite internacional se ajustan mejor los objetivos de temporada (diferencia dificultad-confianza) y los objetivos de carrera deportiva, que los deportistas de competición nacional y de élite nacional.

- Para lograr el éxito en su deporte, los deportistas de la muestra indican como factor más importante la constancia en el entrenamiento, seguidos de los factores de tener un buen entrenador, la dedicación y el apoyo familiar.

- El orden de preferencia de los deportistas para los entornos de influencia es: 1º familia; 2º entrenador; 3º equipo; 4º club; 5º iguales; 6º colegio; 7º pareja; 8º ciudad; 9º gestión deportiva; 10º ayuntamiento; 11º asociacionismo.

- El orden de factores más determinantes en la formación deportiva del deportista es: 1º contexto; 2º técnica; 3º condición física; 4º psicología individual; 6º táctica; 7º antropometría. El contexto (familia, ciudad, club, colegio, instalaciones) es el primer factor, señalado por el deportista, como determinante en su camino al alto rendimiento.

6.4. CONCLUSIONES RESPECTO AL OBJETIVO DE ENTORNOS DEL DEPORTISTA

C.1 Características del entorno de club deportivo

- **La mayor parte de los jóvenes deportistas** de los clubes se inician en su club.

- **Los** clubes cogestionan la escuela municipal de su deporte con el servicio municipal de deportes.

- **Los clubes** deportivos realizan programas específicos de deporte-estudios para sus deportistas.

C.2. Características del entorno familiar

- **Las personas que más han influido en la iniciación deportiva** general del deportista son por orden de importancia: el padre, la madre, los amigos, los hermanos y los entrenadores.

- **Las personas que han influido más en su deporte actual** son por orden de importancia: el padre, la madre, los entrenadores, los amigos, los hermanos y los compañeros.

- **Las personas que más apoyan en su deporte actual** son por orden de importancia: el padre, la madre, los amigos, el entrenador, los hermanos, los compañeros y la pareja.

- **La profesión del padre y de la madre**, los estudios del padre y de la madre, la práctica deportiva del padre y de la madre, no son factores significativos en el rendimiento deportivo de los deportistas.

- **La práctica deportiva de cada progenitor** y su nivel de práctica actual o histórica no condicionan el nivel de rendimiento del deportista.

C.3 Características del equipo-entrenador

- **El entrenador es la persona más significativa en la formación deportiva** de los deportistas de la muestra.

- **La filosofía de trabajo de los entrenadores** es sacar el máximo rendimiento de los deportistas con exigencia y disciplina, pero contando con los competidores. Hacer de ellos buenos deportistas y buenas personas, transmitiéndoles valores como el respeto, la humildad, el trabajo y el disfrute de la actividad.

- **Para los entrenadores, el deporte es una forma de vida** donde hay que ser fundamentalmente educador y dar importancia a conjugar deporte y estudios.

- **El orden de importancia que dan los entrenadores a las capacidades psicológicas** relacionadas con el rendimiento deportivo es: 1º motivación; 2º habilidad mental; 3º control de estrés personal; 4º cohesión de equipo; 5º control de estrés social.

- **El orden de importancia** del entrenador referente al liderazgo del entrenador es: 1º instrucción-dirección; 2º organización-previsión; 3º margen de iniciativa; 4º refuerzo; 5º dejar opinar al deportista; 6º apoyo social. Por tipo de deporte, la diferencia más significativa está en que para los entrenadores de deportes de equipo el refuerzo es mucho más importante que para los entrenadores de deportes individuales.

- **Los entrenadores establecen sus objetivos** vinculados y ajustados a los deportistas, de forma consensuada en la mayoría de los casos y a través de objetivos concretos, planificados de forma individualizada o por grupos similares.

- **En la formación de deportistas expertos** el aspecto técnico principal a trabajar para los entrenadores es la técnica, también afirman que la capacidad de sufrimiento y entrenamientos extras son la causa de que lleguen a deportistas de alto nivel.

- **Otros factores clave para llegar a ser élite** del deporte, según los entrenadores, son: el trabajo, la madurez mental, disfrutar, el entorno y la perseverancia.

- **Talento deportivo** es, para los entrenadores expertos, una persona sacrificada, con determinadas condiciones innatas físicas y técnicas; trabajadores, con un deseo enorme de mejorar, que marcan la diferencia con el resto por su mayor compromiso a la tarea, su toma de decisiones y por una autoexigencia especial.

- **El paso de jóvenes deportistas a categorías superiores** en competición es un aspecto positivo para más de la mitad de los entrenadores siempre que se ajusten bien los objetivos, se haga con vistas a largo plazo y esté orientado de forma integral.

- **El orden de preferencia, indicado por los entrenadores** de los entornos de influencia del deportista propuestos en el estudio son: 1º entrenador; 2º equipo; 3º club; 4º familia; 5º pareja; 6º ciudad; 7º gestión deportiva; 8º iguales; 9º colegio; 10º asociacionismo; 11º ayuntamiento.

C.4 Características del entorno escolar

- **En los contextos excelentes locales suele haber poco deporte escolar generado desde los colegios**. Con la creación de las escuelas deportivas el deporte escolar quedo absorbido por la gestión deportiva municipal.

- **No se han encontrado diferencias** sobre el nivel de rendimiento de los deportistas de la muestra en función de su pertenencia al ámbito escolar privado o público.

- **Los contextos sociales** con excelentes recursos deportivos municipales en instalaciones, programas y escuelas deportivas minimizan la posible diferencia que puede haber entre la educación pública y la educación privada en el aspecto deportivo.

- **Es significativa la baja influencia de los profesores** de educación física en la iniciación deportiva de los deportistas de la muestra.

A. Conclusiones respecto a las características de los deportistas

- *Conocer las características de los deportistas de alto nivel de un contexto sociodeportivo excelente.*

Características de los deportistas de alto nivel de un contexto sociodeportivo excelente:

- **Los deportistas excelentes** realizan 4 competiciones al mes y unas 40 competiciones al año de las que 3-4, de estas 40, son de carácter internacional, y realizadas solamente por el grupo de élite internacional.

- **Los deportistas de élite internacional** realizan más sesiones de entrenamiento a la semana (5 sesiones) que los deportistas de competición nacional (4 sesiones).

- **Los deportistas** prefieren entrenar la condición técnica seguida de la táctica.

- **Los deportistas de élite internacional** se ponen objetivos de carrera deportiva con un mayor grado de dificultad que los deportistas de competición nacional y de élite nacional.

- **En el establecimiento de objetivos**, los deportistas de élite internacional se ajustan mejor los objetivos de temporada (diferencia dificultad-confianza) y los objetivos de carrera deportiva, que los deportistas de competición nacional y de élite nacional.

- **El orden de importancia que dan los deportistas a las capacidades psicológicas** relacionadas con el rendimiento deportivo es: 1º motivación; 2º cohesión de equipo; 3º habilidad mental; 4º control de estrés personal; 5º control de estrés social.

- **El orden de importancia** del deportista referente al liderazgo del entrenador es: 1º apoyo social; 2º instrucción-dirección; 3º organización-previsión; 4º margen de iniciativa; 5º refuerzo; 6º dejar opinar al deportista.

- **Para lograr el éxito en su deporte**, los deportistas de la muestra indican como factor más importante la constancia en el entrenamiento, seguidos de los factores de tener un buen entrenador, la dedicación y el apoyo familiar.

- **Los momentos positivos principales** para los deportistas tienen que ver con los triunfos y con ganar campeonatos. Tambien con el hecho de ser convocados con alguna selección así como con debuts y realización de la primera competición importante. El cambio de club es mencionado como un aspecto muy positivo en su carrera deportiva. Se recuerda de forma muy agradable el buen entorno de entrenamiento o la estancia e inorparación a un club determinado.

- **Para los momentos negativos**, las lesiones es lo más indicado como peor recuerdo seguido de perder finales de campeonatos y un mal entorno de entrenamiento.

- **El orden de preferencia de los deportistas para los entornos de influencia** es: 1º familia; 2º entrenador; 3º equipo; 4º club; 5º iguales; 6º colegio; 7º pareja; 8º ciudad; 9º gestión deportiva; 10º ayuntamiento; 11º asociacionismo.

- **El orden de factores más determinantes en la formación deportiva** del deportista es: 1º contexto; 2º técnica; 3º condición física; 4º psicología individual; 6º táctica; 7º antropometría. El contexto (familia, ciudad, club, colegio, instalaciones) es el primer factor, señalado por el deportista, como determinante en su camino al alto rendimiento.

6.5. PRINCIPALES RECOMENDACIONES PARA MEJORAR UN SISTEMA DEPORTIVO LOCAL

- **Consolidar** el liderazgo compartido político-técnico basado en la profesionalidad, la confianza, la calidad en tareas y decisiones, y como equipo de trabajo eficaz con ilusión sobre un proyecto común.

- **Potenciar** la apuesta política por la calidad y la excelencia organizativa, tanto a nivel general como de forma específica en deporte.

- **Incrementar** la dinamización sociodeportiva a través de la animación deportiva y promoción de actividades, por zonas geográficas del municipio y por segmentos específicos de la población.

- **Afianzar** a las asociaciones deportivas en todo el proceso de movilización hacia el deporte efectuando acuerdos a medio y a largo plazo sobre la cogestión de actividades y proyectos deportivos.

- **Seguir creando** instalaciones e infraestructuras de calidad ajustadas en dimensiones y localización a una demanda coherente en función de intereses, expectativas y necesidades reales de la población.

- **Fomentar** la práctica deportiva general de la población desde el deporte salud y de recreación a través de una oferta de actividades variada, atractiva, en instalaciones adecuadas, con unos precios y horarios actuales y competitivos.

- **Potenciar**, como modelo de desarrollo deportivo, la práctica deportiva general a través del deporte de base y de la diversidad de disciplinas deportivas, facilitando el acceso al deporte con escuelas deportivas en donde se apoye la tecnificación de deportistas de cierto nivel de rendimiento con técnicos profesionales e instalaciones adecuadas para ello.

- **Implicar** a Comunidad autónoma, Consejo Superior de Deportes, federaciones territoriales y nacionales, empresas y otras instituciones en el patrocinio de las diversas propuestas de tecnificación y que requieren recursos e inversión importantes en el largo plazo.

- **Crear o/y reformar** fundaciones deportivas posibilitando la inclusión de nuevos patronos, así como el apoyo a diferentes deportes y deportistas según criterios a establecer por un equipo político-técnico en el que el servicio municipal de deportes tenga el liderazgo.

- **Potenciar** la realización de grandes eventos deportivos desde los clubes deportivos.

- **Aumentar** la realización de grandes eventos deportivos de nivel autonómico, nacional e internacional gestionados o/y organizados por el servicio municipal de deportes.

- **Concertar** con gimnasios y clubes privados la utilización de sus instalaciones para ofertar actividades deportivas conjuntas.

- **Creación** de un pabellón multideportivo con gran capacidad de público para albergar grandes eventos deportivos de ámbito autonómico y nacional.

- **Creación** de polideportivos e instalaciones pequeñas en barrios o/y distritos.

- **Realizar** mejoras en las instalaciones deportivas de los colegios.

- **Realizar** zonas cubierta de atletismo con posibilidad para saltos y lanzamiento de peso.

- **Crear** una red de voluntariado específicamente de deporte para ayuda en eventos deportivos y para fomentar el deporte entre los jóvenes.

- **Realizar** formación a las asociaciones deportivas relacionada con su comunicación general y corporativa, a través de acciones formativas específicas sobre creación y mantenimiento de páginas web y de revistas.

- **Potenciar** una renovación de los cuadros directivos de las asociaciones, a través de la formación y de la incorporación de la mujer en equipos de dirección y toma de decisiones.

- **Fomentar** que los clubes realicen actividades y acciones encaminadas a crear rentabilidad social en el municipio.

6.5.1. Propuestas de mejora sobre el modelo de desarrollo deportivo en el ámbito del alto rendimiento

- **Sentar** las bases para establecer un sistema de tecnificación global para el conjunto de deportistas de alto rendimiento del municipio.

- **Creación** de programas de tecnificación específicos por tipo de deportes.

- **Creación** de un centro de tecnificación multideportiva de ámbito autonómico.

- **Creación** de programas de deporte-estudios con la aportación de becas individuales.

- **Puesta** en marcha de programas de prevención y control del abandono de los deportistas en coordinación con los clubes deportivos.

- **Diseñar** programas específicos para el deporte de base, con instrumentos de control de calidad y de sus resultados, asegurando el buen trabajo en su relación con el deporte de rendimiento y la progresión de niños y jóvenes.

- **Diseñar** programas específicos de mujer y deporte para potenciar su participación en el deporte y la prevención de abandonos en fases de rendimiento deportivo.

- **Diseñar** programas específicos sobre población inmigrante y para población discapacitada.

- **Promover** y potenciar actividades físico-deportivas en la población joven, principalmente en colegios e institutos.

- **Potenciar** actividades de predeporte o juegos predeportivos como actividad primera de los clubes deportivos en su programa de iniciación deportiva.

- **Crear** programas específicos de adherencia deportiva a deportistas en edades de mayor riesgo de abandono deportivo.

- **Crear** un departamento de psicología del deporte para el asesoramiento y formación continua de deportistas, de entrenadores y de padres de deportistas.

7. Organización de actividades y eventos deportivos

La organización de eventos deportivos relevantes dentro del panorama nacional e internacional son una de las claves principales de la generación de contextos sociodeportivos excelentes. Los eventos deportivos más destacados y significativos que se organicen en la ciudad tienen y deben tener una repercusión determinante a nivel internacional.

Otro de los acontecimientos deportivos de gran relevancia en dichos entornes excelentes en la gestión sociodeportiva son las jornadas de recreación deportiva con el objetivo principal de potenciar el deporte para todos y el deporte salud. Este tipo de eventos sociodeportivos suelen tener una repercusión elevada a nivel regional por congregar una cantidad de deportistas importante de lugares de la zona autonómica para disputar los distintos torneos que se realizan. Estas jornadas son, fundamentalmente, una fiesta deportiva de fin de temporada y están concebidas principalmente para el disfrute de los usuarios, que durante todo el año realizan su práctica deportiva en las instalaciones municipales.

7.1. MODELOS ORGANIZATIVOS, TIPOS DE EVENTOS, FASES DE DESARROLLO Y PUESTA EN MARCHA. PROYECTOS Y PROGRAMAS.

Proyecto es un esfuerzo temporal que se lleva a cabo para crear un producto. Tiene las características esenciales de estar bien definido, cuantificado, temporalizado, ser realizable, con cierta ambición, pero posible y, siempre, con las condiciones de tener un responsable del proyecto o propietario del proceso.

Esta función de persona responsable del proyecto debe ser asumido y aceptado por la organización pues ello generará una mejor integración de toda la organización y una capacidad mayor de ser evaluable.

Clases de eventos y proyectos deportivos:

- De actividad deportiva y recreación
- De turismo rural

- De actividad física y salud
- De actividades en campamentos y albergues
- De tecnificación deportiva
- De actividades para mayores

Desde el sector público los encargados de llevarlos a cabo son los organismos autónomos locales junto con sociedades o empresas especializadas.

Desde el sector privado mercantil, los principales organizadores de proyectos deportivos son los gimnasios y grandes complejos deportivos, las empresas de servicios deportivos, así como las sociedades anónimas deportivas.

También desde el sector privado no lucrativo son determinantes para la co-organización de eventos y grandes eventos deportivos:

- Clubes deportivos
- Federaciones deportivas
- Fundaciones deportivas
- Agrupaciones de clubes

Las cinco áreas fundamentales a tener en cuenta en un proyecto son:

1) Dirección del proyecto
2) Normas y regulaciones varias
3) Entorno sociodeportivo
4) Habilidades directivas
5) Habilidades interpersonales

Donde las fases en la organización de un evento deportivo son determinadas para generar calidad, esto es, la planificación, la organización, la ejecución propiamente dicha, para concluir precisamente con un cierre que contemple una evaluación exhaustiva tanto cualitativa como cuantitativa.

Por su parte, las fases de programación son las siguientes:

a) Qué se quiere hacer: descripción del proyecto.
b) Por qué se quiere hacer: fundamentación.
c) Para qué se quiere hacer: objetivos.
d) Cuánto se quiere hacer: metas.
e) Dónde se quiere hacer: localización física, ubicación física.
f) Cómo se va a hacer: actividades, tareas, metodología y organización
g) Cuándo se va a hacer: calendario de actividades o cronograma.
h) A quién va dirigido: destinatarios o beneficiarios.

i) Quiénes lo van a hacer: entidad que lo desarrollará y organización.

j) Con qué se va a hacer: recursos humanos, materiales, económicos.

En la descripción del proyecto es fundamental aportar las razones que lo fundamentan y los principales datos de la situación de partida, así como:

- El carácter deportivo del evento (Internacional, nacional, autonómico).
- Las metas que se pretenden alcanzar con la realización de la actividad a desarrollar.
- La contextualización del proyecto en programas o planes de los Ayuntamientos de Municipios y Entidades Locales Autónomas que lo presenta.
- Las entidades deportivas locales o provinciales que participan en la organización.

Hay que añadir una justificación que incluya la prioridad de las necesidades sobre las que el proyecto intervendrá, y por qué resulta la mejor alternativa.

Destinatarios de los Proyectos Deportivos son de vital importancia:

- A quiénes nos dirigimos: perfil y principales características de los destinatarios del proyecto.
- A cuántos nos dirigimos: Número de personas, entidades, que son beneficiarios/as directos o potenciales del proyecto.

También será determinante incluir la localización y zona de influencia, donde se detallará el lugar donde se desarrollará el proyecto, así como la dirección concreta o un área territorial determinada

Por su parte los objetivos son el eje en torno al cual pivotan todos los elementos del proyecto. Expresarán lo que pretendemos alcanzar con el proyecto, qué resultados y efectos queremos conseguir por medio de su ejecución.

Actividad y Calendario son también determinantes para cuantificar los recursos precisos para su puesta en práctica. Con base en ello se debe designar una persona responsable *"propietario del proceso"*, coordinador deportivo del evento por parte de la institución municipal.

Establecer calendario de ejecución y la organización y metodología son parte, así mismo clave en todo el proceso:

- Cómo se van a repartir las responsabilidades de su ejecución y quién será el responsable último.

- Cómo se va a realizar la coordinación entre entidades, organismos, en aquellas actividades que lo requieran
- Cómo se va a realizar la comunicación interna y externa del proyecto.
- Cómo se pretende incorporar la participación de los destinatarios o implicados en el proyecto.
- Cuál será la metodología de trabajo a seguir y los protocolos establecidos dentro de esa metodología.

7.2. PROTOCOLO DEPORTIVO

El protocolo deportivo es el conjunto de normas y requerimientos generales que rigen todo evento deportivo. Las ceremonias de apertura, los actos de clausura y el acto final de premiación es lo más significativo de protocolo, así como las actividades sociales que lo enmarcan y que dependen del lugar donde se realiza y las costumbres y tradiciones que cada territorio tiene.

Los protocolos tienen una parte estructural y otra funcional, de relaciones entre personas e instituciones, más humana y emocional. En este sentido podemos aportar un decálogo del profesional del protocolo que todos los componentes de acto protocolario en los diversos grados de responsabilidad deben tener asumido e interiorizado:

1. Conocer claramente los cometidos
2. Establecer puntos de intersección
3. Conocer las normas de competición
4. Argumentar sobre cualquier contingencia
5. No hacer suposiciones en situaciones adversas
6. Flexibilidad
7. El equipo es lo importante
8. Una sonrisa siempre es necesaria
9. Querer es poder
10. Imagen unida a eficiencia de tarea

Conocer claramente los cometidos y las diversas responsabilidades es parte de una buena coordinación y necesaria si hay varios equipos de trabajo. Por ello establecer puntos de intersección, así como puntos de coordinación para seguridad, comunicación y relación fluida será determinante para la buena marcha del evento.

En ese sentido, conocer las normas de competición es una obligación: Reglas generales, Categorías, Series, Número de premiados y Tiempo duración finales.

La necesidad de argumentar y generar explicación de decisiones es importante para que cada componente del protocolo en su parte previa y en su parte efectiva de premiación tengan una visión global y puedan tomar alguna decisión, ajustada a su responsabilidad, pero con sentido integral.

Por ello no presuponer nada, sino demandar y generar la mayor información desde la jornada anterior al evento, con una exhaustiva revisión del trabajo, realizando siempre un simulacro general donde se muestre la música, desfile si lo hubiera, así como todos los atrezos como atril, micrófonos, etc.

La flexibilidad es pues fundamental en todo el proceso de realización. Debe crearse un gran Equipo, con mayúsculas, donde la exigencia a todos y de todos (autoexigencia) sea una premisa clave.

Las habilidades sociales, escucha activa, alegría y sonrisa son también como hemos apuntado determinantes en una eficiencia del evento y de la conclusión final. Por ello en esta etapa hay que prestar mayor atención a situaciones adversas, tener más iniciativa y capacidad de control, y siempre aportar una solución sencilla y ajustada.

Cuidar la imagen desde la forma de relación, tanto interna como externa con todos implicados en evento es prioridad en el equipo del protocolo deportivo: deportistas, familiares, directivos federativos, políticos, otras personalidades y público en general.

Cuidar la imagen, significa tener un buen diseño de invitaciones con envío anticipado a invitados donde se informe además de:

- Emisión y control de acreditaciones preferentes.
- Ordenación de personalidades y autoridades en palco.
- Ordenación de la entrega de premios.
- Recepción y entrega de obsequios.
- Ceremonia de apertura.
- Ceremonia de clausura.
- Control y desarrollo logístico de banderas y símbolos de representación.
- Normas de etiqueta.
- Otras acciones de protocolo.

Las invitaciones y acreditaciones son el principal instrumento de comunicación para hacer llegar a un determinado grupo de personas e instituciones el deseo del anfitrión para que asistan a un acto y a un evento. A autoridades y personalidades muy importantes será necesaria una carta/invitación personalizada.

El contenido de invitación debe incluir el escudo o anagrama, el cargo, contenido de invitación, lugar de celebración, fecha de celebración, asistencia de autoridades o personajes significativos.

Las acreditaciones deben realizarse diferenciándose en colores, acceso e importancia según tipo de asistente:

- Organización
- Autoridades deportivas
- Autoridades políticas
- Vip
- Deportistas
- Jueces y árbitros
- Medios de comunicación
- Técnicos
- Seguridad
- Patrocinadores
- Resto de trabajadores

La clasificación que se puede realizar de los eventos deportivos depende del parámetro escogido. Por tipo de torneo tenemos:

- Torneo internacional
- Torneo nacional
- Torneo autonómico
- Torneo local

En cuanto a la presencia de autoridades independientemente del tipo de torneo, aunque claramente está relacionado, tenemos:

- Autoridades internacionales
- Autoridades nacionales
- Autoridades autonómicas
- Autoridades locales

Así mismo, tanto en la organización del evento como en el protocolo, influye el tipo de torneo según sea de equipo o individual.

Otros parámetros significativos a tener en cuenta son:

- Cantidad de público
- Evento en exterior o interior
- El coste económico
- La publicidad e imagen
- El impacto mediático

Los himnos y banderas de países o autonomías de los participantes son definitivos en la mejor actuación protocolaria, principalmente en la premiación. Y un evento puede ser desastroso solo con que alguna cuestión relacionada con la bandera o/y el himno salga mal. En el caso del deporte universitario la bandera olímpica y el canto gaudeamus es el que se debe utilizar.

La presentación del evento unos días antes a los medios de comunicación es una de los condicionantes que hacen un evento más o menos grande. Pues tiene un sentido de dar valor al evento y por quien se organiza, así como poner en valor dicho evento tanto a los medios de comunicación como a la propia sociedad donde se contextualiza.

En ese acto de presentación es importante que haya un moderador que presenta y realiza la introducción a quienes estén en la mesa que suelen ser:

- Miembros federativos
- Miembros organizadores
- Invitados: deportistas de elite
- Anfitrión
- Autoridades políticas e institucionales
- Máxima autoridad

Ésta máxima autoridad es quien concluye el acto con palabra de agradecimiento y bienvenida a todos y todas.

Como hemos indicado, dependiendo del tipo de competición, puede haber ceremonia de apertura o no, así como:

- Desfile de participantes
- Discursos de autoridades
- Declaración de apertura de campeonato

Los eventos, también hay que clasificarlos y realizar un acto protocolario diferenciado según sean actos abiertos, donde asisten un gran número de personas o actos cerrados, en interior, más limitados.

En cualquier caso, el palco debe ser una zona diferenciada del resto de la tribuna o asientos. La gestión del palco es importante para la proyección del evento y requiere de mucha habilidad técnica y social.

En este sentido, hay que tener muy en cuenta las normas de federación y tradiciones del lugar. Así como saber con certeza quien viene. La presidencia del acto debe estar confirmada. Y deben realizarse las siguientes tareas y acciones:

- o Inspección por seguridad y organización
- o Recibimientos y llegadas por rango
- o Jefe protocolo indica los asientos
- o Tener en cuenta el antepalco, bar, etc.

El palco se realiza con una precedencia establecida en el Real decreto 2099/83:

- Autoridades deportivas: COI, federaciones internacionales, COE, federaciones españolas.
- Autoridades políticas: gobierno nación, autonomía, ayuntamiento, otros.
- Patrocinadores
- Invitados de honor
- Invitados especiales
- Colaboradores
- Clientes
- Resto

La entrega de trofeos se realiza por rango de autoridades según establecido en el Real decreto 2099/83.

Finalmente se debe realizar una exhaustiva valoración del evento por parte de todos los implicados coordinados por el coordinador ejecutivo. En ellos hay que evidenciar por indicadores de actividad:

- Número total de personas participantes.
- Número total de personas por sexo.
- Número de usuarios por categoría.
- Número de horas del evento deportivo.
- Número de efectivos de seguridad.

- Número de efectivos sanitarios.
- Número de ambulancias.
- Número de soportes publicitarios editados (Cartelería, trípticos, etc...
- Número de impactos en redes sociales utilizadas.
- Número de medios de comunicación utilizados (Radio, TV, periódicos, etc)

Así como por indicadores de resultados:

- Satisfacción de los participantes en el evento deportivo.
- Porcentaje de ocupación de las plazas ofertadas.
- Tasa de abandono.
- Número de atenciones sanitarias realizadas.
- Porcentaje de participantes de fuera.
- Porcentaje de gasto en jueces/árbitros.
- Porcentaje de gasto en premios.
- Número de mujeres que han terminado la prueba deportiva.
- Número de hombres que han terminado la prueba deportiva.
- Número de entidades colaboradoras en el evento deportivo.

7.3. EL PATROCINIO DEPORTIVO. LA ESPONSORIZACIÓN Y EL MARKETING DEPORTIVO. LA PUBLICIDAD E IMAGEN EN EL DEPORTE

El patrocinio deportivo se puede definir como la aportación o apoyo que realiza una empresa para unir su marca a los valores e imagen que el deporte o el evento deportivo transmite.

El patrocinio deportivo puede estar ligado a los propios deportistas, a clubes o equipos de referencia y a eventos deportivos concretos que pueden ser tanto de alto rendimiento deportivo como eventos de recreación o deporte para todos y salud.

Teniendo en cuenta precisamente esta unión del patrocinio con los nuevos tipos de eventos que se están organizando hoy día, donde están muy ligados a organizaciones no gubernamentales que potencian la solidaridad, la salud, la inclusión social, la inversión en patrocinio deportivo ha ido en aumento. Así mismo, ha aumentado por el auge del deporte español, bien por los triunfos obtenidos en los últimos años como por la democratización de la práctica del deporte en todas las modalidades. Ello ha mejorado esencialmente la imagen de las marcas patrocinadoras y su retorno de inversión en términos de impacto económico.

El patrocinio deportivo debe estar unido a objetivos estratégicos, tanto de la empresa o institución que apoya, como de quien recibe este soporte. Esta cuestión hace que, necesariamente, las modalidades de patrocinio deban ser valoradas en cada caso, ya que a la hora de invertir en patrocinio deportivo es fundamental para la empresa tener claros qué objetivos se persiguen en su estrategia empresarial.

Las claves para generar éxito desde el patrocinio deportivo radican en varios factores:

- Esencia del proyecto con diferentes maneras una misma actividad para que resulte idónea para la empresa y sus objetivos estratégicos.
- Los pequeños donantes son grandes donantes si se relaciona y ajusta bien su aportación. No hay que rechazar a ningún patrocinador por pequeña que sea su aportación.
- Vincular de forma efectiva las necesidades de las instituciones con las necesidades de las empresas.
- Brindar diferentes formas de comunicación.
- Valorar prestigio, creatividad, autenticidad, exclusividad, innovación, que aporta directa o indirectamente cada partner.
- Conseguir una mayor colaboración con los medios de comunicación para la difusión del proyecto y patrocinadores.
- Aumentar el compromiso de cada trabajador haciéndoles sentir el proyecto patrocinado como propio.
- Adaptar los intereses de la empresa a las contraprestaciones que se ofrecen.

La actividad de patrocinio deportivo es un sector económico de gran interés ya que puede hacer que cualquier marca se convierta en una sociedad con identidad reconocida y positiva por las personas a las que se dirige. El patrocinio de eventos y actividades deportivas conecta de manera directa con la sociedad ya que genera y aviva las emociones valores que se desean y buscan, tanto a nivel grupal como individual. Toda marca necesita conectar con el corazón, las aspiraciones y los sueños de las personas.

La legislación aplicable en este ámbito es:

- Directiva CE 1984, sobre publicidad engañosa
- Directiva CE 1989, de actividades radiodifusión

- Ley 1998, en general de publicidad
- Ley 1997, de emisión acontecimientos deportivos
- Ley 1990, del deporte
- Ley 1982, para protección intimidad e imagen
- Ley 1984, sobre la defensa consumidores y usuarios

Si bien, hay cierta diferenciación en formas apoyar y potenciar las actividades deportivas. Además del patrocinio, se dan las formas de mecenazgo y de subvención. Por tanto, distinguimos:

- Patrocinio deportivo: contraprestación a cambio de publicidad
- Mecenazgo puro: actuación desinteresada
- Mecenazgo con contraprestación: publicidad
- Subvención: por administración pública, sin contraprestación. Como parte del apoyo al tejido sociodeportivo del territorio dado, sea municipio, comunidad autónoma o nación.

La esponsorización es un concepto identificando con las dotaciones económicas con las que una entidad (empresa o institución pública) ayuda a un deportista concreto o a un equipo deportivo, a cambio de que su imagen de marca sea potenciada por ellos bien en la vestimenta o en vallas publicitarias. El nombre comercial unido a imagen club tiene una potenciación bidireccional en el que todos ganan. Se realiza para ello un contrato de difusión publicitaria, donde se negocia la utilización publicitaria de espacio o tiempo por tarifas acordadas.

Hay que tener en cuenta que la utilización de la imagen de deportistas sin consentimiento constituye intromisión ilegítima al derecho de imagen.

El programa de patrocinio para una organización deportiva puede ser generada de forma más estable y sistematizada con los denominados benefactores o conjunto de empresas e instituciones que sumados consiguen el total del patrocinio, bien sea a través de aportaciones económicas o/y a través de especies:

- Equipamiento y material deportivo
- Bebidas
- Viajes / autocares
- Hoteles / restaurantes
- Equipamientos informáticos
- Productos médicos
- Imprenta / material oficina
- Seguros generales y médicos

- Servicios varios

Los programas de patrocinio de clubes deportivos también incluyen activos en forma estática o dinámica:

- Acciones en descansos de partidos
- Paneles de salas de prensa
- Abonos y entradas para partidos.
- Imagen colectiva de jugadores y técnicos.
- Promociones en instalaciones deportivas y aledaños
- Páginas web

Un programa de patrocinio deportivo, en definitiva, debe incluir la posibilidad de:

- Un programa totalmente orientado a la marca
- Patrocinio flexible y adaptado a las necesidades de la marca
- Participación del cliente en el diseño del plan de patrocinio
- Objetivos del patrocinio consensuados con el cliente
- Evaluación conjunta y continua durante el desarrollo del plan y puesta en marcha acciones correctoras.
- Establecer precios variables en función de la consecución de los objetivos pactados.

Donde las posibles contraprestaciones son:

- Inclusión en la denominación de los equipos
- Presencia en estática
- Presencia en televisiones
- Presencia en internet
- Presencia en indumentaria jugadores
- Otras posibilidades
- Publicidad en instalaciones deportivas
- Publicidad en "u" televisiva
- Estática en suelo de los pabellones
- Estática fija fuera del entorno del terreno de juego
- Una promoción en el descanso de los partidos
- Promociones en todas las instalaciones.

En cuanto a la presencia en internet tipo web oficial, el benefactor puede disponer de diferentes elementos diferentes de presencia: banner publicitario con enlace, pop-up, ventanas emergentes, así como promociones puntuales de sus productos.

Por todo ello, parece necesario tener en cuenta siempre estos factores: marketing de todas las partes, aspectos externos, entorno global, mercado segmentado, forma de gobierno, recursos disponibles, economía y tecnología efectiva.

7.4. EMPRESAS DE SERVICIOS DEPORTIVOS

Las empresas de servicios deportivos son empresas especializada en la gestión deportiva que tienen como objetivos principales la optimización del rendimiento sociodeportivo y económico de la entidad o institución con la que se realiza la colaboración o partenariado.

La referencia más común tiene que ver con el deporte de ocio, deporte y salud, donde se trata de fomentar la actividad de dichas instituciones y empresas. Ello se realiza también con la prestación de los servicios con mejor calidad organizativa.

Los tipos más comunes de empresas de servicios deportivos son según su función:

- Empresas de espectáculos deportivos: campeonatos
- Empresas de turismo: deportes alternativos
- Empresas de recreación y ocio: deporte para todos
- Empresas de educación: escuelas deportivas
- Empresas de salud: programas de prevención y rehabilitación
- Empresas de formación: centros de formación deporte.
- Empresas de servicios deportivos
- Empresas de actividad física: gimnasios
- Empresas de asesoramiento: gestión deportiva
- Empresas de publicidad: imagen y patrocinio
- Empresas de equipamiento deportivo: fabricación y distribución
- Empresas de instalaciones deportivas: diseño y construcción
- Empresas de comunicación: diseño y asesoramiento

En cuanto al carácter de gestión, los tipos de empresas de servicios deportivos pueden ser en forma de empresario individual o empresario social. Hay en cada caso una diferenciación por los parámetros de personalidad jurídica y de tipo de responsabilidad.

El empresario individual o autónomo, es persona física en cuanto a su personalidad jurídica y en su caso, responde con la totalidad de su patrimonio.

La documentación requerida para ser empresario individual es número de identificación fiscal (NIF), delegación de tesorería, impuesto de actividades económicas, documento nacional de identidad (DNI), impuesto de valor añadido (IVA) trimestral y anual, retenciones de impuesto para rentas de personas físicas (IRPF).

En cuanto al empresario social señalar que es personalidad jurídica: por socios y sociedades mercantiles. Se exige escritura pública e inscripción y su responsabilidad se determina con la aportación de cada socio. Los socios deben responder con su propio patrimonio del pago de las deudas pendientes a los acreedores.

En la denominada sociedad comandataria se responde limitadamente con sus aportaciones y no intervienen en la gestión. Por su parte la sociedad anónima (S.A.) debe tener de partida un capital social de 60.000 euros, la administración es a través de consejo. El gobierno se realiza por junta de accionistas y convocatorias públicas. Y su financiación es necesariamente por emisión de obligaciones, en muchos casos por acceso a bolsa.

Para la sociedad de responsabilidad limitada (S.L.), se requiere un capital social 3.000 euros, existe un consejo de administración, se gobierna desde una junta de socios y convocatorias variadas, con financiación de no emisión de obligaciones.

En todos los casos la legislación de referencia es desde el Código de comercio, Código civil, Ley de sociedades anónimas 1564/1989 y Ley de S.L. 2/1995.

7.4.1. Proyecto de autoconocimiento de una organización deportiva

En este apartado se propone la autoevaluación de la organización deportiva como mejor forma de mejora en todos los aspectos que conciernen a la misma. Tiene que ver con las variables y parámetros de referencia de calidad de organizaciones excelentes.

Los objetivos de toda autoevaluación es concluir con un asesoramiento y establecimiento de un diagnóstico de situación para decidir prioridades y desarrollar e implantar mejoras en dicha organización. Mejoras en desarrollo de equipos de trabajo y en las propias personas tanto en su vertiente técnico profesional, como humana-emocional. Se trata de identificar puntos fuertes, áreas de posible mejora y determinación desde estos ejes de propuesta de prioridades sobre cada área de mejora identificada.

Se realiza tanto sobre la organización como ente social-grupal, como sobre las personas en cuanto individuos independientes y creativos. Sobre la calidad organizativa de la empresa y sobre la inteligencia emocional del trabajador.

Toda organización necesita de ello, como toda persona necesita de ese asesoramiento. El proceso se basa en el mayor conocimiento de la estructura organizativa y del mayor conocimiento de la funcionalidad entre los sujetos que conforman dicha estructura y organigrama empresarial.

El conocimiento de la estructura, del nosotros, del conocimiento de los demás provoca un conocimiento sobre nosotros mismos. Ello hace implicar y comprometerse a cada persona con el equipo de trabajo al que pertenece y a la empresa en su globalidad.

Información unida a formación con un certero diagnostico por áreas mejora y una voluntad determinada de cambio, de mejora de los procesos y formas de actuar generarán un cambio global y de calidad en la organización. Todo cambio tiene riesgo, pero merece la pena.

Este tipo de autoevaluación que conlleva un asesoramiento implícito y explicito comienza con hacer las mejores preguntas para generar las mejores preguntas y respuestas. Bien en formato cualitativo no estructurado, como en forma muy estructurada y cuantificada. Sólo querer realizar un cambio y creer en ello puede lograr los mejores resultados. Se trata de pasar de un estado actual mediocre a un estado deseado de excelencia, tanto en procesos como en resultados y producción.

Los resultados excelentes con respecto al rendimiento de la organización se logran mediante un liderazgo que dirija e impulse la estrategia, las personas de la organización, las alianzas y recursos y los procesos.

Esto es, lo que la organización hace y cómo lo hace. Son los llamados agentes facilitadores en el modelo de referencia europeo de calidad en la gestión EFQM (European Organization for Quality).

El modelo EFQM es un referente en el ámbito de la Unión Europea, y su Premio Europeo a la Calidad se ha convertido en una referencia para muchas empresas públicas y privadas de los diferentes países miembros de la Unión. La concesión de este premio se basa en los criterios del modelo de Excelencia Empresarial.

Por supuesto que se tienen también en cuenta los resultados, lo que la organización logra. Resultados en los clientes, resultados en los propios trabajadores, resultados en la sociedad y resultados clave o productivos.

Siguiendo con la necesidad de autoevaluación, es necesaria una determinación del establecimiento de roles funcionales. De tenerlo claro por parte de todos como ocurre o debe ocurrir en un equipo deportivo. Por ello hay que evaluar los canales de comunicación tanto formales como informales, el peso de cada canal. Las formas y estrategias de comunicación. Así como realizar un sociograma de los diversos equipos departamentales. Toda comunicación depende principalmente de la forma de liderazgo de los directores.

Se trata en definitiva de establecer un diagnóstico de situación, decidir prioridades y desarrollar e implantar mejoras desde los criterios de priorización donde relacionar impacto y capacidad.

Criterios de priorización: 'Impacto' (VALOR)

Impacto Alto	Impacto Medio	Impacto Bajo
5 PUNTOS	3 PUNTOS	1 PUNTO
La acción tendrá un impacto significativo sobre uno o más objetivos de la organización o indicadores claves de rendimiento o percepción.	La acción tendrá algún impacto sobre al menos un objetivo de la organización o un indicador clave de rendimiento o percepción.	Es poco probable que la acción tenga algún impacto reseñable sobre algún objetivo o indicador clave de rendimiento o percepción.

Criterios de priorización: 'Capacidad'

Capacidad Alta	Capacidad Media	Capacidad Baja
5 PUNTOS	3 PUNTOS	1 PUNTO
Puede implantarse en un periodo de tiempo razonable. Su implantación requiere relativamente pocos recursos. La organización controla totalmente la implantación.	Probablemente pueda implantarse en un periodo de tiempo razonable. Su implantación puede requerir una cantidad razonable de recursos. La organización mantiene un buen control sobre la implantación.	No es probable que pueda implantarse en un periodo de tiempo razonable. Su implantación requerirá una cantidad sustancial de recursos. La implantación depende de factores externos a la organización.

8. Bases de la planificación.
Teoría general de la planificación

8.1. ELEMENTOS FUNDAMENTALES

La gestión deportiva excelente viene necesariamente precedida por una exhaustiva planificación en base a un modelo de desarrollo y desde el conocimiento del contexto sociodeportivo donde se enmarca y del sistema deportivo en el que está inmersa. El proceso de generar la mejor gestión deportiva lleva asociado de forma inherente el itinerario de conocer por este orden sistema sociodeportivo, contexto, modelo de gestión, planificación y gestión específica final de tareas, acciones y operaciones.

8.2. SISTEMA-CONTEXTO-MODELO-PLAN-GESTIÓN

Un contexto sociodeportivo excelente en deporte requiere de un modelo de administración regida por un liderazgo participado de forma simultánea por equipo de gobierno, ciudadanos y técnicos profesionales. La calidad y excelencia organizativa en dicho contexto de excelencia se basa en eficiencia en la gestión y en el modelo de gobernanza. La fuerte apuesta y apoyo institucional es un proceso social básico indispensable para que se genere la mejor dinámica de excelencia, así como la creación de infraestructuras deportivas acorde con la demanda y necesidad de la población. El establecimiento de alianzas con empresas e instituciones que faciliten recursos e inversión será clave, así como como la realización grandes eventos deportivos que potencien la imagen de la ciudad deportiva y de ciudad modelo.

El programa de gobierno es pues del todo necesario y se despliega desde el plan estratégico donde se aportan los ejes estratégicos de una ciudad con grandes objetivos a medio y largo plazo planteados en base a resultados y objetivos en ciudadanos, en sociedad y en la propia organización.

Desde el liderazgo compartido político-técnico-social con valores comunes y compartidos, es desde donde se debe desplegar el Plan Estratégico de un servicio deportivo municipal. Es decir, desde la unión equilibrada de equipo de gobierno, ciudadanos (agrupados en clubes o no agrupados de forma individual) y técnicos profesionales.

Con el Plan Estratégico deportivo se posibilita la definición de políticas, objetivos estratégicos y actuaciones que aborden:

- necesidades, expectativas, motivaciones e intereses de los ciudadanos, trabajadores y usuarios en general.
- viabilidad operativa en un plazo de diez años.
- alineación directa y significativa con las políticas y competencias transversales del gobierno en todas sus áreas.

Planificación es visión, donde quiero estar, y que continua con el planteamiento o modo de llevarlo a cabo. Esta planificación lleva asociada acciones concretas para realizar donde su mejor gestión determinará el grado de posibilidad de consecución de objetivos. Es un proceso sistemático de ejecución de acciones para alcanzar la situación deseada.

Los tipos de planificación posibles vienen determinados por variables de tiempo, de geografía y de etapas del proceso.

Tipos de planificación según tiempo:

- A corto plazo, operativa, inmediata
- A medio plazo, intermedia, táctica
- A largo plazo, estratégica

Tipos de planificación por geografía:

- Nacional
- Autonómica
- Municipal
- Distrital

Tipos de planificación por etapas de la planificación

- Diagnóstico
- Programación
- Ejecución
- Evaluación

En cuanto al proceso de ejecución de una planificación los pasos son:

1. Análisis e identificación de necesidades
2. Definición de metas y objetivos
3. Planificación, programación
4. Recursos necesarios y disponibles
5. Ejecución

6. Elaboración de los procedimientos de evaluación
7. Ajustes y revisiones
8. Evaluación final

Así mismo los tipos de planificación según la estratégica son:

- Plan estratégico. Largo plazo (10 años)
- Plan acción de gobierno. Medio plazo (4 años-legislatura)
- Programación por objetivos. Corto plazo (anual)

Todo plan estratégico de deporte de un territorio dado consiste en un proceso de análisis y reflexión sobre la situación de la práctica de actividad física y deporte para determinar las líneas estratégicas y medidas de actuación en las que trabajar conjuntamente con el resto de agentes que intervienen y realizar una mejora sustancial para todas las partes.

Es decir, un plan estratégico es el marco que, desde una perspectiva a medio plazo (10 años), orienta la política deportiva mediante una visión multisectorial y como estrategia de ciudad.

La estrategia es para identificar los criterios y proyectos claves para el futuro del deporte y el sector deportivo con el consenso y el compromiso de todos los agentes del sector desde una visión de futuro compartida.

Las etapas de un plan estratégico son:

1. Organización y estructura soporte del plan
2. Diagnostico e identificación de temas críticos
3. Objetivo general y líneas estratégicas
4. Redacción del plan (proyectos e indicadores)
5. Aprobación formal
6. Implementación
7. Seguimiento y evaluación
8. Revisión y actualización

En cuanto a la estructura básica para la elaboración de un plan estratégico los principales puntos a tener en cuenta son:

- Presentación: mensaje de alta dirección institucional firmado por titular
- Introducción: presentación del documento, como fue elaborado, que contiene, etc.

- Análisis situacional: breve reseña de los antecedentes institucionales y del diagnóstico realizado (análisis de los resultados obtenidos con la herramienta Dafo)
- Pensamiento estratégico: visión, misión, valores y políticas institucionales
- Estrategia institucional: se identifican, conceptualizan brevemente las líneas estratégicas, los objetivos estratégicos, los objetivos específicos, los resultados institucionales y las acciones estratégicas
- Seguimiento y evaluación: describe de manera breve como se dará
- Seguimiento y evaluación de la ejecución del plan.
- Anexos: todo documento que contribuya a entender el funcionamiento organizativo, los procesos claves y la estrategia institucional.

Diagnostico e identificación de temas críticos. Diagnóstico del punto de partida. Estrategia-planificación: para conocer el posicionamiento estratégico de la organización existen diferentes técnicas para la obtención de dicha información. Las más comunes son el análisis D.A.F.O. (Debilidades, Amenazas, Fortalezas y Oportunidades) y la generación de la matriz M.E.F.E. (Matriz de Evaluación del factor Externo). Así mismo desde la EFQM está la autovaloración que se hace la organización implicando a sujetos de calidad donde se unen los criterios de conocimiento de la organización en tiempo y espacio, así como el grado de responsabilidad en la toma de decisiones. Es por ello que se realizan valoraciones cuantitativas sobre propuestas de mejora que derivan de la valoración exhaustiva de cada criterio del modelo EFQM, esto es de cada dimensión de agentes facilitadores y de resultados.

La cuantificación en puntuaciones uniendo impacto y capacidad de consecución de cada acción debe determinar la prioridad en el establecimiento de la acción a abordar.

El seguimiento y evaluación se realiza desde el establecimiento de:

- Indicadores de rendimiento: de carácter objetivo
- Indicadores de percepción: de carácter subjetivo

Ejemplo de objetivos estratégicos para un servicio deportivo municipal

- Incremento de la práctica deportiva general de los ciudadanos.
- Impulso de programas específicos para facilitar la actividad física y deportiva de las personas con discapacidad
- Fomento del deporte escolar (ampliación del uso de las instalaciones deportivas de los centros escolares fuera del horario lectivo a través de convenios con asociaciones vecinales o clubes)

- Promoción del deporte femenino
- Potenciar las actividades deportivas para jóvenes.
- Promoción de programas de promoción del deporte femenino especialmente dirigidos a la franja de edad que se corresponde con la enseñanza secundaria.
- Desarrollo de programas específicos para promover y facilitar la actividad física de los mayores.
- Facilitar la práctica del deporte a madres con hijos pequeños
- Apoyo a los clubes deportivos, promoviendo el voluntariado deportivo
- Apoyo a los clubes deportivos, promoviendo convenios de colaboración para el fomento del deporte en nuestra ciudad.
- Creación de nuevos espacios para la práctica deportiva en los nuevos desarrollos urbanísticos
- Realización de grandes eventos deportivos.
- Establecer convenios de colaboración con el ámbito universitario del entorno de la ciudad
- Promoveremos la adecuación de las instalaciones deportivas municipales para la práctica de deportes practicados por los inmigrantes en sus países de origen, como el béisbol.

8.3. MODELOS DE PLANIFICACIÓN

La Ley 57/03 de medidas para la modernización del gobierno local y la Ley 7/85 Reguladora de Bases del Régimen Local dispone que los servicios locales pueden gestionarse de forma directa o indirecta, y que en ningún caso podrán prestarse por gestión indirecta ni mediante sociedad mercantil los servicios públicos que impliquen ejercicio de autoridad.

En la gestión directa el municipio controla directamente la prestación del servicio, y la realiza a través de un órgano de la propia administración municipal, o una empresa de capital íntegramente municipal, por lo que asume el riesgo económico de la actividad.

Por su parte, en la gestión indirecta la dirección y control de la prestación del servicio es indirecto, ya que se presta a través de una entidad que no forma parte de la administración municipal. En este caso el riesgo económico de la actividad, dentro de unos límites, está en la responsabilidad del gestor privado contratado por el ayuntamiento.

Según la Ley de Bases "son servicios públicos cuantos tienden a la consecución de los fines señalados como de la competencia de las Entidades Locales". En ese sentido las características que definen el servicio público son:

- actividades de titularidad pública.
- actividades de prestación regular y continua.
- derecho del ciudadano a la prestación.

Los servicios deportivos municipales cumplen las siguientes funciones (Delgado, 2011):

- Función administradora: de recursos disponibles con eficacia y eficiencia. Control de gasto y reducción de déficit.
- Función coordinadora: liderazgo en cooperación con el sector privado implicando a asociaciones deportivas y a agentes sociales en la gestión.
- Función reguladora: gestionar y reglamentar el uso de instalaciones y espacios deportivos.
- Función integradora: facilitar la práctica deportiva a todos los ciudadanos.
- Función inversora: creación de red de equipamientos públicos que permitan el acceso a todos los ciudadanos a la práctica deportiva.

Por ello, es necesario tener en cuenta una serie de premisas para facilitar el control en la gestión desarrollada por entidades privadas en la colaboración público-privada (Delgado, 2011):

- Definir precisamente y con la mayor claridad posible el objeto del contrato y el alcance de las prestaciones del mismo.
- Los bienes públicos que se adscriben al servicio y en qué condiciones
- El régimen económico; precios, umbrales de rentabilidad mínima y máxima...
- El régimen de inversiones con concepto, cuantía y fecha tanto de las nuevas como de las de reposición
- Definición del proyecto y control de la construcción.
- La contratación del personal, sus condiciones laborales, cualificación, formación....
- La responsabilidad civil subsidiaria
- Los mecanismos de control técnico y de seguimiento de la situación económica, financiera y patrimonial.
- Identidad corporativa institucional y elementos identificativos del servicio

En la organización deportiva de las Entidades Locales los servicios deportivos municipales tienen o pueden tener las siguientes modalidades de gestión:

- gestión directa
- gestión indirecta
- gestión mixta

Y la forma que se elige para ello suele ser en formato patronato, fundación, sociedad de diverso tipo o bien en consorcios.

8.3.1. Gestión directa

En la gestión directa el municipio controla directamente la prestación del servicio asumiendo el riesgo económico de la actividad. La empresa es de capital íntegramente municipal a través de un órgano de la propia administración municipal que normalmente es con la figura patronato deportivo.

A menudo se identifica la "gestión directa" como sinónimo de "ineficacia" por asociarlo con cultura burocrática, lentitud de procedimiento, lentitud en toma de decisiones y complejidad administrativa. Pero esto no tiene por qué ser cierto y la mayoría de los servicios deportivos municipales con esta forma de gestión, son del todo eficientes y con una gestión de calidad.

Las principales modalidades de gestión directa son:

- Ayuntamiento sin órgano especializado.
- Ayuntamiento con órgano especializado.
- Organismo Autónomo Local.
- Entidad pública empresarial local.
- Empresa municipal: sociedad mercantil con capital íntegro del Ayuntamiento o de un ente público del mismo

En cuanto al ayuntamiento sin órgano especializado el tipo de administración es central municipal, sin especializar y sin crear un órgano nuevo con personalidad jurídica propia. En este caso el ayuntamiento asume la totalidad del riesgo y el servicio se financia con cargo al presupuesto ordinario de la Corporación, absorbiendo las pérdidas que pueda tener el servicio.

En la modalidad de ayuntamiento con órgano especializado, existe una especialización de un órgano del Ayuntamiento en la gestión del servicio con personalidad jurídica propia diferente de la del ayuntamiento. La estructura orgánica está determinada por la existencia de un consejo de administración y un gerente. Es lo que se denomina organismo autónomo local. Es el modo de gestión directa más extendida en la actualidad. Con patrimonio y presupuesto propios diferenciados del de la corporación.

La Ley 57/03 determina las siguientes cuestiones en lo relativo a los Organismos Autónomos:

- el titular del máximo órgano de dirección del Organismo Autónomo deberá ser un funcionario de carrera o laboral de las Administraciones Públicas o un profesional del sector privado, titulados superiores en ambos casos, y con más de cinco años de ejercicio profesional en el segundo.
- deberá existir un Consejo Rector, cuya composición se determinará en sus estatutos.
- en retribución, tanto del personal directivo como del resto del personal, deberán ajustarse en todo caso a las normas que al respecto apruebe el Pleno o la Junta de Gobierno.
- estarán sometidos a controles específicos sobre la evolución de los gastos de personal y de la gestión de sus recursos humanos por las correspondientes concejalías, áreas u órganos equivalentes de la entidad local.

Las ventajas de la figura de Organismo Autónomo local es que se da una consolidación de estructuras organizativas estables para la producción de bienes públicos de carácter deportivo. Hay un personal técnico especializado. Y el presupuesto diferenciado para la conservación de sus fines y objetivos procura una gestión muy dinámica y eficiente.

Este tipo de fórmula es de mayor utilidad de para articular e impulsar la iniciativa social y potenciar el tejido sociodeportivo.

La agilidad de gestión y de toma de decisiones comparativamente hablando con las fórmulas anteriores es mucho más amplia.

En el caso de entidad pública empresarial local, los organismos públicos a los que se encomienda se hace para la realización de actividades, la gestión de servicios o la producción de bienes de interés público susceptibles de contraprestación.

La empresa municipal es una sociedad mercantil con capital íntegro del ayuntamiento o de un ente público del mismo. Son sociedades, entidades de derecho privado creadas por los entes locales con personalidad jurídica propia e independiente de aquellos, dotadas de un capital social exclusivamente público. La estructura orgánica es:

- Junta General, el Consejo de Administración y el Gerente.
- La Junta General: Pleno de la Corporación
- Competencias se regularán en los estatutos de la sociedad.
- El consejo de administración: nombrado por la Junta General (Pleno)
- Deberán constar en los Estatutos.
- Los administradores son los representantes de la sociedad

8.3.2. Gestión indirecta. Gestión mixta

Por su parte, la modalidad de administración de servicios deportivos municipales por gestión indirecta tiene las siguientes características:

- La dirección y control de la prestación del servicio, es indirecto.
- A través de una entidad que no forma parte de la administración municipal.
- El riesgo económico de la actividad A cuenta del gestor privado contratado por el Ayuntamiento.
- Las prestaciones de un servicio a través de gestión indirecta:
- No supone renunciar ni traspasar la titularidad del mismo

No obstante, no suele existir una gestión indirecta total y en estos casos todas las modalidades son gestión mixta.

En la gestión indirecta no hay privatización alguna. Siempre el bien o servicio público es de titularidad pública. Las líneas y directrices de la gestión del servicio las marca la administración, si bien el operador tiene un amplio margen para la organización de los recursos.

El modelo de gestión puede pasar de ser directo a indirecto en cualquier momento. El gobierno local sigue reservándose la capacidad de controlar y regular dicha actividad. La actividad sigue siendo de titularidad pública.

Las razones de gestión indirecta tienen su sentido en muchos casos por mayor calidad en el servicio y aumento de la productividad. Por Incorporación de nuevas tecnologías. Y también para tener mayor flexibilidad y agilidad de gestión y en el proceso de toma de decisiones.

Características a tener en cuenta en la gestión Indirecta:

a) No se privatiza servicio alguno.

b) Privatizar es vender y la gestión indirecta no implica vender cosa alguna.

c) Insistir en que todos los servicios siguen siendo de titularidad pública.

d) Cambia la manera de gestionar para mejorar.

e) Ningún trabajador pierde ni su empleo ni ninguno de sus derechos laborales.

Las diversas modalidades de gestión indirecta-gestión mixta son:

1) Concesión
2) Gestión interesada
3) Concierto
4) Sociedad de economía mixta

1. Concesión; por la que a su riesgo y ventura el empresario gestionará el servicio.
   - Servicio objeto de la concesión. Características del servicio.
   - Obras e instalaciones que a realizar el concesionario.
   - Obras e instalaciones de la Corporación de uso por el concesionario.
   - Plazo de concesión.
   - Situación respectiva de cada una de las partes durante el período de vigencia de la concesión.
   - Tarifas que hubieren de percibirse del público, con desglose de sus diferentes factores constitutivos.
   - Clase, cuantía, plazos y formas de entrega de la subvención al concesionario.
   - Canon o participación.
   - Deber del concesionario de mantener en buen estado las obras o instalaciones.
   - Otras obligaciones y derechos recíprocos de ambas partes.
   - Relaciones con los usuarios.
   - Sanciones por incumplimiento de la concesión.
   - Régimen de transición, de garantía de la reversión o devolución, de las instalaciones, bienes y material integrantes del servicio.
   - Casos de resolución y caducidad.

Concesión. Contrato.

a) La explotación de las obras públicas conforme a su propia naturaleza y finalidad.

b) La conservación de las obras.

c) La adecuación, reforma y modernización de las obras para adaptarlas a las características técnicas y funcionales requeridas para la correcta prestación de los servicios.

d) Las actuaciones de reposición y gran reparación que sean exigibles.

Cuatro conceptos de la concesión:

- Obra pública que se entiende por bien inmueble de interés público creado por la actividad del concesionario que realiza el proyecto aprobado por la administración.
- Riesgo concesional. Reviste importancia capital, para que el concesionario asuma el riesgo de su construcción, conservación y explotación.
- Equilibrio económico. Deberá restablecerse, tanto si se ha roto en perjuicio como a favor del concesionario, sin que por ello se elimine el interés del concesionario.
- Diversificación

2. Gestión interesada; en cuya virtud, la administración y el empresario participan en los resultados de la explotación del servicio en la proporción que se establezca en el contrato.

El concesionario asume todos los riesgos de la empresa. La remuneración del gestor debe constar de dos partes:

- Un fijo o mínimo garantizado
- Unas cláusulas de "incentivación" que regulan su participación en los beneficios.

El mínimo garantizado debe cubrir los gastos corrientes y de inversión. El servicio público se prestará a través de una empresa gestora a cambio de una participación en el resultado de la explotación. La participación de la empresa gestora podrá ser sustituida por una remuneración consistente en asignaciones fijas. En ningún caso el gestor podrá asumir la condición de funcionario, y la relación no podrá ser considerada como societaria o de capital compartido.

3. Concierto; con persona natural o jurídica que venga realizando prestaciones análogas a las que constituyen el servicio público de que se trate.

Consiste en encomendar la prestación de un servicio a una organización ya existente que preste ese servicio. La remuneración del operador puede realizarse mediante la participación de este en el margen del servicio o bien mediante la entrega de una subvención.

4. Sociedad de economía mixta; en la que la administración participa en concurrencia con personas naturales o jurídicas.

Se encomienda a una sociedad de capital mixto la prestación del servicio.

La retribución del empresario privado generalmente viene de dos vías diferentes:

- canon de gestión
- participación en los beneficios de la empresa en proporción al porcentaje del capital poseído.

Para concluir el capítulo se apuntan las diversas ventajas de la gestión indirecta:

- Menor coste en personal por encorsetamiento de la Administración Pública con los Convenios Laborales (Horarios, flexibilidad de la plantilla, polivalencia, incentivos, sueldos, etc.,)
- Adquisición de bienes por mayor posibilidad de negociación de precios y pagos.
- Gastos corrientes por mejor administración.

Es determinante mejorar la autofinanciación de los servicios deportivos municipales con la mejor revisión tipología de ofertas y en la colaboración interadministrativa redefiniendo competencias. Por ello, la colaboración público-privada puede optimizar los recursos.

Para ello es determinante que se den las siguientes condiciones:

- estudios de viabilidad serios y rigurosos.
- riesgos distribuidos adecuadamente y coberturas fijadas

Para ello los servicios deportivos municipales deben orientarse a la consecución de resultados y de mejora continua, estableciendo marcos financieros adecuados para atraer la inversión privada y poder exigir calidad en el servicio. Se debe velar exhaustivamente por la transparencia, la objetividad y la honestidad en todos los proyectos de colaboración con la empresa privada. Así mismo, se precisa definir claramente los objetivos de interés público y los parámetros de la gestión. Por su parte el sector privado debe abandonar la perspectiva de negocio a corto plazo y asumir un papel de gestor a largo plazo consideran al cliente como ciudadano.

9. La calidad y gestión excelente del deporte

Una de las mejores herramientas para la determinación de los objetivos y de los resultados de una organización pública es la planificación y el seguimiento de la gestión. Ésta unión de planificación y seguimiento-evaluación es lo que denominamos **LA CALIDAD**.

La calidad no es solamente trabajar bien, como se piensa comúnmente. Es, además, saber que lo hacemos bien, tener constancia de ello, poder y saber transmitirlo, comunicarlo bien e incluso para ser evaluados. Evaluados en el mayor caso de forma externa con evaluadores expertos con modelos de referencia de excelencia en gestión como el EFQM.

Los tres ejes fundamentales sobre los que pivota la mejora de la calidad son:

- La organización
- Las personas
- El funcionamiento eficaz

Siguiendo dichos presupuestos, la nueva gestión basada en la excelencia y calidad tiene como objetivos esenciales la mejora del rendimiento de la organización para satisfacer las demandas de los clientes, la mejora en la transparencia de la gestión y la motivación de los empleados a través de la delegación de responsabilidades.

El departamento de calidad es en una administración pública, un autentico departamento de investigación y evaluación.

La gestión del deporte a través de la calidad es un elemento estratégico, un compromiso de las organizaciones deportivas para diferenciarse con una buena gestión para producir una satisfacción de todos los grupos de interés.

La calidad se logra, fundamentalmente, con una actitud decidida de la Dirección, creando y dando servicios demandados por los clientes, teniendo un buen equipo humano, midiendo y controlando continuamente la calidad realizada, así como analizando y corrigiendo errores.

El secreto de una gestión eficaz radica tanto en la bondad de los conocimientos y procedimientos para llevarla a cabo como en la excelencia para adaptarse a la constante evolución a la que se someten el sector deportivo y la demanda de sus servicios. Por este motivo puede resultar sorprendente que los profesionales y responsables de la gestión del deporte conozcan las estrategias más avanzadas, las técnicas de gestión más sofisticadas o las habilidades directivas y de recursos humanos más modernas y, en cambio, no dispongan de los conocimientos y herramientas para descubrir, conocer y comprender a quienes son la base de su trabajo: los clientes de los servicios deportivos que se ofrecen.

En definitiva, una gestión basada en la calidad se convierte en el reto de futuro y una estrategia imprescindible para cualquier centro deportivo que pretenda destacar y ser un referente en el sector deportivo. De este modo la incorporación de la calidad como elemento diferenciador en la gestión de cualquier centro facilita distinguirse del resto de organizaciones y le permite avanzar hacia la excelencia de una manera sostenida.

9.1. PRINCIPIOS DE LA CALIDAD TOTAL-EXCELENCIA

Orientación hacia los resultados

- Para garantizar el éxito continuo, el equilibrio y la satisfacción de las expectativas de todos los grupos de interés es fundamental (clientes, proveedores, empleados, todos los que tienen intereses económicos en la organización y la sociedad en general).

Orientación hacia el cliente

- Existen una serie de ventajas de enfocarse hacia el cliente

Ganar su confianza y fidelidad

- Protección contra la competencia
- Adaptación a los cambios de las necesidades del consumidor
- Capacidad para retomar posiciones de mercado pérdidas
- Rentabilidad a largo plazo
- La satisfacción del cliente es una variable dinámica que evoluciona a lo largo del tiempo por diversas causas.

Liderazgo y constancia en los objetivos

- La dirección en el proceso hacia la Calidad Total-Excelencia debe conseguir que la estrategia de gestión se despliegue en toda la organización, asumiendo el liderazgo para conseguir que se integre en la cultura de la organización.

Gestión por procesos y hechos

- En la organización se llevan a cabo diferentes procesos, a través de los cuales, se generan productos y/o servicios. La gestión de los procesos está basada en los hechos, la medición y la información.
- Los pasos de la gestión por procesos son:
  - Identificar los procesos fundamentales de la organización
  - Organizar los procesos
  - Nombrar a los responsables o propietarios de los procesos y los equipos de mejora
  - Revisar los procesos
  - Establecer acciones y objetivos de mejora sobre estos procesos
  - Existen herramientas de mejora como PDCA (Ciclo PDCA de Shewhart) que sirve para analizar, identificar, facilitar decisiones, priorizar, valorar...etc.

Desarrollo e implicación de las personas

- El desarrollo completo del potencial de las personas que trabajan en la organización es responsabilidad de la Dirección. También es necesario que nuestros clientes internos se involucren y se sientan partícipes del proyecto que llevamos a cabo.

Aprendizaje, innovación y mejora continuos

- La aportación de Walter Shewhart fue el ciclo de Shewhart (PDCA): "El proceso metodológico básico para asegurar las actividades fundamentales de mejora y mantenimiento: Plan-Do-Check-Act" y el Control Estadístico de Procesos SPC, una metodología para consegur la estabilidad y la mejora continua de procesos.

Desarrollo de alianzas

- Es fundamental que la empresa constituya vínculos estables con sus proveedores y otras empresas colaboradoras que se basen en la confianza y en establecer relaciones mutuamente.

Responsabilidad social

- Toda la organización debe comportarse de acuerdo a la ética profesional yendo más allá y participando en iniciativas sociales que se desarrollan en su comunidad.

9.2. HERRAMIENTAS DE CALIDAD Y GESTIÓN.

Las herramientas de calidad y gestión son los llamados intangibles. Algo que no se ve, pero que se siente. Y más aún, cuando se carece de ello.

Las herramientas de calidad más utilizadas en la administración pública en el ámbito de la gestión deportiva son:

- Dafo
- Carta compromisos
- Sistema de sugerencias reclamaciones
- Benchmarking
- Plan director de actuaciones. Objetivos estratégicos
- Programas de Gestión por objetivos
- Encuestas de satisfacción
- Autoevaluación EFQM
- Cuadro de mando integral

9.2.1. Matriz DAFO

El análisis DAFO (Debilidades-Amenazas-Fortalezas-Oportunidades) es una herramienta de estudio de la situación de una empresa o un proyecto. Analiza sus características internas (debilidades y fortalezas) y su situación externa (amenazas y oportunidades) en una matriz cuadrada.

El análisis DAFO se divide en dos partes:

- Análisis interno (Fortalezas y Debilidades). En ella fase se realiza una valoración de la situación de la organización considerando sus fortalezas y sus debilidades.
- Análisis externo (Amenazas y Oportunidades). Ámbito y aspecto exterior a la organización, que deben ser tenidas en cuenta bien para superarlas, o bien para aprovechar las oportunidades que brinda el mercado exterior.

Nos ayuda a plantear las acciones que deberíamos poner en marcha para aprovechar las oportunidades detectadas y a prepararnos contra las amenazas teniendo en cuenta nuestras debilidades y fortalezas. Es una herramienta para conocer la situación real en que se encuentra una organización, empresa o proyecto y planificar una estrategia de futuro.

Es importante realizar el análisis Dafo en la etapa de planificación estratégica para poder contestar a las preguntas:

- ¿Cómo se puede destacar cada fortaleza?
- ¿Cómo se puede disfrutar cada oportunidad?
- ¿Cómo se puede defender cada debilidad?
- ¿Cómo se puede detener cada amenaza?

Para optimizar el proceso de realización de un DAFO se aconseja:

1. Distinguir lo externo de lo interno
2. Confiar en los hechos, no en la intuición
3. Especificar y encriptar los datos
4. Priorizar los hechos
5. Ser sintético
6. Poner el análisis en los objetivos generales
7. Vincular el DAFO y las recomendaciones
8. Definir el alcance del DAFO
9. Identificar amenazas, oportunidades, fortalezas o debilidades
10. Soportarlo con anexos de evidencias
11. Realizar una buena conclusión del Dafo, entendible y aplicable

9.2.2. Carta de compromisos

Las cartas de compromisos son un instrumento a través del cual las entidades de la administración pública se informan a los ciudadanos y usuarios sobre los servicios que tienen encomendados, sobre los derechos que les asisten en relación con aquellos y sobre los compromisos de calidad en su prestación.

La carta de compromisos con la calidad en las administraciones públicas ofrece un decálogo de compromisos concretos que puede erigirse en el marco común de referencia para guiar su actuación en el futuro inmediato. La carta tiene como objetivo concretar el principio de servicio al ciudadano en torno a dos referencias básicas: la orientación de la gestión pública a resultados y la satisfacción de los ciudadanos en su condición tanto de usuarios de los servicios como de copartícipes en el diseño, implementación y evaluación de las políticas y servicios públicos.

Una carta así permite a toda administración definir un enfoque del concepto de calidad en la gestión pública y establecer unos mínimos comunes de principios a aplicar. Esta carta además contempla los derechos que asisten a los ciudadanos en materia de calidad en la gestión pública.

Ejemplo de Carta de Compromisos de calidad:

1. Atención, información y comunicación. Más fácil, más cerca.

2. Limpieza e higiene de las instalaciones. Su confort es prioritario.

3. Mantenimiento de las instalaciones. Las instalaciones más modernas.

4. Accesibilidad a las instalaciones y actividades. Orientados a sus necesidades.

5. Seguridad. Su seguridad es lo importante.

6. Cumplimiento de horarios y actividades. Su tiempo nos importa.

7. Nivel técnico y profesional. La formación nos avala.

8. Servicio de medicina deportiva y programas específicos de salud. Cuidamos su salud.

9. Devolución del dinero por incumplimiento. Le devolvemos su dinero.

10. Protección de Datos. Protegemos sus Datos.

Su principal propósito es la mejora de la calidad de la gestión y de los resultados de la acción pública, así como garantizar la plena satisfacción del cliente.

9.2.3. Sistema de sugerencias reclamaciones

Una queja y una sugerencia constituyen, siempre, oportunidades de mejora para las organizaciones públicas y así deben ser entendidas. Siempre son valiosas porque dan información de primera mano sobre cómo es percibida la calidad de los servicios prestados. Solo conociendo como los usuarios valoran dichos servicios, las organizaciones pueden satisfacer sus necesidades, respondiendo de forma inmediata al descontento o propuestas de mejora.

Las sugerencias y reclamaciones constituyen los mecanismos de participación ciudadana más potentes para las administraciones públicas. Son manifestaciones de los usuarios sobre los servicios en relación a la falta de satisfacción de sus expectativas o a las propuestas de mejora respecto a cómo se prestan. Las dos opciones proporcionan una retroalimentación que se utiliza para mejorar la satisfacción de los usuarios y, a la vez, para mejorar los procesos internos de prestación de dichos servicios públicos.

Son, por tanto:

- Oportunidad de mejora
- Diálogo con clientes
- Participación de clientes
- Identificación de clientes
- Identificación de áreas a mejorar
- Generación de confianza mutua
- Sentido de pertenencia a la empresa

9.2.4. Benchmarking

El benchmarking es un proceso por el cual se toman como referencia productos, servicios y procesos de trabajo de empresas líderes para ser comparados con los de la propia empresa y poder realizar mejoras e implementaciones. Es, por lo tanto, un proceso sistemático y continuo para evaluar comparativamente el trabajo de organizaciones significativas en determinado ámbito de actuación.

Se trata de aprender de lo que están haciendo las organizaciones líderes para implementarlo añadiendo mejoras. Al tomar como referencia a aquellos organismos que destacan en el área que queremos mejorar y estudiamos sus estrategias, podremos conseguir alcanzar un nivel de alta competitividad.

Se trata, así mismo, de tener una información de calidad para la mejora en la toma de decisiones.

9.2.5. Plan estratégico. Plan Director de Actuaciones. Objetivos estratégicos

Son herramientas de planificación que permiten al equipo de gobierno y a los equipos directivos de una institución pública, tener una visión global que facilite la mejor toma de decisiones en base a un programa de gobierno emanado de la ciudadanía y generado, en gran parte, por el gran conocimiento del ecosistema socioeconómico al que pertenece dicha organización.

Todo plan estratégico reúne proyectos motores para el entorno donde se establece, agrupados en grandes líneas estratégicas que están alineados directamente con las demandas de la ciudadanía y con los objetivos estratégicos. Estos objetivos estratégicos suelen tener que ver con la promoción de la ciudad, el desarrollo económico, la innovación, la educación y el empleo, principalmente. También se realiza un enfoque sobre el desarrollo sostenible, el crecimiento inteligente, el buen gobierno, la responsabilidad social, así como la calidad de vida de los vecinos: cultura, ocio y deporte.

En ese sentido los objetivos estratégicos son, a su vez, generados por el equipo de gobierno, tanto como emergidos desde la sociedad, bien de forma individual con aportaciones esporádicas, como de forma agrupada en asociaciones y clubes deportivos, sociales y culturales.

Es la base del liderazgo compartido que une, desde valores compartidos, al gobierno, los ciudadanos y el equipo técnico profesional de la institución.

Las características del Programa Director de Actuaciones (PDA) son:

1. Legislatura (4 años).
2. Estrategias Legislatura y Actuaciones Clave.
3. Interacción/participación niveles político, directivo y técnico.
4. Ajuste entre objetivos/actuaciones y previsiones financieras.
5. Incorpora distintas "visiones estratégicas" (Ciudad, Territorial y Sectorial).
6. Incorpora necesidades y expectativas de los GI (ciudadanos, empleados, asociaciones, proveedores, empresas/comercios).
7. Actuaciones (Proyectos, programas y/o procesos).
8. Comunicación y difusión a organización y ciudadanos.
9. Resultados anteriores (evidencias de percepción y rendimiento de la gestión).
10. Actuaciones PDA (trimestral)

9.2.6. Encuestas de satisfacción

La encuesta de satisfacción es una técnica muy útil para determinar el grado de satisfacción del cliente. Es necesario para ello que se aplique con una determinada periodicidad y se evalúen los resultados completamente.

Procurar un servicio de calidad al cliente es muy importante porque marca la diferencia de un negocio con respecto al de la competencia. Existen muchas razones por la que un cliente se incline hacia nuestros competidores, y ello es determinante saberlo para tenerlo en cuenta y aplicar las correcciones necesarias a los programas y los procesos de gestión.

La encuesta de satisfacción es una herramienta de recogida de datos que ayuda a conocer la opinión, tanto de forma cualitativa como cuantitativa, de nuestros clientes. También permite analizar aspectos relativos a su experiencia en la actividad, sus impresiones y valoraciones respecto a la marca y el servicio. Con esta herramienta extraeremos conclusiones, a partir de los cuales poder elaborar estrategias de marketing adecuadas y ajustadas a la cuestión. Una encuesta de satisfacción sirve, pues, para la mejor toma de decisiones tanto a corto, como medio y largo plazo.

9.3. EL MODELO EFQM

9.3.1. El Modelo EFQM. Fundación Europea para la Gestión de la Calidad

La herramienta más utilizada para realizar autoevaluación en las organizaciones de manera histórica es la EFQM. La EFQM propone un modelo constituido por un conjunto de factores o criterios que interrelacionados entre sí definen a una organización teóricamente excelente, para lograr y mantener los mejores resultados posibles.

Se trata de un modelo no normativo, cuyo concepto fundamental es la autoevaluación basada en un análisis detallado del funcionamiento del sistema de gestión de la organización usando como guía los criterios del modelo. Se basa en el proceso de investigar para conocer, conocer para actuar, actuar para mejorar. Donde las evidencias en la gestión son clave para asegurar el camino de excelencia en la toma de decisiones y en la facilitación de los resultados.

Según la RAE (Real Academia española de la lengua), evidencia se define como certeza clara, manifiesta y tan perceptible, que nadie puede racionalmente dudar de ella. En contraposición de la creencia donde se da crédito a algo sin suficiente fundamento.

Se trata de una autentica investigación-acción para la mejora en la calidad de información para la toma de decisiones, pues una cosa es las decisiones que se toman y otra cosa es la cualificación de esas decisiones. Se requiere una gestión muy tecnificada en gobernanza entre técnicos profesionales y políticos en un entorno de sintonía y corresponsabilidad.

Por ello, la excelencia del modelo EFQM (European Foundation for Quality Management) parte de la premisa de que las organizaciones, verdaderamente excelentes, se miden por su capacidad para alcanzar y sostener en el tiempo, resultados sobresalientes para sus grupos de interés.

En los objetivos de la autoevaluación hay que considerar a la organización como sujeto de estudio sobre la que se realizan confirmaciones de lo que se sabe o/y nuevos conocimientos. Sólo querer realizar un cambio y creer en ello puede lograr los mejores resultados. Se trata de pasar de un estado actual a un estado deseado.

Para ello tenemos que realizar una buena observación y evaluación de los agentes facilitadores, en la realización/ejecución más que en logros.

La utilización sistemática del Modelo por parte del equipo directivo permite el establecimiento de planes de mejora basados en hechos objetivos y la consecución de una visión común sobre las metas a alcanzar y herramientas a utilizar. Su aplicación se basa pues en la comprensión profunda del modelo por parte de todos los niveles de dirección de la empresa, así como en la evaluación de la situación de la misma en cada una de las áreas.

Su formato facilita la orientación hacia un horizonte con garantías de éxito. Permite centrar la atención en aquellas deficiencias o puntos débiles de la organización.

El Modelo Europeo para la Excelencia Empresarial se desarrolló en 1991 basado en los modelos Malcolm Baldrige de EE.UU. y Deming de Japón, como base para evaluar las solicitudes al Premio Europeo de la Calidad, que fue concedido por primera vez en 1992. En 1999 se presentó la versión actual del modelo que pasó a denominarse Modelo EFQM de Excelencia.

La aplicación de este modelo a un área de cualquier organización consiste en realizar una evaluación de los diferentes elementos que la integran (valores, modelo de gestión, procesos, resultados, etc.) y comparar los resultados con el referente teórico definido por la EFQM. Esta comparación permite identificar los puntos fuertes y las áreas de mejora para facilitar una visión de su situación respecto a la excelencia definida por el modelo.

Desde esta perspectiva el Modelo EFQM de Excelencia puede ser considerado como una herramienta de identificación de oportunidades de mejora, permitiendo realizar una evaluación global y sistemática, valorando los aspectos importantes que determinan la calidad de la organización.

La información suministrada por la evaluación ayuda a comprender y analizar los motivos de las deficiencias detectadas, identifica soluciones creativas y facilita la puesta en marcha de acciones de mejora. Se basa en la filosofía de la mejora continua, orientando a la organización sobre los reajustes que debe acometer en sus recursos, actividades y objetivos para conseguir una organización más eficiente.

En definitiva, el Modelo de Excelencia sostiene que los enfoques tradicionales que basan la mejora en el análisis de aspectos parciales de la organización, tales como los resultados, no son suficientes para conseguir organizaciones competitivas capaces de adaptarse a los cambios del entorno, siendo necesaria la consideración de los aspectos facilitadores.

El modelo EFQM es una fórmula para realizar un autodiagnóstico de los aspectos fundamentales de una organización. Se basa en una autoevaluación que permite que mediante la valoración global se pueda hacer un análisis de toda la entidad. Es un marco de trabajo no-prescriptivo que tiene nueve criterios. Cinco de ellos son agentes facilitadores y cuatro son resultados. Los criterios que hacen referencia a un agente facilitador tratan sobre lo que la organización hace. Los criterios que hacen referencia a los resultados tratan sobre lo que la organización logra. Los resultados son una consecuencia de dichos agentes.

El modelo EFQM, pues, es un instrumento práctico que ayuda a las organizaciones a establecer un sistema de gestión integral. Es un sistema dinámico que incorpora la mejora continua a la gestión e impulsa a la excelencia a las organizaciones que lo emplean.

El Modelo EFQM de Excelencia está compuesto por nueve criterios diferenciándose claramente dos partes: el grupo formado por los llamados "Agentes Facilitadores" que se refieren a lo que la hace organización y cómo lo hace, y el grupo de criterios "Resultados" que dan cuenta de los logros obtenidos por la organización respecto a todos los grupos de interés (clientes, trabajadores, sociedad) y en relación, a los objetivos globales. La premisa establecida por el modelo explica cómo los Agentes Facilitadores son los determinantes de los Resultados alcanzados.

El planteamiento genérico de cada uno de los criterios se especifica mediante un conjunto de subcriterios que detallan su contenido. De igual forma en cada subcriterio se recogen las llamadas áreas a abordar o de interés que aclaran, a modo de ejemplo de las mejores prácticas de gestión, cuál es el significado y alcance de cada criterio.

Criterios o dimensiones del Modelo:

- Liderazgo. Se refiere a la responsabilidad directivos de ser los promotores de conducir la organización hacia la excelencia. Los líderes deben mostrar claramente su compromiso con la mejora continua, desarrollando la misión y la visión y actuando como modelo para el resto de la organización. Implicándose con los clientes y colaboradores y reconociendo los esfuerzos y logros de los empleados.

- Política y estrategia. Revisa en qué medida la misión, visión y valores de la organización, están fundamentadas en la información procedente de indicadores relevantes (rendimiento, investigación, creatividad y comparación con las mejores prácticas, etc.), así como en las necesidades y expectativas de clientes y otros grupos de interés. También analiza la estructura de procesos que desarrollan la política y estrategia y cómo se transmite a toda la organización.

- Personas. Considera la gestión de los recursos humanos de la organización y los planes que desarrolla para aprovechar el potencial de los profesionales. También estudia los sistemas de comunicación, reconocimiento y distribución de responsabilidades.

- Recursos y alianzas. Evalúa cómo gestiona la organización los recursos más importantes (financieros, materiales, tecnológicos, información), con excepción de los Recursos Humanos, y las colaboraciones que establece con organizaciones externas.

- Procesos. Se refiere al diseño y gestión de los procesos implantados en la organización, su análisis y cómo se orientan a las necesidades y expectativas de los clientes.

- Resultados relativos a los clientes. Se refiere tanto a la percepción que los clientes tienen de la organización, medida a través de encuestas o contactos directos, como a los indicadores internos que contempla la organización para comprender su rendimiento y adecuarse a las necesidades de los clientes.

- Resultados relativos al personal. Se refiere a los mismos aspectos que el criterio anterior, pero en referencia a los profesionales de la organización. De igual manera se contemplan medidas de percepción de la organización por parte de las personas que la integran, e indicadores internos de rendimiento.

- Resultados relativos a la sociedad. Analiza los logros que la organización alcanza en la sociedad. Para ello considera la repercusión de la organización sobre el medioambiente, la economía, educación, bienestar, etc.
- Resultados clave. Evalúa los logros de la organización respecto al rendimiento planificado, tanto en lo que se refiere a objetivos financieros como a los relativos a los procesos, recursos, tecnología, conocimiento e información.

FUNDAMENTOS Y CARACTERÍSTICAS DEL MODELO

La filosofía del Modelo EFQM de Excelencia se basa en los principios de la Gestión de la Calidad Total, también denominados conceptos fundamentales de la excelencia y que pueden ser considerados como el compendio de las "mejores prácticas" en el ámbito de la gestión de organizaciones. Estos conceptos, que se describen brevemente en la tabla son:

1. Orientación hacia los resultados.
2. Orientación al cliente.
3. Liderazgo y constancia en los objetivos.
4. Gestión por procesos y hechos.
5. Desarrollo e implicación de las personas.
6. Aprendizaje, innovación y mejora continuos.
7. Desarrollo de alianzas.
8. Responsabilidad social.

Hasta llegar a incorporar estos sistemas de gestión, el uso de algunas herramientas permitirá conocer, satisfacer y sorprender a los distintos grupos de interés y encaminar a la organización hacia la excelencia

9.3.2. Criterios del modelo EFQM

9.3.2.1. Liderazgo

Las organizaciones excelentes tienen líderes que dan forma al futuro y lo hacen realidad, actuando como modelo de referencia de sus valores y principios éticos e inspirando confianza en todo momento. Son flexibles, permitiendo a la organización anticiparse y reaccionar de manera oportuna con el fin de asegurarse un éxito continuo.

Los Líderes Excelentes desarrollan y facilitan la consecución de la misión y la visión, desarrollan los valores y sistemas necesarios para que la organización logre un éxito sostenido y hacen realidad todo ello mediante sus acciones y comportamientos. En periodos de cambio son coherentes con el propósito de la organización; y, cuando resulta necesario, son capaces de reorientar la dirección de su organización logrando arrastrar tras ellos al resto de las personas.

- Guías de actuación
- Misión, visión y cultura
- Valores y principios éticos
- Modelos de referencia
- Estímulo y delegación
- Prioridades de mejora

Los subcriterios de Liderazgo son:

Sistema de Gestión

- Sistema de gestión de procesos y medición de resultados Propiedad de procesos
- Gobierno de la organización

Implicación Externa

- Respuesta a necesidades
- Establecer alianzas
- Participar en mejora

Gestión del Cambio

- Definición de necesidades
- Liderazgo del cambio
- Gestión y comunicación
- Apoyo a personas
- Revisión eficacia del cambio

Cultura de Excelencia

- Ayuda y apoyo
- Motivación a la mejora
- Reconocimiento oportuno
- Igualdad de oportunidades

9.3.2.2. Estrategia

Las Organizaciones Excelentes implantan su misión y visión desarrollando una estrategia centrada en sus grupos de interés y en la que se tiene en cuenta el mercado y sector donde operan. Estas organizaciones desarrollan y despliegan políticas, planes, objetivos y procesos para hacer realidad la estrategia.

Los subcriterios de estrategia son:

Necesidades y Expectativas

- Grupos de interés y segmentos
- Recogida y análisis de información
- Identificación, comprensión y anticipación

Información relevante

- Recogida, análisis de:
- Información propia y competencia
- Partners y proveedores
- Indicadores económicos, demográficos y tecnologías

Desarrollo y revisión

- Asegurar coherencia con misión, visión y fundamentos culturales
- Equilibrar necesidades, evaluar riesgos, identificar ventajas.

Comunicación y despliegue

- Sistemas de información y seguimiento

9.3.2.3. Personas

Las Organizaciones Excelentes gestionan, desarrollan y hacen que aflore todo el potencial de las personas que las integran, tanto a nivel individual como de equipos o de la organización en su conjunto. Fomentan la justicia e igualdad e implican y facultan a las personas. Se preocupan, comunican, recompensan y dan reconocimiento a las personas para, de este modo, motivarlas e incrementar su compromiso con la organización logrando que utilicen sus capacidades y conocimientos en beneficio de la misma.

Los subcriterios de personas son:

Planificación y gestión

- Política, estrategia y planes de personal

Medida de satisfacción

- Metodologías de trabajo

Capacidades y competencias

- Formación y aprendizaje
- Desarrollo para trabajo en equipo
- Objetivos individuales y grupo

Implicación activa

- Individual y colectiva
- Innovación y creatividad
- Delegación, responsabilidades
- Cooperación, trabajo en equipo

Comunicación

- Identificación de necesidades
- Enfoque horizontal y vertical
- Conocimiento compartido

Compensación

- Compensación, reconocimiento
- Promoción de encuentros y actividades culturales

9.3.2.4. Alianzas y recursos

Las Organizaciones Excelentes planifican y gestionan las alianzas externas, sus proveedores y recursos internos en apoyo de su política y estrategia y del eficaz funcionamiento de sus procesos. Durante la planificación, y al tiempo que gestionan sus alianzas y recursos, establecen un equilibrio entre las necesidades actuales y futuras de la organización, la comunidad y el medio ambiente.

Los subcriterios de alianzas y recursos son:

Gestión de las alianzas

- Identificación de oportunidades
- Relaciones, acuerdos, convenios

Recursos económicos

- Planificación económica y financiera
- Sistemas adecuados de informes

Edificios, equipos y materiales

- Estrategia de gestión
- Mantenimiento, uso, rendimiento

Gestión de la tecnología

- Identificación nuevas tecnologías
- Gestión y optimización de las tecnologías existentes
- Tecnología de la información

Información y conocimiento

- Apoyo a innovación y creatividad

9.3.2.5. Procesos-productos-servicios

Las Organizaciones Excelentes diseñan, gestionan y mejoran sus procesos para satisfacer plenamente a sus clientes y otros grupos de interés y generar cada vez mayor valor para ellos.

Los subcriterios de Procesos-productos-servicios son:

Diseño y gestión

- Diseño de procesos
- Indicadores y objetivos

Mejora e innovación

- Identificación y priorización
- Innovación y creatividad

Desarrollo de P y S

- Análisis de la demanda
- Anticipación y mejora

Producción, entrega, servicio

- Atención, asesoramiento

Relaciones con clientes

- Seguimiento
- Mejora de la comunicación
- Medida y mejora de la satisfacción

Los objetivos de la autoevaluación son:

- Identificar puntos fuertes de la organización.
- Definir áreas susceptibles de mejora.
- Definir planes de mejora.
- Implantar planes de acción.

9.4. EL CUADRO DE MANDO INTEGRAL

9.4.1. Cuadro de mando integral (CMI)

El Cuadro de Mando Integral (CMI) es una herramienta de gestión empresarial necesaria para evaluar la evolución de la actividad de una compañía, sus objetivos estratégicos y sus resultados desde un punto de vista estratégico y con una perspectiva general. Los directivos la emplean por su valor al contribuir de forma eficaz en la visión gerencial, a medio y largo plazo.

Es, por tanto, un modelo de gestión con soporte de información periódica para generar y valorar los indicadores de control y, así, realizar una óptima toma de decisiones.

Se pueden generar indicadores relevantes e indicadores clave. Los indicadores relevantes, son muy significativos e importantes para la mejor valoración de la marcha de la empresa. Por su parte, los indicadores clave, son fundamentales, determinantes y prioritarios para que la organización continúe su buena marcha.

Saber establecer y comunicar la estrategia corporativa alineando recursos y personas en una dirección determinada es primordial, y un Cuadro Integral de Mando ayuda a lograrlo. Sus indicadores de control aportan información periódica para un mayor seguimiento en el cumplimiento de los objetivos y genera una visión del desarrollo de la estrategia. Así, la toma de decisiones resulta más eficaz, y puede corregir desorientaciones estratégicas a tiempo.

10. Descripción y análisis de un contexto socio-deportivo excelente con referencia al modelo EFQM de gestión de la calidad.

Dimensiones conceptuales significativas de un contexto sociodeportivo excelente. Estudio sincrónico y sintético de génesis y desarrollo de un contexto sociodeportivo excelente, donde se ha investigado la excelencia deportiva a través del deportista de alto nivel en su camino hacia el éxito deportivo. Estudio que se contempla como un fenómeno multifactorial.

En el mismo, se analizan los distintos entornos que rodean al deportista de alto nivel como un sistema complejo de relaciones, haciendo una focalización especial sobre el contexto social. Nos hemos basado en el modelo ecológico de Bronfenbrenner que destaca como el desarrollo del individuo se ve influido por los diferentes tipos de entornos. El ambiente ecológico es concebido como un conjunto de estructuras seriadas donde el deportista, se encuentra en el nivel más interno. El sistema complejo esta igualmente constituido por diferentes entornos, donde el macrosistema es el contexto social de un municipio excelente en deporte, modelo de referencia sobre el que se estudian las claves de su excelencia deportiva. La metodología utilizada ha sido la Grounded Theory o Teoría Fundamentada, análisis cualitativo-interpretativo-constructor de teoría que trata de explorar e interpretar la realidad a través del proceso de conceptualización por emergencia de patrones sociales. La muestra ha estado compuesta por 40 sujetos informantes clave a los que se ha realizado entrevista en profundidad, 11 entrenadores de alto nivel a los que se ha realizado entrevista semiestructurada y una muestra de 164 deportistas de alto rendimiento sobre los que se les ha aplicado un cuestionario -ad hoc-. Las conclusiones principales de la excelencia deportiva del contexto social investigado han sido los siguientes procesos sociales básicos:

- Proceso Social Básico Psicosociológico **Apoyando**: apuesta-voluntad política/ apoyo institucional.

- Proceso Social Básico Psicosociológico **Promocionando**: dinamizando-gestionando.

- Proceso Social Básico Psicosociológico **Socializando-socializándose**: la participación ciudadana.

- Proceso Social Básico Socio-estructural **Creando-realizando Infraestructura**: instalaciones-infraestructuras.

Los procesos sociales básicos (PSBs) se desarrollan conceptualmente derivados de la organización del comportamiento social que se extrae de los datos. Son procesos dinámicos y temporales que toman los fenómenos a través de la variación psicosociológica y socioestructural. De esta manera tendremos dos tipos de procesos sociales generados de los discursos: los procesos sociales básicos psicosociales (PSBps-soc), que son los procesos de las personas en interacción con el medio, sus acciones personales en el medio social; y los procesos sociales básicos socioestructurales (PSBsoc-estr) que se refieren a la estructura social en el proceso (Trinidad, Carrero, y Soriano, 2006).

Los procesos sociales básicos son categorías que integran conceptos agrupados en torno a la categoría central. Tienen la característica de penetrabilidad, esto es, capacidad para ordenar conceptualmente el mundo social, de explicar los fenómenos sociales que brotan de los datos y de ser, además, duraderos y estables en el tiempo ya que focalizan la atención en patrones de conducta que generan cambio bajo condiciones diferentes a lo largo del tiempo. Los PSBs se ordenan conceptualmente según su nivel de abstracción, y por su capacidad teórica y metodológica (Trinidad, Carrero, y Soriano, 2006).

La categoría central es la que simboliza el aspecto más importante de la investigación. Tiene un nivel superior de abstracción teórica que permite generar la teoría en torno a ella. Surge cuando se avanza en el análisis como consecuencia de ser la categoría que más se relaciona con el resto, la más integradora de los discursos, la que determina el suceso principal del análisis. Es una categoría que condensa la esencia del modo de comportamiento de las personas estudiadas. La categoría central tiene un mayor poder explicativo y predomina sobre las demás categorías (Trinidad, Carrero, y Soriano, 2006; Andréu, García-Nieto, y Pérez, 2007).

La categoría central tiene las características de (Muñoz, 2003; Casasempere, 2008):

- ser central, es decir, se relaciona con al mayor número posible de categorías.

- explicar el mayor número de variaciones de los patrones de comportamiento, la mayor variabilidad del problema.

- aparecer frecuentemente en los datos.

- requerir más análisis que las demás categorías para ser saturada.

- su nombre debe ser genérico para que pueda ser utilizado en otras áreas de la investigación.

- orientar el proceso de integración con otros conceptos y hacer que la teoría tenga mayor nivel de profundidad y explicación.

- ser una variable completa, por su dependencia con otras categorías, en grado y dimensión.

Esquema teórico emergente

SUBCATEGORÍAS	CATEGORÍAS	PSBs	CATEGORÍA CENTRAL
Liderazgo político/municipal		APUESTA-VOLUNTAD POLÍTICA	LIDERAZGO COMPARTIDO (LIDERANDO)
Liderazgo técnico		APOYO INSTITUCIONAL	
Relación políticos-técnicos	LIDERAZGO COMPARTIDO	APOYANDO	
Personas-agentes sociales		(PSB ps-soc)	
Misión-visión-valores			
Valores compartidos			
SUBCATEGORÍAS	**CATEGORÍAS**	DINAMIZANDO-GESTIONANDO-	
Organización-estructura organizacional		PROMOCIONANDO	
Equipo de gobierno		(PSB ps-soc)	
Gobernanza-gestión			
Apoyo institucional	ORGANIZACIÓN-ESTRUCTURA Y POLÍTICA INSTITUCIONAL	PARTICIPACIÓN CIUDADANA	
Políticas institucionales		(SOCIALIZANDO-SOCIALIZÁNDOSE)	
Modelo político		(PSB ps-soc)	
Calidad-excelencia			
Referencias de gestión institucional			
SUBCATEGORÍAS	**CATEGORÍAS**	INSTALACIONES-INFRAESTRUCTURAS	
Alianzas		CREANDO-REALIZANDO	
Recursos e inversión	ALIANZAS-RECURSOS-INVERSIÓN	(PSB socio-estructural)	
Subvenciones			
SUBCATEGORÍAS	**CATEGORÍAS**		
Gestión y planificación			
Gestión deportiva municipal			
Modelo deportivo			
Escuelas deportivas y otros programas			
Actividades y oferta deportiva	SISTEMA DE GESTIÓN		
Grandes eventos deportivos			
Dinamización sociodeportiva			
Promoción deportiva			
Procesos de gestión			
Formación y tecnificación			
SUBCATEGORÍAS	**CATEGORÍAS**		
Técnicos			
Profesionalización técnica	TÉCNICOS MUNICIPALES Y EQUIPOS DE TRABAJO		
Gestores deportivos			
Equipos de trabajo			
SUBCATEGORÍAS	**CATEGORÍAS**		
Asociacionismo			
Asociaciones			
Clubes			
Fundaciones	PARTICIPACIÓN CIUDADANA Y CLUBES DEPORTIVOS		
Ciudadanos			
Tejido social-cultura participativa			
Procesos de participación-integración			
SUBCATEGORÍAS	**CATEGORÍAS**		
Instalaciones-infraestructuras	INSTALACIONES-INFRAESTRUCTURAS		
Espacios deportivos			
SUBCATEGORÍAS	**CATEGORÍAS**		
Desarrollo de ciudad			
Modelo de ciudad			
Situación geográfica	CIUDAD Y CONTEXTO SOCIAL		
Urbanismo			
Contexto social-político			
SUBCATEGORÍAS	**CATEGORÍAS**		
Imagen			
Referencia para otros			
Premios			
Hitos	RESULTADOS E IMAGEN		
Mejoras			
Rentabilidad social-política-económica			
Resultados deportivos			
SUBCATEGORÍAS	**CATEGORÍAS**		
Deporte y practica deportiva			
Deporte de rendimiento			
Deporte de base	MODELO DE DESARROLLO DEPORTIVO Y PRÁCTICA DEPORTIVA		
Deporte para todos			
Deportistas			
Deporte educación-integración social			
SUBCATEGORÍAS	**CATEGORÍAS**		
Entornos			
Entorno ciudad			
Entorno deportivo	ENTORNOS DEL DEPORTISTA		
Entorno escolar			
Entorno familiar			

Esquema teórico emergente resultante.

Integración teórica

Índice de la integración teórica de categorías

1. **Liderazgo compartido**
   A. El liderazgo político-municipal
   B. El liderazgo técnico
   C. La relación de políticos y técnicos
   D. Los valores compartidos
2. **La estructura organizativa y política institucional**
   A. La organización y estructura organizativa
   B. El equipo de gobierno. La Gobernanza
   C. El Apoyo institucional
   D. La Implicación con el deporte
   E. Las Políticas institucionales
   F. El Modelo político
   G. La Calidad y Excelencia Organizativa
   H. Referencias de gestión institucional
3. **Alianzas recursos e inversión**
   A. Alianzas y estrategia relacional
   B. Recursos e inversión
   C. El apoyo institucional a las asociaciones. Las subvenciones
4. **El sistema de gestión**
   A. El sistema de gestión y planificación
   B. La Gestión deportiva local. El ORGANISMO AUTÓNOMO LOCAL
   C. El modelo deportivo municipal
   D. Los grandes eventos deportivos

   E. La dinamización socio deportiva
   F. Los procesos de gestión
   G. La formación en deporte y la tecnificación
5. **Técnicos municipales y equipos de trabajo**
   A. Los técnicos profesionales y equipos de trabajo
6. **Participación ciudadana y clubes deportivos**
   A. La participación ciudadana y los clubes deportivos
7. **Instalaciones/infraestructuras**
   A. Comprar, encontrar espacios y terreno
   B. Polideportivo Municipal
   C. Apuesta por instalaciones y apoyo por el deporte
   D. Infraestructuras deportivas vs dinamización socio deportiva
8. **Ciudad y contexto social**
   A. Desarrollo de ciudad
   B. Los planes estratégicos de ciudad y la transformación social
   C. Modelo de ciudad
   D. La situación geográfica y el urbanismo
   E. El contexto socio-político
9. **Resultados e imagen**
   A. Imagen de ciudad
   B. Imagen de deporte
   C. Referencia para otros
   D. Hitos
   E. Premios
   F. Rentabilidad social, económica y política.

10.Modelo de desarrollo deportivo y práctica deportiva
   A. La práctica deportiva
   B. El deporte para todos
   C. La diversidad deportiva
   D. Deporte para todos vs deporte de rendimiento
   E. Del deporte de base al deporte de alto rendimiento
   F. El deporte escolar
   G. El deporte infantil
   H. Los deportistas
11.Entornos del deportista
   A. Entorno de ciudad y entorno deportivo
   B. Entorno escolar
   C. Entorno familiar

CATEGORÍA-DIMENSIÓN LIDERAZGO COMPARTIDO

CÓDIGOS CONCEPTUALES	SUBCATEGORÍAS	CATEGORÍA
Alcalde		
Líder político1		
Concejales	Liderazgo	
Liderazgo	político/municipal	
Liderazgo político/municipal		
Tándem político		
Líder tecnico1		
Líder tecnico2		
Liderazgo técnico		
Líder tecnico3	Liderazgo técnico	
Líder tecnico4		
Líder tecnico5		
Líder tecnico6		
Relación políticos-técnicos		
Complicidad-sintonía	Relación políticos-técnicos	
Dejar hacer-dejar trabajar		LIDERAZGO COMPARTIDO
Separación entre lo político y lo técnico		
Personas-agentes sociales	Personas-agentes sociales	
Líder social1		
Valores		
Visión		
Cultura deportiva	Misión-visión-valores	
Cultura		
Cultura gerencial		
Misión-objetivos		
Ilusión		
Sentido de pertenencia-identidad		
Equilibrio		
Implicación	Valores compartidos	
Motivación		
Coherencia		
Aprecio		

Esquema emergente de categoría de Liderazgo Compartido.

10.1. LIDERAZGO COMPARTIDO

El **Liderazgo Compartido** entre los políticos y técnicos, principalmente, pero también de estos con el liderazgo social, es el factor que nos proporciona un mayor poder explicativo y predomina sobre las demás categorías.

La categoría **"Liderando",** cumple perfectamente con los requisitos de *Categoría Central* ya que, además de lo ya expuesto, tiene la característica de explicar el mayor número de variaciones de los patrones de comportamiento, la mayor variabilidad del problema, la aparición de mayor frecuencia en los datos, el requerimiento de mayor análisis que las demás categorías para su saturación, y sobre todo por la capacidad inherente de orientar el proceso de integración con otros conceptos que hace que la teoría tenga mayor nivel de profundidad y explicación. Es, en definitiva una variable completa, por su dependencia con otras categorías, en grado y dimensión (Trinidad, Carrero, y Soriano, 2006; Andréu, García-Nieto, y Pérez, 2007).

El paradigma del liderazgo compartido se basa, fundamentalmente, en dos aspectos determinantes: en que el equipo es más que el individuo mismo, y en la necesidad de compartir la visión de la organización y la toma de decisiones. Liderazgo compartido es lograr hacer las cosas a través de la combinación del esfuerzo de todos, de manera concertada y distribuida entre distintos líderes o liderazgos, con el propósito de conseguir el mayor rendimiento organizacional. Liderazgo compartido se define, también, como la colaboración de los cargos electos con los cargos directivos. El liderazgo compartido promueve un ambiente de agilidad a lo nuevo y un grado mayor de creatividad y racionalidad (Schein, 1988; Perkins, 2003; Cubeiro, 2007).

10.1.1. El liderazgo político-municipal

En todo contexto sociodeportivo excelente, a partir de las identidades de objetivos entre el grupo de políticos y el cuerpo de directivos públicos, es como se genera el proceso de gestión administrativa de un municipio de calidad. La toma de decisiones se realiza de forma colegiada junto con el núcleo técnico-administrativo clave, lo que permite a éstos internalizar de forma correcta los objetivos políticos y a los cargos electos identificar la viabilidad técnica de los proyectos. Existe un apoyo constante de los directivos a los políticos, por lo que el resultado final de tan estrecha y sistemática colaboración se constata en el comportamiento innovador de la organización municipal que hace generar factores de excelencia como el liderazgo político-técnico compartido, el apoyo institucional y la apuesta por el deporte, la excelencia organizativa, el sistema de gestión innovador, así como una especial dinamización deportiva y participación ciudadana (Iglesias, 2006).

Un liderazgo apoyado en valores y en personas, con una corresponsabilización de políticos y de técnicos que propicia el liderazgo compartido que favorece y potencia la responsabilidad de todo el proceso de gestión. El éxito de este proceso corresponde, entonces, a la existencia de un fuerte liderazgo político, la activación de la sociedad civil (liderazgo social) y la participación de los empleados públicos (liderazgo técnico).

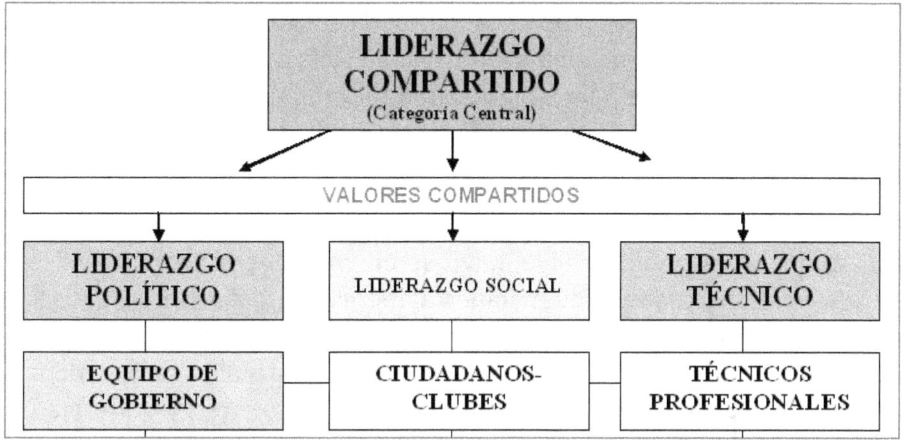

Esquema gráfico de Dimensión Liderazgo Compartido.

El papel del líder en la organización es muy importante, pues además de establecer los espacios racionales y tangibles, es el creador de símbolos, ideologías, lenguaje, convicciones, rituales y mitos (Peters y Waterman, 1982).

Si la dimensión *Liderazgo compartido* es la categoría central, en parte por tener mayor peso específico en códigos conceptuales, y por la capacidad de relacionarse con otras variables, lo es también, por la subcategoría liderazgo político-municipal, así como por los valores compartidos y la cultura organizativa generada. De dichas subcategorías el código conceptual más significativo de toda la dimensión es el código alcalde, lo que dice mucho de dicha variable como factor determinante para el resto de las dimensiones (Andréu, García-Nieto, y Pérez, 2007).

El liderazgo institucional del alcalde se sustenta en dos pilares, en ser un potente gestor de tipo empresarial y en su figura social de político curtido, abierto y cercano. Propone y negocia acuerdos con entidades privadas y promueve la ciudad para atraer industrias y empresas, buscando ayudas, inversiones y asistencia de los distintos niveles de gobierno, autonómico, nacional y europeo, inclusive. Esta capacidad de creación de intereses y desarrollo de oportunidades para la ciudad, le convierte casi en un lobby de presión. Este tipo de liderazgo tan potente tendrá una influencia considerable en la confianza de los vecinos y también en los inversores externos.

El liderazgo político-municipal ejercido por el alcalde, tanto en relación, al deporte como a nivel organizativo general, se fundamenta en cuatro dimensiones: su carácter y personalidad; la referencia de Europa; su afición y apasionamiento por el deporte; y su capacidad para generar equipos de trabajo político-técnicos con una mayor habilidad en la delegación de la tarea. Peiró (1995), indica que para especificar la relación de influencia del líder hay que considerar simultáneamente la interacción de tres determinantes: la personalidad del líder; los seguidores, con sus percepciones y recursos; y el contexto situacional en el que funcionan los tres factores propuestos.

La base del liderazgo del alcalde, hay que buscarla necesariamente en su personalidad, marcada por su manifiesta energía, autoconfianza y capacidad de trabajo. Emplea tácticas y comportamientos de riesgo como corresponde a un buen líder y visionario, a la vez que destaca su sentido de la oportunidad y de aprovechamiento de las situaciones (Peters y Waterman, 1982; Perkins, 2003).

Su capacidad de visión y de futuro y de querer un tipo de ciudad habitable, unido a su capacidad de relación con los vecinos y su proximidad al ciudadano, le han otorgado un liderazgo popular muy alto. Al mismo tiempo, la estabilidad en el gobierno, al haber estado muchos años en el gobierno, se considera como un dato significativo para haber conseguido los resultados obtenidos. Algunos autores señalan que rasgos personales como la extroversión, seguridad en sí mismo y la empatía, tienden a estar relacionados con el logro y mantenimiento de la posición de líder (Peiró, 1995; Perkins, 2003).

La clave del liderazgo del alcalde ha sido también una estrategia de regeneración del desarrollo inmobiliario, promoviendo un progreso económico y social, equilibrado y armónico. Su implicación con el deporte ha sido especial, muy personal; es una de las claves, este impulso y confianza, que lidera el alcalde respecto a la política deportiva.

Otra de las claves ha sido la sensibilidad hacia el deporte, a lo largo de todos estos años, por parte de todo el equipo de gobierno, comandada por el alcalde, y en la que se tomó el deporte como bandera de los políticos.

Es, también, un alcalde muy visible, muy relacional, en el que los métodos y objetivos que se fija para alcanzar la visión se sustentan en un pragmatismo y preocupación por la creación de redes y en la puesta en marcha de acuerdos para sacar el máximo provecho de los recursos públicos y privados.

El liderazgo político-municipal, no habría existido de igual manera sin la presencia del Primer Teniente de alcalde, durante muchos años pareja política del alcalde. El Primer Teniente de alcalde tiene un peso muy determinante en el liderazgo político municipal.

Es el responsable político del área de Planificación y Calidad, facilitadora del buen funcionamiento del sistema de gestión general. Político inteligente, con muy buenas ideas, se ha rodeado de buenos profesionales, potenciando, como nadie, la calidad y liderando el proceso de excelencia organizacional, lo que le ha permitido ser el actor político fundamental en el salto cualitativo y cuantitativo de la administración municipal.

El primer teniente de alcalde percibió conveniente el significado de una administración basada en la calidad: si el ayuntamiento funcionaba con eficacia y con eficiencia, si se era capaz de predicar con el ejemplo en calidad y excelencia, la ciudad entera se impregnaría de ese concepto. Otra de las características de liderazgo del primer teniente de alcalde ha sido el de formar buenos equipos de trabajo y ser referencia entre los directivos y equipos municipales. Ha liderado a los equipos municipales.

En ese sentido, el liderazgo compartido tiene su máxima expresión en la colaboración de los más altos niveles de decisión conjunta política-técnica. En tener la capacidad de crear un núcleo directivo muy profesional, donde solo se pide lealtad hacia el líder y hacia la institución; con una selección y promoción de personal basada en criterios únicamente profesionales, incorporando a los equipos de trabajo a los mejores en cada área. Un liderazgo compartido ejercido en los líderes técnicos, que da como resultado un equipo directivo muy cohesionado y muy profesional.

Los logros de una organización son el resultado de los esfuerzos combinados de todos los individuos que la componen, con un liderazgo que genere entusiasmo a todos los niveles (Peters y Waterman, 1982). El liderazgo político ha sido del alcalde, pero delegado absolutamente en su primer teniente de alcalde de una manera no autoritaria; autoridad como reconocimiento ante los otros. La complementación de ambos ha sido determinante; ha habido una compenetración y a la vez un reparto de papeles muy beneficioso para la buena gestión administrativa y, por tanto, del desarrollo de la ciudad. Se puede decir que ha habido un perfecto tándem político que ha servido de catalizador para el resto de los equipos y para toda la organización en su conjunto.

El primer teniente de alcalde tuvo toda la confianza y todo el poder, situado en un lugar de mucha influencia en las decisiones políticas y de coordinación del grupo político. El alcalde ha sido la imagen externa, con un liderazgo más personal, más soñador, más visionario, más intuitivo y con más tirón. El primer teniente de alcalde ha ejercido el liderazgo en lo interno, el jefe de personal, más organizador, con más orden y más preparado. Ha habido una complementación perfecta, complementación de lo intuitivo con lo ordenado.

Por su parte, los concejales han sido determinantes por realizar un papel discreto, de respeto a las ideas y decisiones del alcalde, siempre muy involucrados y motivados para con el deporte, han apoyado a los técnicos de manera muy efectiva. Esto ha sido una de las claves de excelencia organizativa y de liderazgo. Han sido muy válidos y han dejado trabajar a los técnicos.

El liderazgo es también estrategia. El liderazgo va unido de forma inherente a la estrategia, pues si no hay estrategia el proyecto se viene abajo. Liderazgo y estrategia se complementan pues todo va en cascada y de forma acompasada (Peiró, 1990). En liderazgos de primer orden hay que empujar a los menos identificados y frenar a los que llevan un ritmo muy acelerado para que la organización lleve el ritmo adecuado de progreso (Medina, 2006).

El liderazgo es importante no solamente en los niveles altos de la organización, si no en todos los cuadros con funciones de responsabilidad y con personas a su cargo. Las organizaciones sin líder están descabezadas. Si no se tiene la referencia de los objetivos y la motivación e impulso de querer conseguir dichos objetivos, el sentido del trabajo se pierde y con él todo el potencial de eficacia de las personas. Éste es el sentido y la condición de liderazgo (Prior y Martínez, 2001; Hodge, Anthony, y Gales, 2003; Mondría, 2006).

En definitiva, podemos concluir este apartado con la aseveración de la necesidad de un adecuado liderazgo político-municipal para poder construir un contexto social excelente, estando presente en la vida de los ciudadanos de muchas maneras: comunicación, servicios, prestaciones, orientaciones e implantación de valores. El ayuntamiento ha sido quien ha generado un contexto social de excelencia y ha sido muy protagonista en la vida de los ciudadanos. Ha habido un liderazgo desde la organización que, además de impregnar a los trabajadores municipales, ha calado en la ciudadanía. Peters y Waterman (1982) proponen que los líderes no sólo deberán ser entusiastas, sino que deberán generar entusiasmo entre sus colaboradores.

10.1.2. El liderazgo técnico

Por su parte el liderazgo técnico ha funcionado como ejecutor del liderazgo político municipal, unido a él a través de los valores y de las acciones. Valores y acciones compartidas en función de los ciudadanos y de la ciudad. Una institución excelente se caracteriza por el establecimiento de ciertos compromisos en relación con los valores, es decir, criterios que reflejan las posturas de quienes han de marcar los objetivos, la metodología y las funciones (Peters y Waterman, 1982).

Uno de los aspectos fundamentales en la existencia de un potente liderazgo compartido es la calidad de los técnicos. Directivos y gestores municipales disponen de competencia técnica y de información para influir sobre los cargos políticos; estos últimos son, a su vez, permeables y muy receptivos a dichas valoraciones técnicas. Esta ha sido una de las claves del éxito del municipio como contexto excelente en gestión general y en gestión deportiva, la relación político-técnica.

Es importante también señalar las buenas relaciones entre la función directiva y el resto de los empleados. En el área de deporte del municipio ha habido históricamente un gran liderazgo técnico que ha quedado plasmado en el buen desarrollo de la gestión deportiva municipal y que ha sido referente para el resto de la administración. Ha habido personas y equipos muy significativos, tanto de políticos como de técnicos. El aspecto sociodeportivo se ha gestado por la estrecha colaboración político-técnica y por la creación de potentes equipos de trabajo que han sido liderados por gestores de gran calidad, tanto por su cualificación como por su experiencia y dedicación.

La puesta en marcha del proyecto de un patronato, supuso un salto cualitativo determinante, que años más tarde, con los cambios que se producen, sobre todo desde el nivel gerencial, propiciarían las condiciones de gestión óptimas para asegurar la excelencia deportiva del municipio.

A su vez, la incorporación de un director-gerente del ámbito empresarial supuso uno de los aspectos significativos de la gestión deportiva municipal. Un director que aportará un potente liderazgo, de marcado carácter gerencial, a veces tan característico que ha difuminado el liderazgo de los diversos concejales de deportes que han pasado por dicha delegación.

Desde la cúpula de la organización, de forma intencionada, se pide que cada director sea líder en su área, que sienta que lidera lo suyo; esto es muy importante para hacer equipos, pues lo más difícil en las organizaciones es hacer buenos equipos de trabajo, crear el clima necesario para que sea un grupo cohesionado, lo cual significa que cada director debe tener su protagonismo dentro de la organización.

Desde el equipo de gobierno el objetivo del cambio de dirección del Patronato de Deportes se consigue con creces, y se valora de forma excepcional el trabajo de modernización, cambio e innovación que se comienza a dar en la gestión deportiva municipal.

Otro de los cambios básicos que se dan con la entrada de un director-gerente profesionalizado en el ámbito empresarial, es el potenciar el deporte de competición a través de los clubes. No se deja nunca de trabajar sobre el deporte de recreación de salud, deporte para todos, pero sí se produce una mayor implicación con el deporte de rendimiento, pues es un sector que reclama mayores ayudas económicas y de infraestructuras.

Todos esos cambios organizativos tanto estructurales como funcionales propician un cambio cualitativo en el deporte de rendimiento de cualquier contexto sociodeportivo que lo llevan a la excelencia; algo que coincide con diversos estudios en el que determinan dicha cuestión determinante en la consolidación de grandes líneas de actuación y de proyectos de diversificación de oferta deportiva y de la puesta en marcha de los actuales modelos de gestión deportiva municipal en España (Puig, 1996; Heinemann, 1999; Tapiador, 2006).

Se llega a afirmar que el gran éxito del deporte en este tipo de contexto sociodeportivo excelente, lo más destacable y que el propio gerente indica en primer orden, es la calidad de las instalaciones y la cantidad de personas que realizan actividad deportiva en el municipio. Esta es una de las claves de excelencia de todo contexto sociodeportivo excelente: la práctica deportiva general de la población.

Una de las cuestiones principales de toda gestión eficaz es la rentabilidad económica del organismo deportivo municipal. Para ello un buen líder gerencial ha de ocuparse directamente de la cuestión financiera, a la que debe dar especial prioridad. También el rendimiento social del deporte debe ser una constante y para ello hay que realizar una potenciación del asociacionismo deportivo. Provocar en los líderes técnicos y de asociaciones un afán de búsqueda de referencias, tanto en el territorio nacional como en el extranjero, para lo que es necesario estudiar de forma presencial diferentes modelos de desarrollo deportivo.

Esta es una de las claves fundamentales en la generación de entornos de excelencia, la referencia sobre modelos de desarrollo de calidad contrastada (Fantova, 2005; Medina, 2006). Por ello la necesidad del impulso hacia la calidad, hacia una gestión deportiva de calidad referencia por su nivel de instalaciones y, sobre todo, por conseguir dinamizar y generar una práctica deportiva general muy alta en el municipio.

La génesis sociodeportiva excelente tiene que ver, también, con otros liderazgos técnicos que, unidos al fuerte tirón político y social con la constitución de los primeros ayuntamientos democráticos tras las primeras elecciones municipales en España en 1979, posibilitaron una necesaria dinamización socio-cultural-deportiva de los municipios (Puig y Heinemann, 1992).

En ese sentido, hay que resaltar un proyecto sobre la puesta en marcha de un patronato deportivo municipal, apoyado en la visión y filosofía del deporte para todos. Filosofía y visión que nace en las aulas del Instituto Nacional de Educación Física (INEF), que es desde donde comienzan a generarse los primeros cambios en la concepción del deporte, de la socialización a través del mismo y, por tanto, de la importancia para la sociedad en su conjunto.

Son necesarios siempre estos períodos en la gestión de la excelencia deportiva de un municipio, pues es desde donde comienzan a ponerse los cimientos del deporte como herramienta social y de cohesión de los ciudadanos. Cohesión e integración que se hace más que necesaria y que las personas que gobiernan el municipio deben realizarlo desde la acción y actividad deportiva.

La acción deportiva se realiza, entonces, pensando fundamentalmente en la captación de la población y en la entrada de la gente en dinámicas deportivo-sociales que propiciaran una cohesión de la sociedad. Además, ésta gestión sociodeportiva hay que hacerla siempre de una forma planificada, estructurada a través de unos equipos de trabajo, muy implicados con el proyecto y con una cualificación muy alta, algo fundamental en la creación de entornos de excelencia. Las personas deben formar un equipo muy motivado en torno al trabajo, sobre la vía del deporte recreación (Martínez del Castillo, 1981).

Cuando la actividad, en la que el ocio se manifiesta, es fuente de experiencias personales y sociales enriquecedoras, estamos ante un ocio realmente humanizador (Puig y Trilla, 1987). Los trabajadores, por tanto, han sido clave.

10.1.3. La relación de políticos y técnicos

La relación de los políticos y los técnicos ha sido uno de los factores más indicados como dimensiones claves de la excelencia organizacional del municipio. Los aspectos significativos son:

- La complicidad y buena sintonía que se ha dado entre trabajadores municipales y equipo de gobierno.
- El concepto "dejar hacer-dejar trabajar" a los técnicos, lo que ha proporcionado autonomía y una mayor responsabilidad, grado de compromiso y sentido de pertenencia a la organización.
- La separación entre lo político y lo técnico.

El reparto de papeles es la clave, los políticos definen las líneas estratégicas y los técnicos deben tener la suficiente capacidad como para desarrollarlas.

En general las relaciones han sido más de colaboradores, conformándose equipos de trabajo, transmitiendo y compartiendo ideas e ilusión, fundamental para el proyecto municipal y con relaciones de colaboración, algo que es capital en el desarrollo de una ciudad.

Este es uno de los factores clave que ha generado la teoría fundamentada como Proceso Social Básico psicosociológico, *la dinamización y promoción deportiva* que los técnicos realizaron en los inicios en la década de los ochenta, etapa clave para generar participación deportiva en la población y donde se trabaja dicho proceso contenido en una concepción de la pedagogía del tiempo libre como creadora de movilización social y donde el papel del profesor es, sobre todo, el de *mediador* (Martínez del Castillo, 1981).

Esquema gráfico de generación de Proceso Social Básico Dinamizando-gestionando-promocionando.

Es necesaria una buena compenetración, los políticos marcan unos objetivos y dejan que los técnicos desarrollen esos objetivos. Eso funciona, dejar trabajar a los equipos para lograr los objetivos; así se clarifican bien los roles, el técnico debe asesorar, pero debe ejecutar la decisión del político, aunque no le guste.

En un equipo de trabajo tiene que producirse un entorno de sintonía, y de esa sintonía salen cosas nuevas, donde la responsabilidad es de todos, compartida en definición, ejecución y operatividad de toda la estrategia.

La línea divisoria del político y del técnico, sin llegar a estar marcada nítidamente, queda definida por el rol específico y nivel de actuación de cada parte. Esa es la clave de la administración pública que funciona bien. Tiene perfectamente separado lo que es la parte política de la parte profesional.

Un factor de éxito de un contexto sociodeportivo excelente, es la capacidad política apoyada en la capacidad técnica para desarrollar la ciudad y los servicios. El equipo técnico aporta rigor a las decisiones políticas y conocimiento a esas decisiones. La complicidad en el desarrollo de la ciudad es técnica, no política, y se conforma como uno de los grandes valores exógenos.

En la administración de todo contexto sociodeportivo excelente es clave trabajar en la dirección por objetivos, el denominado SPPO (Sistema de Programación por Objetivos). Ésta dirección por objetivos parte de una intuición política y se plantea como estrategia planificada, consciente de desarrollar un modelo de administración orientado estratégicamente.

La responsabilidad es de todos, compartida en definición, ejecución y operatividad de toda la estrategia. De esta manera se va generando clima de trabajo, cultura, valores compartidos, equipo, en suma, eso es hacer equipo. Un equipo de trabajo tiene que producirse en un entorno de sintonía y de esa sintonía salen cosas nuevas. La clave en el éxito está en que desde los equipos de gobierno se deje hacer a los profesionales.

Estas formas de proceder, *dejar hacer y complicidad-sintonía*, queda manifestado claramente en la acción cotidiana de gestión deportiva, y son códigos conceptuales muy potentes y significativos.

Los políticos marcan líneas de actuación, pero los técnicos tienen que gestionar, tanto en planificación y organización, como en infraestructura. Tener perfectamente separada la parte política de la parte profesional. Esa es la clave de una excelente administración pública.

Las claves han sido, entonces, primero un equipo político que ha creído en un proyecto de ciudad, no solo de deporte, sino de todo en general; segundo, que un equipo de verdad; y tercero, tener muy claro que para poder ser los mejores hay que rodearse de los mejores profesionales para desarrollar y ejecutar políticas. En definitiva, tener una visión muy clara de separación entre lo político y lo profesional.

10.1.4. Los valores compartidos

Los valores compartidos son definidos como los objetivos e intereses más importantes que son compartidos por la mayoría de las personas de un grupo (Peters y Waterman, 1982). La ilusión es uno de los valores más referidos y más compartidos por todos los agentes de ciudades sociodeportivas excelentes.

Otros valores que se han fomentado desde la institución son la cuestión de la modernización, de ciudad moderna, que tiene unas grandes prestaciones y servicios, que es cabecera y es dinámica modernizadora. Es un valor que se debe fomentar desde el propio ayuntamiento y que va calando en la ciudadanía

El liderazgo municipal tiene que estar presente en la vida de los ciudadanos de muchas maneras: en la comunicación, en los servicios, en las prestaciones, en orientaciones, y sobre todo por la implantación de valores.

El proceso de gestión administrativa no es sólo un proceso de tecnología social, sino que debe estar desde el comienzo inspirado en valores. Se tiene que fundamentar en valores como la transparencia, la equidad, el desarrollo económico y el diálogo. Así, los fines políticos se establecen derivados del análisis sistemático de la situación social. Estos fines tienen una carga importante de valores que coinciden con las necesidades de los ciudadanos. La supervivencia institucional depende del mantenimiento de los valores y de una idiosincrasia propia (Peters y Waterman, 1982).

Los valores son ideales aceptados que van a delimitar el comportamiento y la forma de realizar el trabajo para alcanzar la excelencia. Cuando la empresa define sus valores, supone definir la forma de orientar su actividad, sus comportamientos y sus relaciones, dentro y fuera de la institución (Marín, 2001).

La modernización municipal se sustenta, por ello, en determinados valores ligados a compromisos estructurales e institucionales. Estos valores tienen la función de ayudar a la gestión de los conflictos de intereses, a la vez de influir en cambios estructurales de importancia (Garzón y Garcés, 1989).

El sentido de pertenencia a la ciudad es uno de los más conseguidos y arraigados en todo municipio generador de un contexto social excelente. Sentido de pertenencia, identidad, ilusión, equilibrio, implicación, motivación, coherencia; valores compartidos que tienden a condicionar el comportamiento del grupo, y que suelen persistir durante un largo período de tiempo, aunque se produzcan cambios en la composición de dicho grupo (Peters y Waterman, 1982).

El modelo de excelencia organizativa de un contexto excelente en gestión deportiva, pone de manifiesto que el proceso se ha de realizar bajo el paraguas de unos valores que orienten el desarrollo y concreten las distintas actuaciones: políticas de inclusión social, alianzas entre gobierno local e intereses económicos locales, y una sociedad civil fuerte. Los valores se van constituyendo a través de las interacciones en el marco del proceso institucional.

Hay que diferenciar, entonces, los valores propios de la ciudad y los valores que se han fomentado desde la institución municipal. Existe un valor producido desde el deporte por la coincidencia entre las expectativas ciudadanas y la propia dinámica municipal, por esa confluencia de intereses, necesidades, expectativas y motivaciones, con respecto al deporte, por parte de la ciudadanía que ha tenido un efecto multiplicador, propiciado, a su vez, desde la institución municipal.

Los valores de la ciudad han venido marcados por distintas vías, en primer lugar, por la propia transformación de la ciudad, con componentes propios, endógenos, y con componentes exógenos que no dependen directamente de las acciones o virtudes de quienes han estado gestionando y gobernando la ciudad, si no como consecuencias de otras cosas, consecuencias de un desarrollo territorial más amplio. La ilusión es uno de los valores que más ha marcado el desarrollo de la ciudad.

El éxito en la transmisión de valores es fruto de un compromiso personal, sincero y sostenido que los líderes tienen con esos valores que tratan de implantar, unido a una extraordinaria perseverancia en la tarea de reforzar dichos valores (Peters y Waterman, 1982). En ese sentido, un valor importante que cala en los ciudadanos es el de crear una cultura deportiva sustentada en la participación activa en actividades y en eventos deportivos.

La coherencia también es un valor fundamental. Las estrategias de los planes de desarrollo de la ciudad, son casi siempre similares por la continuidad en la forma de gestionar. Las líneas y objetivos tienen una gran relación por coherencia y continuidad. Ésta es una de las claves de excelencia.

La creación de un sistema de valores, no obstante, tarda en configurarse. En municipios excelentes en gestionar su deporte, como en toda ciudad de importancia, es consecuencia de un proceso histórico, largo, configurado con tiempo y dedicación (Veyrat, 2007). Para ello, tanto en el nivel político como en el nivel técnico se tiene que realizar, no sin esfuerzo, una mirada sobre el futuro para tratar de configurarlos sobre el momento actual. Una acertada visión implica referencia de excelencia, de eficacia y de identidad de la ciudad, con una fuerte implicación y participación de los ciudadanos y de los empleados públicos. Para autores como Peters y Waterman (1982), el conjunto de imágenes y metáforas es lo que permite la visión y lo que marca si el camino es correcto.

Los valores son el núcleo de la cultura corporativa, y es el líder el encargado de darle significado, remodelarlos para adaptarlos al entorno y hacer que sean compartidos por todos. Un valor importante que ha impregnado la vida ciudadana es crear cultura deportiva, que luego ha estado sustentada en la participación activa sistemática en las actividades y eventos deportivos.

La construcción del significado implica la posibilidad de situar adecuadamente las cosas, los estados y las acciones en los contextos culturales de la realidad. Los significados están en la mente, pero su origen se sitúa en la cultura, lo cual asegura su negociación y, en último término, la comunicación. Así, desde ésta perspectiva, el conocimiento y la comunicación son dos procesos inseparables con un funcionamiento interdependiente: conocer es construir significados compartidos (Barceló, 2001).

CATEGORÍA-DIMENSIÓN ESTRUCTURA ORGANIZATIVA Y POLÍTICA INSTITUCIONAL

CÓDIGOS CONCEPTUALES	SUBCATEGORÍAS	CATEGORÍA
Organización-estructura organizacional	Organización-estructura organizacional	
Institución municipal-ayuntamiento		
Administración inteligente		
Equipo de gobierno	Equipo de gobierno	
Servicio-cercanía al ciudadano		
Políticos permeables		
Gobierno receptivo		
Políticos		
Gobierno generoso-sensible con el deporte		
Gobernanza-gestión	Gobernanza-gestión	
Pactos-gobiernos de izquierdas		
Primeros años de gobierno		
Apuesta-voluntad política-estratégica	Apoyo institucional	
Apoyo institucional		
Implicación con el deporte		
Apoyo político		
Impulsar-facilitar		
Apoyo económico		
Apoyo técnico		
Apuesta por la calidad		
Políticas de tercera vía-de centro-para todos	Políticas institucionales	ORGANIZACIÓN-ESTRUCTURA Y POLÍTICA INSTITUCIONAL
Política de instalaciones deportivas		
Política de participación		
Políticas de calidad		
Proyecto político-idea política	Modelo político	
Ideas-decisiones acertadas-de calidad		
Modelo francés		
Modelo socialista		
Calidad	Calidad-excelencia	
Excelencia		
Éxito		
Exigencia		
EFQM		
Referencias de gestión	Referencias de gestión institucional	

Esquema emergente de la categoría Estructura organizativa y política institucional.

10.2. LA ORGANIZACIÓN Y ESTRUCTURA ORGANIZATIVA

El marco organizacional genera, inexorablemente, un clima donde se realizan las actividades de trabajo; este clima es variable y depende en gran medida de la generación de entornos y ambientes con alto grado de motivación y compromiso. Historia, disposiciones y estrategias de la organización determinan los valores y creencias de las personas y con ellos la cultura organizativa (Peiró, 1990; Martínez y Lucas, 2001).

El aspecto estructural de una organización excelente es clave pues permite conectar lo simbólico con el punto de partida. En ese sentido debe de realizarse un buen trabajo en equipo en general, que permita hacer de la empresa una locomotora que avance de forma continua y sistemática.

El Proceso Social Básico sociológico, más significativo, que se produce en cualquier contexto sociodeportivo excelente y que es uno de los factores explicativos de toda ciudad como entorno de excelencia en el desarrollo de los deportistas de alto nivel, es la **apuesta-voluntad política** y el **apoyo institucional** sobre el deporte. El equipo de gobierno aparece aquí, pues, como el protagonista clave de este proceso.

La década de los años ochenta coincide con una etapa en que las instituciones públicas en España, principalmente los ayuntamientos, asumen la responsabilidad de garantizar el acceso al deporte a toda la población. Se consigue con ello establecer relaciones de intereses entre las asociaciones y la institución municipal, a la vez que la falta de equipamientos deportivos se va poco a poco supliendo con la construcción de diversas instalaciones deportivas básicas (Puig y Heinemann, 1992; Tapiador, 2006).

10.2.1. El equipo de gobierno. La gobernanza

El modo de gobierno y su organización estructural es los que se denomina la gobernanza, dimensión conceptual que abarca el conjunto de patrones y procesos generadores de estructuras donde los actores públicos y privados interactúan a la búsqueda de sinergias institucionales.

En ese contexto social se optan en muchos municipios con tendencia a la mejora y a la excelencia en gestión de ciudad, por un modelo de desarrollo basado en la descentralización de los servicios municipales a través de la potestad que otorga a los patronatos, al convertirlos en organismos autónomos de gestión. De esta manera se actúa directamente con la sociedad civil local, vecinos, asociaciones y tercer sector; así como con los actores económicos, cada vez con más y mejor presencia en el municipio. Esta atribución, lejos de ser meramente formal, se convierte en una de las características claves, tanto del equipo de gobierno como del propio liderazgo político-técnico.

La cercanía al ciudadano, la receptividad y la permeabilidad por parte del equipo de gobierno debe ser una constante en la forma de gestionar y uno de los factores claves, tanto en referencia a la sociedad como a los trabajadores municipales. La gobernanza, es en ese sentido, un modo de coordinación social, un sistema sociopolítico donde los actores implicados interactúan para resolver los problemas de la sociedad (Iglesias, 2006).

La voluntad está muy relacionada con la decisión de la acción, después de una buena deliberación y una mejor capacidad de ejecución. Según Marina, deliberar supone buscar, y el hábito de decidir está muy relacionado con el hábito de arriesgarse que, a su vez, tiene que ir precedido de cierto autocontrol emocional (Marina, 2004a).

10.2.2. El apoyo institucional

El apoyo institucional debe ser constante y en todos los ámbitos de actuación. Se ponen medios para facilitar el ejercicio de oportunidades en los ámbitos de salud, educación, bienestar, arte, cultura y deporte. De esta manera se genera, desde la administración, un ciudadano informado y activo, que funciona colectivamente de forma efectiva a través de procesos abiertos y organizados. Esta es una de las claves de excelencia organizativa de un entorno excelente.

Los aspectos institucionales del marco social sirven como fuente de recursos y restricciones para constituir los contextos, por eso, las actividades particulares tienden a reproducir las relaciones sociales y, a la vez, cada situación es intrínseca en el uso de dichos recursos y restricciones, donde las actividades resultantes no están determinadas sino que, potencialmente, pueden modificar las condiciones que influyen las vidas de las personas (Vila, 1998).

En el ámbito del deporte, la gestión privada encuentra siempre respuesta en la administración para las colaboraciones que se precisan. Los gimnasios privados, principales empresas privadas relacionadas con el deporte, producen también riqueza sociodeportiva en la zona donde se asientan y por lo tanto también son demandantes a la administración pública en materia deportiva. El equipo de gobierno municipal de un contexto de excelencia debe compartir esa necesidad y hacer posible que el entorno sociodeportivo se ajuste a la realidad desde la mejor inclusión del ámbito privado con lo público.

10.2.3. La implicación con el deporte

La apuesta y el apoyo por el deporte se hacen desde las políticas institucionales. Las políticas públicas son un mecanismo de acción de gobierno para la resolución de los problemas sociales, y operan a modo de instrumentos para la vertebración de la sociedad que constituye el fundamento de la acción administrativa. La interacción entre el sistema organizacional y el contexto, entendido como marco ecológico de influencia, es un factor que confiere complejidad a la organización por el aporte de flujo de información y de recursos (Peiró, 1990).

La prestación de servicios conlleva financiación pública y, por tanto, un cierto control administrativo. Este control asegura que los proyectos se valoren y ajusten a los intereses, necesidades, expectativas y motivaciones de los ciudadanos, de tal manera que tengan las características de eficiencia y rentabilidad económica y social.

Desde el ámbito público se mantiene el control, pero a la esfera privada se le otorga un papel importante. Desde asociaciones y clubes deportivos, tanto privados como sin ánimo de lucro, se pide un mayor conocimiento de cada disciplina deportiva que posibilite cubrir sus necesidades de forma más objetiva.

La planificación integral permite diseñar políticas integradas buscando la coordinación de todos los servicios municipales y dando respuesta eficaz a los problemas sectoriales. El gobierno local juega un papel importante en la modulación y movilización de los intereses representados por las asociaciones y proporciona un apoyo constante al movimiento asociativo.

La acción local es una acción pública integrada, de tal manera que se coordinan aquellas unidades administrativas que dentro de la organización municipal tienen relación con cada una de las políticas públicas sectoriales.

La referencia para organizar en un contexto determinado las interacciones que se dan entre agentes, instituciones, organizaciones, a partir de sus creencias, normas, actitudes, ideales y valores, es lo que conforma un modelo político característico. Modelo que parte de una visión y se apoya en unos valores planteados como misión. Un modelo muy sociocultural, muy relacional, de eficacia social (Díaz y Cuellar, 2007). Peters y Waterman (1982), lo plantean en forma de reelaboración de valores nuevos y duraderos, como arte de edificación de la institución desde un liderazgo creativo.

Son organizaciones que alcanzan sus metas a la vez que hacen que todos los partícipes consigan las suyas propias, creando valor corporativo. La administración pública ocupa una situación privilegiada para resolver las problemáticas sociales desde una perspectiva integral. La característica confirmada de liderazgo compartido de la administración local supone que el modelo político y modelo de gestión se entremezclan, afortunadamente, para producir mayor eficacia social en la ciudadanía; pivotando siempre sobre la excelencia y calidad, como modelo de gobernanza de la ciudad, por exigencia de acción y de resultados que obliga a comprender el funcionamiento de la complejidad social de su entorno (Peters y Waterman, 1982; Peiró, 1990; Stewart, 1998).

El entorno en el que se desarrolla la acción municipal es, entonces, cambiante y muchas veces impredecible, y la sociedad demanda más y mejores servicios públicos. El reto pues, está en la anticipación, tanto de los gestores como de los políticos. La gestión de la calidad en un contexto sociodeportivo excelente es más que un objetivo, es una metodología de trabajo. Una forma de realizar las cosas que cala en el nivel técnico y en el nivel político. Se crea, así, un entorno de excelencia.

10.2.4. Las políticas institucionales

La infraestructura, las instalaciones, son lo más llamativo, pero la diferencia en un municipio de calidad es que se rodea de un entorno de excelencia, de una simbólica y de la organización, personal, técnicos que se involucran en el proyecto, así como en las líneas políticas y de liderazgo.

Excelencia y calidad generada desde el nivel técnico y el nivel político.

La calidad del sistema de gestión se utiliza como herramienta para mejorar la prestación de servicios a los ciudadanos, y es una de las líneas estratégicas que parte con el compromiso político del propio alcalde, como corresponde con una apropiada puesta en marcha de una acción que requiere la implicación activa y responsable de la más alta instancia de gobierno (Gasalla, 2004).

El éxito como ciudad de excelencia está en compaginar todos los aspectos de la ciudad: urbanísticos, económicos, deportivos, sociales, y culturales.

10.2.5. El modelo político

Las políticas institucionales no surgen de forma espontánea ni se plantean impulsivamente, sino que responden a una manera de gobernar, una referencia, una idea, un modelo.

Modelo político se puede definir como la política de referencia para organizar, en un contexto determinado, las interacciones que se dan entre agentes, instituciones y organizaciones a partir de sus creencias, normas, actitudes, ideales y valores (Subirats, 1994). Eficacia en la relación a objetivos, orientación al ciudadano, coordinación de recursos.

La implantación de los sistemas de calidad implica una actitud receptiva y proactiva de las organizaciones públicas para mejorar la productividad a través de la optimización de la gestión, de sus procesos internos y dar satisfacción a las expectativas de los ciudadanos que demandan mayores niveles de calidad en los servicios. Esta excelencia de la ciudad es la que potencia la excelencia del deporte, esto es, el éxito se busca en el deporte partiendo de la base real que se genera en el municipio y es lo que crea la correa de transmisión que hace que todo el modelo del deporte funcione bajo los mismos parámetros.

Así mismo, la institución municipal debe inspirar y transmitir la necesidad de trabajar con unas referencias de calidad basadas en la excelencia, el organismo público deportivo debe hacer lo mismo con su entorno inmediato.

10.2.6. La calidad y excelencia organizativa

Una de las virtudes de este modelo basado en la excelencia, es que permite la posibilidad de orientar la gestión de la institución hacia la calidad desde una perspectiva integral (Caballero y Sanz, 2005).

La excelencia no es espontánea y requiere de una mirada al exterior, de tener modelos de referencia, de otros ayuntamientos y otras organizaciones que inspiren mejora y crecimiento. Requiere necesariamente de referencias de gestión institucional.

Se ha creado un entorno de excelencia y calidad. Un entorno en el que se han conseguido unos resultados consecuentes con una acción organizacional originada por el liderazgo, por la planificación estratégica orientada al ciudadano-cliente, así como por una posición de gestión de procesos y consideración a las personas de la organización. La calidad y la excelencia organizacional es el eje de funcionamiento del sistema.

Las políticas de calidad, además se han mostrado muy interesantes y rentables para proyectar una buena imagen de la ciudad, una imagen de ciudad excelente.

Ese entorno de excelencia, referido anteriormente, ha contagiado a todos los actores públicos y privados de la ciudad de tal manera que se ha creado una concordancia con la necesidad de progreso de los ciudadanos y de las organizaciones privadas. Además, la implantación de procedimientos de eficacia para el cambio administrativo es una de las acciones que identifican a las instituciones municipales excelentes.

El Modelo Europeo de Excelencia EFQM (European for Quality Management). se constituye, para toda la organización, como eje integrador de los diferentes instrumentos de gestión y como una herramienta de autodiagnóstico, análisis global, revisión y mejora del sistema de gestión.

10.2.7. Referencias de gestión institucional

Tanto en la gestión organizacional general como en la gestión específicamente deportiva, es necesario tener referencias significativas, ya sea desde el ámbito nacional, como desde el extranjero. En ese sentido, la necesidad y las ganas de mirar lo que se hacia fuera del municipio en temas de gestión y de gobierno local es clave para generar un entorno social excelente.

Esta es una de las constantes en la consecución de los altos niveles de excelencia de los contextos sociodeportivos excelentes: el condicionante político de saber cómo desarrollar la ciudad, y algo fundamental, el conocimiento por parte de los políticos y de los técnicos de la necesidad de tener modelos de referencia. Eso sí, sabiendo que no se pueden trasladar los modelos a otros lugares así como así, sino que hay que realizar siempre una adaptación en base a las características contextuales y de sociedad donde se quiere implantar el sistema (Naess, 1995; Pascual, 2001; Braun, 2005).

CATEGORÍA-DIMENSIÓN ALIANZAS, RECURSOS E INVERSIÓN

CÓDIGOS CONCEPTUALES	SUBCATEGORÍAS	CATEGORÍA
Alianzas-red empresarial		
Conexión-simbiosis de intereses	**Alianzas**	
Estrategia política-relacional		
Inversión		**ALIANZAS-RECURSOS-INVERSIÓN**
Recursos económicos		
Recursos	**Recursos e inversión**	
Dinero publico		
Costos económicos		
Subvenciones	**Subvenciones**	

Esquema emergente de la categoría Alianzas, recursos e inversión.

10.3. ALIANZAS Y ESTRATEGIA RELACIONAL

Estructuralmente la capacidad financiera de los ayuntamientos para la realización de inversiones es limitada, por lo que se hace necesaria la aportación de otras administraciones o la colaboración con la iniciativa privada.

En este contexto, surgen los partenariados como acuerdos voluntarios entre los actores públicos y privados para dar respuesta a problemas y circunstancias particulares que se institucionalizan en organizaciones mixtas, es lo que se ha venido a llamar las coaliciones de élite o de crecimiento, es decir, las alianzas. Las alianzas son instrumentos para hacer proyectos de desarrollo, por lo que las empresas son buscadas por los gobernantes municipales (Argudo, 2002; Iglesias, 2006; Ruiz, 2007).

Por su propia naturaleza, en todo partenariado hay un componente público y un componente privado. En su componente privado, las empresas tienen como objetivo la rentabilidad económica, pero al ser el encargo público y definido por los políticos, la empresa integra esos valores en sus objetivos. La empresa se adapta entonces a los intereses públicos y consigue además de los objetivos, una rentabilidad social e imagen con dimensión pública (Ariño, 2004).

Es lo que se llama administración relacional, la capacidad de colaboración entre lo público y lo privado, y ha sido una peculiaridad, una acción consciente que ha funcionado en los contextos sociodeportivos excelentes; esa capacidad de relación con el ámbito privado desarrollada en múltiples circunstancias. Las alianzas son un segmento primordial de dinamización del progreso del territorio local, impulsadas como instrumento de movilización, a partir de una estrategia de proyecto global, desde el gobierno local (Díaz y Cuellar, 2007).

10.3.1. Recursos e inversión

Los recursos y la inversión son dos factores esenciales para la comprensión de la excelencia deportiva de un municipio. La inversión y la generación de instalaciones posibilitan la creación de una imagen de ciudad a imitar, a la par que un desarrollo al municipio tan significativo como los retornos, económicos y sociales, que producen (Iglesias, 2006; Díaz y Cuellar, 2007).

En ese sentido, para generar un contexto sociodeportivo excelente es fundamental el aprovechamiento de los recursos que se tengan, lo que constituye un factor clave explicativo. La clave, entonces, es aprovechar unos buenos recursos de partida, desde la mejor alineación entre políticos y técnicos, que genere una organización eficiente.

10.3.2. El apoyo institucional a las asociaciones. Las subvenciones

Los recursos municipales a disposición de las asociaciones son muy importantes, donde la principal forma de ayuda es la subvención y la cesión de instalaciones. Pero también se realiza con los distintos servicios de apoyo a asociaciones y cobertura técnica, de los distintos departamentos o patronatos.

Este aprovechamiento eficiente de los recursos, unido al sentido social y público de la gestión deportiva, ha propiciado la creación de partenariados como el realizado con fundaciones y clubes deportivos de relevancia para generar recursos económicos sin sacarlos de las arcas públicas. La inversión en deporte debe ser muy alta, y es considerada como una de las claves de la excelencia de un contexto social de calidad, apoyada, además, por factores como son los profesionales generadores de los mejores proyectos y programas deportivos.

El apoyo a las asociaciones a través de las subvenciones es otro de los factores insertados en las alianzas, recursos e inversión. El ayuntamiento debe apoyar el tejido asociativo mediante una amplia gama de instrumentos y, así, facilitar la actividad de las asociaciones.

Las asociaciones perciben las subvenciones en función de unos baremos en los que se consideran varios parámetros como el número de socios, las actividades y el tipo de programa que realizan, y por la población a quien va dirigido su proyecto.

El soporte institucional constituye uno de los factores clave que aporta la existencia de las asociaciones y la participación de los ciudadanos, creando cultura de la participación. A través de ello el gobierno municipal crea el contexto para que surjan y se mantengan las asociaciones, base del capital social. La institución municipal se involucra con ellas a través de los diversos mecanismos de apoyo, creando, eso sí, una cierta dependencia, lo cual *"no significa que el tejido asociativo esté colonizado por los poderes locales"* (Iglesias, 2006).

CATEGORÍA-DIMENSIÓN SISTEMA DE GESTIÓN

CÓDIGOS CONCEPTUALES	SUBCATEGORÍAS	CATEGORÍA
Gestión		
Trabajo		
Planificación		
Modelo de gestión	Gestión y planificación	
Estrategias de gestión		
Gestión de los ciudadanos-cogestión		
Cambio de gestión		
Conformismo-clientelismo		
PMD		
Gestión deportiva		
Clientes-usuarios PMD	Gestión deportiva municipal	
Programa de trabajo		
Proyecto educativo		
Intervencionismo desde PMD		
Proyecto de patronato		
Modelo deportivo	Modelo deportivo	
Proyecto deportivo		
Escuelas deportivas		
Medicina deportiva	Escuelas deportivas y otros programas	
Centro de tecnificación		
Ludoteca		
Actividades		
Abono deporte	Actividades y oferta deportiva	SISTEMA DE GESTIÓN
Servicios deportivos		
Oferta deportiva		
Grandes eventos deportivos		
Competiciones locales	Grandes eventos deportivos	
Eventos deportivos		
Necesidad deportiva-de relación		
Facilidad de acceso al deporte		
Crear afición-ambiente deportivo	Dinamización sociodeportiva	
Demandas-inquietudes ciudadanas		
Posibilidades de hacer deporte		
Individualismo		
Promoción deportiva		
Necesidad de captación de ciudadanos	Promoción deportiva	
Lobby de presión		
Dinamizar		
Procesos de gestión		
Inercias-trayectoria	Procesos de gestión	
Adaptación a necesidades		
Formación		
Tecnificación	Formación y tecnificación	
Conocimiento		

Esquema emergente de la categoría Sistema de gestión.

10.4. EL SISTEMA DE GESTIÓN Y PLANIFICACIÓN

La base de la gestión y planificación de un contexto sociodeportivo excelente es la de realizar un cambio y mejora administrativa continuo y normalizado, proceso que se debe cimentar en el constante rediseño e implantación de los contenidos de decisión y comunicación, así como en acciones internas encaminadas a la creación de redes para adaptarse al entorno.

El éxito está, por tanto, en la gradual implantación de las estrategias que propician reformas más globales y estables. Un ejemplo es la creación de infraestructuras que se ha conviertan en emblema de la ciudad como pueden ser pabellones deportivos, ciudades deportivas, o bibliotecas o centros de arte en el ámbito cultural. Todo ello tanto por su calidad como infraestructura como por la forma de ser gestionada, estructuralidad y funcionalidad unidas. Es un tipo de entorno que entra en el llamado exosistema, compuesto por aquellos entornos que no incluyen a la persona en desarrollo como participante activo, pero en los que se producen hechos que afectan a la persona (Bronfenbrenner, 1987; Vila, 1998).

Esquema gráfico de generación del Proceso Social Básico Estructural.

La planificación estratégica es un instrumento innovador en la gestión pública, pues su origen está en el ámbito de la empresa privada. Para el gobierno de una ciudad, la capacidad de planificar en el largo plazo es uno de los rasgos de la gobernanza democrática e implica la planificación sobre un horizonte temporal amplio que sobrepasa incluso más de una legislatura (Bookchin, 1978; Iglesias, 2006).

La planificación estratégica consiste principalmente en la movilización de recursos para marcar estrategias de actuación. Es un instrumento político y se constituye como eslabón entre la organización interna y el entorno socioeconómico. En cuanto a la planificación específica en deporte, la principal característica es, precisamente, partir de un modelo de gestión innovador, como tiene que ser todo contexto sociodeportivo excelente, modelo de referencia para otros municipios y ser paradigma de la gestión deportiva en universidades y foros de calidad en deporte (Celma, 2000; De la Plata, 2001; Dorado y Gallardo, 2005).

10.4.1. La gestión deportiva local. Los organismos autónomos públicos

La corresponsabilización del asociacionismo deportivo es fundamental para la mejor gestión deportiva local, pues se les obliga a estar activos con respecto tanto a la gestión de su asociación como respecto al sistema deportivo local. Es en este punto donde la modalidad de gestión organismo autónomo local cobra mayor importancia y razón de ser. La figura jurídica que se otorga al servicio municipal deportivo como Organismo Autónomo Comercial, le proporciona mayor agilidad en la gestión, tanto de recursos económicos como de recursos humanos, aunque siempre con los pertinentes controles políticos y jurídicos (Cecilio, 2000; Iglesias, 2006).

La creación en algunos casos de patronatos es por la necesidad de acabar con inercias burocráticas y dentro de un gran cambio estructural para reformar de forma profunda el aparato administrativo.

La función de un organismo autónomo público, principalmente con denominación de patronato deportivo, va más allá de la cogestión de servicios los clubes y asociaciones deportivas. La modernización administrativa implica necesariamente la modernización del entorno social con que la administración se relaciona. Es lo que se denominaría organizaciones socialmente inteligentes y socialmente responsables, pues son capaces de gestionar efectivamente su responsabilidad social (Díaz y Cuellar, 2007; Marina, 2007; Veyrat, 2007).

La representación de la ciudadanía y asociacionismo, la parte técnica-profesional que proporciona el organismo autónomo local y la parte sociopolítica que cubren los políticos, son los ejes fundamentales del deporte de un contexto sociodeportivo excelente.

El protagonismo es del organismo autónomo local, con respecto a las acciones específicas de los clubes y resto de asociaciones deportivas que imparten las actividades, pues al fin y al cabo es el responsable de la organización y gestión deportiva del municipio, en representación del Ayuntamiento, y debe garantizar la mayor calidad posible al ciudadano, así como rendir cuentas a éste, en cualquier caso.

10.4.2. El modelo deportivo municipal

El modelo deportivo municipal se basa principalmente en los clubes deportivos, con sus competiciones regladas, en las escuelas deportivas municipales (niños, niñas y jóvenes) y en el ciudadano en general. Pero el modelo deportivo necesita mucho trabajo, esfuerzo e ilusión por parte de todos los agentes implicados. Los primeros para la generación de un modelo deportivo excelente viene desde la vía del deporte recreación (Martínez del Castillo, 1988).

En una ciudad existen tres tipos de clientes del servicio de deportes:

- los clubes deportivos con sus competiciones regladas.
- las escuelas deportivas municipales: niños, niñas y jóvenes.
- el ciudadano en general.

En el primer caso nos estamos dirigiendo a un máximo del 20% de la población; en el segundo caso a un 40% de la población en deporte principalmente de recreación y aprendizaje; y en el tercer caso se trata de llegar al total de la población, es decir al 100% de los ciudadanos, potenciales usuarios que son los que hacen que la práctica deportiva general del municipio sea tan grande.

Las escuelas deportivas municipales son, en este sentido, un factor clave en la creación de un contexto sociodeportivo excelente. Debe crearse junto con los clubes deportivos asentados en el municipio o en algunos casos extramunicipales por necesidad de espacio para desarrollar sus competiciones.

En los comienzos de la creación de un contexto sociodeportivo excelente y, ante infraestructuras deportivas escasas, es necesaria realizar una buena distribución de espacios, y una dinamización socio deportiva por los técnicos profesionales del organismo deportivo municipal (Martínez del Castillo, 1981).

En dicho marco, las asociaciones deportivas deben establecer los primeros convenios, asumiendo y aplicando el proyecto deportivo que los técnicos profesionales diseñan. Es uno de los objetivos elementales de todo organismo autónomo local, el control de las actividades a través de la creación de programas propios y de la valoración de los realizados por los clubes deportivos. Esta es una de las claves de excelencia deportiva del municipio, la gestión cooperada de las escuelas con los clubes.

El modelo se confirma como válido y de gran calidad, ya que siempre cuenta con la intervención y aportación técnica del servicio deportivo municipal, que garantiza los niveles de calidad de todos los servicios que ofrece el ayuntamiento. Contexto sociodeportivo excelente que debe saber conjugar actividades deportivas y culturales para todos, con calidad. Esta es una de las claves principales en la calidad deportiva de un municipio que quiera ser contexto sociodeportivo excelente (Puig y Trilla, 1987; Martínez del Castillo, 1988; Serrano, 2007).

La calidad deportiva viene, entonces, determinada primero por las actividades y los profesionales, después la dinamización social, la creación de afición deportiva con una buena oferta de actividades y la promoción de ellas a través de una gestión eficiente. Esta es una de las *máximas* en la creación de cualquier actividad municipal, la de facilitarla para el 100% de la población y en las mejores condiciones de calidad (Cecilio, 2000; Gallardo, 2001; Dorado, 2006).

Liderazgo técnico.

10.4.3. Los grandes eventos deportivos

Los grandes eventos deportivos, por su parte, son los que propician parte de la imagen de excelencia, tanto de deporte como de ciudad. Para que una población tenga difusión a nivel mundial y se vea que el deporte es muy importante, es necesario tener siempre unas competiciones de altísimo nivel. Eventos muy importantes con muchos años de experiencia y de cierta relevancia.

No obstante, los grandes eventos deportivos tienen su importancia en la potenciación general del deporte, pero los eventos deportivos no son los responsables directos de la tendencia a hacer deporte. La clave está en la potenciación del deporte de base y del deporte para todos, así como en la dinamización deportiva.

10.4.4. La dinamización socio deportiva

Este ha sido un proceso social básico estable en el tiempo, característica que le hace tener una dimensión significativa conceptual. Esta dimensión de dinamización sociodeportiva, se subdivide en procesos significativos que enriquecen su conceptualización y que han sido factores clave en la calidad deportiva de los contextos sociodeportivos excelentes:

- Creación de la necesidad de hacer deporte a la población.
- Necesidad de crear un marco adecuado para la realización de dicho deporte: buen ambiente deportivo, buenas instalaciones y creación de afición deportiva.
- Necesidad deportiva y de relación social de los ciudadanos.
- Facilidad de acceso al deporte, tanto como a asociaciones como al ciudadano en general.
- Aprovechar y considerar las demandas e inquietudes de los ciudadanos en cuestiones deportivas.

Generar en el ciudadano la motivación y necesidad de hacer deporte, y ya después es cuando se empieza a crecer y a invertir en instalaciones. Posteriormente se crean las competiciones locales como complemento al ocio.

Clave, pues, en el recorrido hacia la excelencia en el deporte de un entorno de calidad deportiva, es la denominada dinamización sociodeportiva, esto es, la creación de la necesidad de hacer deporte a la población, de crear un marco para la realización del deporte, un buen ambiente deportivo, afición deportiva, necesidad deportiva y de relación social desde la actividad física (Martínez del Castillo, 1988; Lagardera, 1995; Boné, 1999; Merino, 1999).

La facilidad de acceso al deporte es uno de los aspectos clave incluso en el desarrollo de los deportistas de alto nivel. El ambiente deportivo propicia, además, el conocimiento de las instalaciones deportivas del municipio.

Crear un buen ambiente deportivo, con unas buenas infraestructuras y con unos buenos profesionales técnicos son, con toda seguridad, las claves donde se sustenta la excelencia deportiva de un municipio. Se trata, en todo caso de crear las condiciones idóneas para la mejor realización de ejercicio físico, bajo los objetivos básicos de potenciar la salud y la relación social.

10.4.5. Los procesos de gestión

Para conseguir, primero una dinamización deportiva adecuada y, posteriormente, una facilidad de acceso al deporte con una oferta deportiva apropiada a los ciudadanos, es necesaria que la gestión se aplique mediante un proceso dinámico y eficiente. Son los denominados procesos de gestión (Mestre, 2004; Gómez y Mestre, 2005).

La génesis de la calidad en la gestión se encuentra entonces en técnicos profesionales bien titulados y con experiencia, contratados de forma intencionada por los políticos, con la mayor formación posible y con un liderazgo técnico apoyado en un instrumento de trabajo objetivo y eficaz, como es un programa deportivo específico y adecuado para cada entorno social.

Programa deportivo basado en el deporte para todos y deporte como herramienta social. Con el objetivo específico de que el mayor número posible de ciudadanos realice actividad física con continuidad y calidad (Martínez del Castillo, 1981).

10.4.6. La formación en deporte y la tecnificación

Para concluir el capítulo sistema de gestión, hay que hacer una referencia a la formación y a la tecnificación. La formación es una de las cuestiones más importantes para mejorar en cualquier aspecto de la vida; tanto para los técnicos deportivos, como para los deportistas, la formación o tecnificación es el camino adecuado para conseguir los mayores niveles de calidad (Smith, Smoll, y Curtis, 1991; Añó, 1997; Hernández, 1999; Pérez, 2004).

Tecnificación es sobre todo adquisición de habilidades técnicas, capacidades, pero además debe tratar de no ser exclusiva de algunos jóvenes. En el deporte excelente es necesaria la formación integral del deportista (Lorenzo, 2001; Martindale, Collins, y Daubney, 2005).

Es necesario tecnificar a deportistas en las categorías intermedias, en infantiles, cadetes, juveniles, y posibilitar deportistas con excelente formación técnica para no tener que contratar deportistas de élite formados fuera del municipio e incluso de la región. Ello supone una buena inversión a largo plazo, por lo que la concepción integral del deporte es fundamental (Martin et al., 2004; Moreno, 2004).

CATEGORÍA-DIMENSIÓN TÉCNICOS MUNICIPALES Y EQUIPOS DE TRABAJO

CÓDIGOS CONCEPTUALES	SUBCATEGORÍAS	CATEGORÍA
Técnicos	Técnicos	TÉCNICOS MUNICIPALES Y EQUIPOS DE TRABAJO
Técnicos profesionales		
Técnicos muy capacitados		
Trabajadores municipales		
Profesionalización	Profesionalización técnica	
Desarrollo personal-profesional		
Gestores deportivos	Gestores deportivos	
Técnicos profesores de INEF		
Equipo de trabajo	Equipos de trabajo	
Clima adecuado de trabajo		
Trabajo en equipo		

Esquema emergente de la categoría Técnicos municipales y equipos de trabajo.

10.5. TÉCNICOS MUNICIPALES Y EQUIPOS DE TRABAJO

Para muchos autores, las personas son la clave del éxito organizativo (Kaufmann, 1993; Peiró, 1995; Ayestarán, 1996; Gasalla, 2004). La verdadera diferencia entre el éxito y el fracaso de una empresa, sea pública o privada, reside en el mejor aprovechamiento de las capacidades, energías y aptitudes de sus trabajadores (Peters y Waterman, 1982; Schein, 1988; Gasalla, 2004).

Una de las características de los técnicos municipales de un contexto sociodeportivo excelente pasa por tener un fuerte sentido de pertenencia a la organización que se potencia con la posibilidad, desde cada puesto de trabajo, de la introducción de innovaciones administrativas. Ello solo puede ser posible desde la capacitación y formación en aspectos fundamentalmente de calidad (Díaz y Cuellar, 2007).

Las organizaciones excelentes gestionan, desarrollan y hacen que se potencie toda la capacidad de las personas que la integran. Son organizaciones que implican y reconocen a sus trabajadores haciendo incrementar su motivación y su compromiso con la organización. Las personas son, junto con la estructura, la tecnología y el entorno, el elemento clave del comportamiento organizacional (Peiró, 1990; Kaufmann, 1993; Stewart, 1998; Prior y Martínez, 2001; Medina, 2006).

Se puede decir que la construcción social de la organización es la suma de la organización formal y de la organización informal o espontánea. Las organizaciones se transforman en una realidad objetiva mediante el triple proceso de habituación, institucionalización y legitimación; encuentran el éxito en función de su capacidad para procesar información con eficacia, para anticipar nuevas respuestas que se adapten a un contexto global en continuo cambio. Son además capaces de cambiar rápidamente sus medios y sus fines en función de los cambios culturales, económicos y tecnológicos, redefiniendo sus estrategias. Por ello, los recursos humanos se convierten en la principal fuente de competitividad, y la organización tiende a convertirse en una organización inteligente, con capacidad para aprender y procesar la información (Sennett, 2000; Marín, 2001; Martínez y Lucas, 2001; Gasalla, 2004).

El comportamiento del grupo en la "empresa" es el generador de la cultura organizacional. Dicha cultura se define como la forma de responder al entorno mediante normas y reglas que se traducirán en la *personalidad* de la propia organización. De esta manera, la cultura se va aprendiendo por la adaptación de los miembros que la componen (Schein, 1988).

Desde el momento en que en el servicio deportivo municipal comienza a desarrollar un proyecto deportivo de calidad, se tienen que dar las condiciones de ser un grupo de trabajo profesional y comprometido en un contexto eficaz: un buen ambiente, con unos buenos profesionales técnicos y con unas mejores infraestructuras.

La incorporación de técnicos y gestores de mayor cualificación a una organización, es un valor añadido que aporta profesionalización y eficiencia en la tarea (Gasalla, 2004). La dimensión conceptual de *Técnicos* se apunta como clave específica que determina excelencia más allá del ámbito organizativo del municipio, llegando al contextual; es decir, los trabajadores municipales determinan la generación de una ciudad excelente a través de su trabajo.

En este sentido se tiene que dar una sinergia y entendimiento entre las asociaciones deportivas y los técnicos deportivos municipales. El auge del deporte de alto rendimiento y su óptimo nivel viene, por tanto, de la mano profesionales que se vinculan a los clubes de manera remunerada o no, pero con un nivel de eficacia en la gestión y en la formación deportiva del mayor nivel.

En los contextos sociodeportivos excelentes se da esta circunstancia de manera intencionada y eficaz: un equipo de trabajo interdisciplinar, interdependiente en las herramientas de gestión y con una formación y experiencia adecuada a las características del proceso a gestionar.

Equipos de trabajo de eficacia contrastada que potencian la correlación en los propios equipos. Esta sinergia hace que la colaboración de todos los miembros origine un grupo cohesionado y dirigido hacia un objetivo común. Cuando los intereses personales y los de la entidad coinciden, aumenta el rendimiento y consigue mejorar la propia organización (Peiró, 1995).

CATEGORÍA-DIMENSIÓN PARTICIPACIÓN CIUDADANA Y CLUBES DEPORTIVOS

CÓDIGOS CONCEPTUALES	SUBCATEGORÍAS	CATEGORÍA
Participación ciudadana	**Participación ciudadana y asociacionismo**	
Asociacionismo		
Asociaciones	**Asociaciones**	
Agrupaciones		
Clubes	**Clubes**	
Clubes organizadores de grandes eventos		
Fundaciones deportivas	**Fundaciones**	
Fundaciones culturales		
Ciudadanos	**Ciudadanos**	**PARTICIPACIÓN CIUDADANA Y CLUBES DEPORTIVOS**
Voluntariado		
Tejido social	**Tejido social-cultura participativa**	
Cohesión social		
Movimiento asociativo-vecinal		
Cultura de participación		
Consejos sectoriales	**Procesos de participación-integración**	
Integración de la ciudadanía		
Asambleas-foro ciudad		
Cooperación entre asociaciones		
Procesos de participación-integración		
Interacciones-relaciones sociales		
Fiestas		

Esquema emergente de la categoría Participación ciudadana y clubes deportivos.

10.6. LA PARTICIPACIÓN CIUDADANA Y LOS CLUBES DEPORTIVOS

La dimensión *participación ciudadana y clubes deportivos*, producto del análisis cualitativo pertinente del estudio de caso, no compartimenta estancamente la gestión deportiva y la gestión del municipio, todo lo contrario, la participación del ciudadano en los intereses de lo colectivo en su entorno inmediato de ciudad, y la intervención de las personas en colectivos específicos de deporte confluyen en un todo único sobre acciones integrales que generan beneficio y progreso en el municipio en su conjunto.

La dimensión conceptual *Participación ciudadana y clubes deportivos* es un proceso social básico generado desde los propios ciudadanos, y promovido desde la organización municipal.

La participación ciudadana es el modo legítimo de actuar en democracia, hasta el punto de que no puede existir democracia sin participación. Así, aunque en un sistema democrático se elija a los representantes legítimos del pueblo, la ciudadanía debe implicarse de forma activa en los procesos de análisis, diseño, decisión, elaboración, gestión y ejecución de las acciones del gobierno (ya sea nacional, autonómico o local), con el fin de ejercer control sobre la acción pública, así como de dar a conocer sus intereses y necesidades (Sánchez y García, 2001).

La clave importantísima es, pues, contar con mayúsculas con los ciudadanos. La trilogía de: equipo político con ideas claras; contratar profesionales para desarrollar eso, independientes; y tercero, la participación ciudadana. El proceso de participación ha sido en España un proceso generado desde los propios ciudadanos y promovido desde la organización municipal a partir de la llegada de los primeros ayuntamientos democráticos en 1979.

La participación ciudadana nace del liderazgo social y tiene la característica de dialogo permanente y sistemático, convirtiéndose en un instrumento fundamental en la gobernanza del municipio.

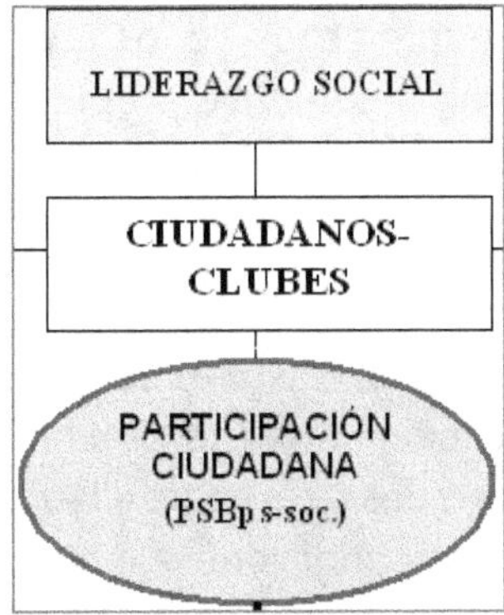

Liderazgo social.

El éxito está en una excelente gestión deportiva y en una gran participación ciudadana que lleva a ese asociacionismo a relanzar el deporte de la ciudad.

Los primeros ayuntamientos democráticos en España (1979), propiciaron una época de movimiento social, muy sociocultural, con una gran dinamización del tejido asociativo y de barrios (Martínez del Castillo, 1981; Puig y Heinemann, 1992; Tapiador, 2006).

En ese año 1979, desde las asociaciones de vecinos, desde los partidos políticos y desde los sindicatos, sobresalen personas muy comprometidas con la sociedad. Esto lleva a crear los primeros consejos de barrio de donde parten todas las iniciativas de necesidad de cambio, con el propósito de mejorar las precarias condiciones de infraestructuras básicas de que se carecía (Montero, Lama, y Rivas, 1991).

El asociacionismo, y dentro de este el voluntariado, gozan en España de una doble imagen social, por un lado se ve al voluntariado como forma organizada de la vida civil y social, considerándole como una virtud promotora de solidaridad, libertad y democracia y, por otro lado, es visto como el gran ausente de nuestra convivencia ciudadana (Ruiz, 2001b).

Uno de los factores del rendimiento institucional y principal factor endógeno es el capital social, es decir las redes en las que está inmersa una institución (Castells, 1975; Vila, 1998). De este capital social surge el liderazgo social, interlocutor de los gobiernos municipales. Sólo es trabajo teórico directamente relevante para la acción política aquel que, al mismo tiempo se funda en una sólida base científica, y que está ligado a la gente en una coyuntura concreta (Castells, 1975).

La gestión deportiva en los comienzos de los años ochenta contempla la participación ciudadana como un objetivo propio de los programas deportivos. La existencia de capital social es la variable que explica la diferencia en el dinamismo de unas ciudades respecto a otras (Iglesias, 2006).

Las características del movimiento asociativo vecinal de mediados de los años setenta, según Martínez del Castillo, tienen que ver principalmente con la lucha por la comunicación a Madrid, con la demanda de autobuses, y por los servicios fundamentales de alcantarillado, alumbrado, etc. Es así mismo interesante conocer las condiciones de algunos barrios alejados del centro, con una realidad de infravivienda (Martínez del Castillo, 1981).

El aspecto de pedagogía del tiempo libre es fundamental para Martínez del Castillo, y por tanto el papel del técnico de deporte en esta etapa es más la de *mediador*, y será clave para generar participación en la población. Algo que va más allá de meras actividades y que alcanza lo que Cagigal denominaba la trascendencia humana y social del deporte con la necesidad de una pedagogía deportiva (Cagigal, 1979).

Para Martínez del Castillo (1981) no hay duda de la importancia de la creación de infraestructuras deportivas ya en esta época:

> *"…el aspecto más importante que debe desarrollar el Municipio, dentro de su política municipal deportiva, es impulsar en su plan general de urbanismo la creación de espacios para el deporte" (1981).*

Es necesario, entonces, fomentar el asociacionismo, tanto general como deportivo. En éste ámbito específico se debe comenzar a potenciar la creación de clubes deportivos para poder crear redes dinámicas desde donde crear una tendencia y necesidad de relación en el deporte y para el deporte. En ese sentido, es fundamental compartir la dinamización y la acción deportiva, así como la organización de eventos de distinta dimensión, con los ciudadanos asociados en clubes y otras asociaciones.

Las estructuras políticas y sociales de calidad propician el desarrollo de una pluralidad de asociaciones. La cooperación voluntaria entre personas que se organizan formalmente para lograr determinados intereses comunes constituye, a un tiempo, un espacio privilegiado para ensayar formas modernas de sociedad y un resultado de los procesos que operan en éstas (Ariño, 2004).

El elemento diferencial es mantener un esquema de participación ciudadana, evolucionando por la financiación. Si bien, uno de los problemas del asociacionismo es la escasa capacidad de renovación del propio movimiento asociativo.

La democracia participativa complementa y profundiza la democracia representativa; en el voluntariado se detecta una esperanza de sustitución de la militancia política clásica. Los sentimientos y las ideas no se renuevan, sino es por la acción recíproca de unos seres humanos con otros. Esto sólo las asociaciones pueden lograrlo (Stewart, 1998). El asociacionismo ha sido uno de los aspectos claves del desarrollo de los contextos sociodeportivos excelentes, tanto en el deportivo como en lo social.

El deporte debe ser elegido, en todo contexto sociodeportivo excelente, como un instrumento de sostenimiento político, una herramienta de cohesión social, que logre generar ilusiones sobre todo en sociedades desmembradas y fragmentadas. El deporte para todos, principalmente hay que considerarlo como herramienta de cohesión social dentro de un modelo deportivo donde se debe tener cabida también para la tecnificación desde el deporte de rendimiento o competición.

Esquema gráfico de concepción del modelo de desarrollo deportivo.

Identificarse con alguien o algo es parte de la evolución cultural, todos necesitamos tener un referente común, una identidad compartida por lo cual nos reconozcamos como iguales o como integrantes de una misma causa. El movimiento asociativo, el asociacionismo deportivo, cumple esta misión y es por tanto una manifestación más de la cultura, una forma de expresión simbólica del acontecer social. El dialogo social se vuelve más fácil a través del deporte (Acuña, 1994).

Es en este contexto donde el auge asociativo cobra su mayor importancia, y donde estimula una visión proactiva, constituyendo un espacio social en el que se fijan una tupida y extensa red de asociaciones que representan la defensa real, social y cívica de los derechos de la ciudadanía (Ariño, 2004).

La creación de entidades deportivas para compartir la acción municipal en materia deportiva es una apuesta política importante y necesaria. La realización del fin social, entonces, no debe ser exclusivamente fruto del cumplimiento de unos determinados requisitos administrativos, sino el resultado de una acción económica y socialmente eficaz (Argudo, 2002).

El éxito de las asociaciones deportivas y de los clubes no sólo se deriva de los resultados, sino también de la eficacia social a la que se llegue, esto es, al desarrollo personal de sus asociados, a la mejora de la participación y a los beneficios generados en la sociedad (Heinemann, 1999; Gambau, 2006).

Las asociaciones, entonces, son fuentes de capital social, espacios de aprendizaje de la democracia. Todas las asociaciones, lo quieran o no, se encuentran insertas en la dimensión política de la vida social y su acción tiene consecuencias políticas, con independencia de que tengan o no conciencia de ello (Gambau, 2006). En ese sentido, las asociaciones más antiguas y representativas de la ciudad deben constituirse como entidades de referencia con profundo compromiso en la integración social y en la participación activa en la vida de la localidad en todos los sentidos.

Para Gambau i Pinasa (2004), el éxito en la gestión de los clubes deportivos, pasa por la aplicación adecuada de técnicas de gestión, unida a una correcta política de personal. Dos parámetros que son la base donde se sustentan criterios de referencia en el modelo ideal de club: gobierno participativo, planificación estratégica, participación social, buenas relaciones públicas, contacto con otras entidades e instituciones, buen análisis de la demanda, oferta con capacidad de innovación, comunicación y transparencia, prestigio en la colectividad donde está inmersa, buena estructura de fuentes de financiación, disponibilidad de infraestructuras y recursos materiales, gestión de voluntarios y clima organizativo interno participativo.

La capacidad de colaboración entre lo público y lo privado es lo que se llama administración relacional, y es una característica clave en los contextos sociodeportivos excelentes, una acción consciente que genera riqueza deportiva y económica. Capacidad de relación con el ámbito privado desarrollada en múltiples circunstancias. (Iglesias, 2006; Díaz y Cuellar, 2007).

La colaboración entre lo público y lo privado es la clave esencial para que el deporte de rendimiento exista en contexto sociodeportivo excelente; para que coexista con el denominado deporte para todos que, siga cubriendo toda la actividad sociodeportiva el municipio.

CATEGORÍA-DIMENSIÓN INSTALACIONES E INFRAESTRUCTURAS

CÓDIGOS CONCEPTUALES	SUBCATEGORÍAS	CATEGORÍA
Instalaciones-infraestructuras	Instalaciones-infraes-tructuras	INSTALACIONES-INFRAESTRUCTURAS
Apuesta por instalaciones		
Instalaciones de barrio	Espacios deportivos	
Conseguir-comprar espacios y terreno		
Polideportivo municipal		

Esquema emergente de la categoría Instalaciones-infraestructuras.

10.7. INSTALACIONES E INFRAESTRUCTURAS DEPORTIVAS

10.7.1. Reserva de espacios y terrenos para Instalaciones e infraestructuras Deportivas

Existe una percepción, en cierta medida errónea, de que la excelencia deportiva de los contextos sociodeportivos excelentes son la consecuencia directa de la creación de instalaciones deportivas. Incluso es señalado, en muchos casos, por gestores y dirigentes sociodeportivos como la gran clave de la creación de dichos entornos de excelencia. De forma objetiva, unitaria y con un tratamiento aséptico, dicho código conceptual queda como primer y más importante factor explicativo de la excelencia deportiva. Pero en el proceso de investigación, queda al descubierto, que existen muchos factores relacionados al código instalaciones que son determinantes y necesarios.

Esquema gráfico de Dimensión Instalaciones e infraestructuras.

Comprar, encontrar espacios y terreno es una de las claves primeras y básicas que determinan la organización deportiva de una ciudad. La mirada en el largo plazo es siempre necesaria, para lo humano y para lo material, para la estructura y para la infraestructura (Locke y Lathat, 1991; Gutiérrez, 1995; Dürckheim, 1996).

10.7.2. Creación de polideportivos municipales

La apuesta por instalaciones y el apoyo por el deporte van a la par, son consustanciales y son clave. La creación de instalaciones está precedida de una mejor promoción de actividades, dinamización sociodeportiva y gestión pensando en los usuarios-clientes. Cuando se crea una infraestructura deportiva en un contexto sociodeportivo excelente, ya se debe tener a gente esperando para entrar.

10.7.3. Apuesta por instalaciones y apoyo por el deporte

La clave, por lo tanto, debe estar también en la prioridad por el deporte como voluntad política junto con la gran apuesta de tener unas instalaciones de calidad, excelentes. La inversión en instalaciones deportivas y en deporte en general son acciones simultáneas: la dinamización deportiva y la construcción de infraestructura deportiva.

La necesidad deportiva y demanda ciudadana es previa a la construcción de infraestructura. Las inquietudes de la gente deben estar antes que la realización de las infraestructuras; las instalaciones se crean por necesidad y cuando existe una demanda real.

La infraestructura también crea y permite participación. Las instalaciones no son sólo edificios y, en la medida que cobran vida por las dinámicas que surgen o se generan, potencian la socialización deportiva (Naess, 1995). La cantidad y la calidad de las infraestructuras deportivas generan también la gran práctica deportiva general.

10.7.4. Infraestructuras deportivas vs dinamización socio deportiva

En cuanto a las infraestructuras, equipos y gestión, las claves van unidas, se interrelacionan potenciándose una con otra para formar un todo global, dinámico y creciente (De Andrés, 1997). La promoción deportiva genera práctica deportiva y de forma simultánea con buenos equipos de trabajo y con una apuesta por las infraestructuras, esto es la buena gestión municipal (De la Plata, 2001; Mestre, 2004).

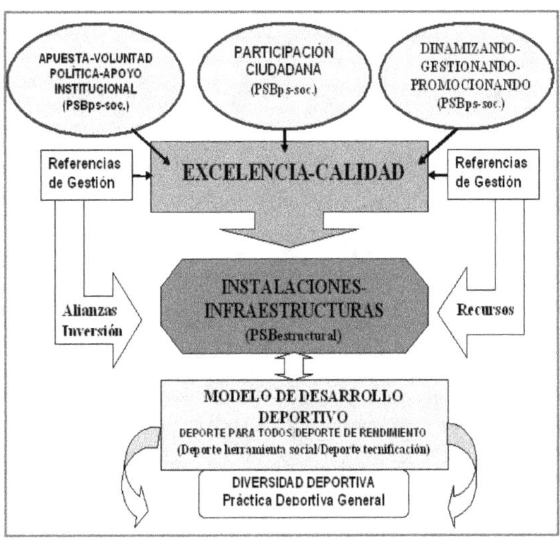

Esquema gráfico de generación de Práctica deportiva general.

CATEGORÍA-DIMENSIÓN CIUDAD Y CONTEXTO SOCIAL

CÓDIGOS CONCEPTUALES	SUBCATEGORÍAS	CATEGORÍA
Diseño y desarrollo de ciudad	**Desarrollo de ciudad**	**CIUDAD Y CONTEXTO SOCIAL**
Crecimiento armónico-equilibrado-coherente		
Proyecto de desarrollo ciudad		
Proyecto		
Planes estratégicos-ciudad		
Transformación social		
Ciudad no dormitorio-para vivir-sana	**Modelo de ciudad**	
Calidad de vida		
Ciudad innovadora-excelente-integral		
Ciudad integradora-participativa		
Ciudad educadora		
Ciudad deportiva		
Modelo de ciudad		
Situación geográfica	**Situación geográfica**	
Urbanismo	**Urbanismo**	
Estabilidad-continuidad política	**Contexto social-político**	
Contexto social-político		

Esquema emergente de la categoría Ciudad y contexto social.

10.8. DESARROLLO DE CIUDAD

La excelencia deportiva está determinada por un amplio abanico multifactorial donde los aspectos psicológicos, comportamentales y sociales son primordiales y cada vez tienen más influencia en el deportista (Ruiz y Sánchez, 1997; Sánchez, 2002; Sáenz-López et al., 2005; Ruiz, 2006). El contexto social se nos presenta, como uno de los aspectos más significativos en la formación eficaz de los deportistas.

Esquema gráfico de creación de desarrollo de ciudad a partir del desarrollo deportivo.

Es el llamado, por Bronfenbrenner, *macrosistema* o conjunto de leyes que caracterizan la cultura o subcultura de la persona en desarrollo, un sistema ambiental dinámico, que tiene una influencia determinante sobre los otros entornos. Es el sistema cultural del sujeto y el más estable (Bronfenbrenner, 1987).

La noción de *contexto* se utiliza habitualmente en las ciencias humanas y sociales para designar *aquello que rodea* una conducta o una actividad determinada. Esta noción se suele representar mediante una serie de círculos concéntricos en cuyo centro se encuentra la conducta o actividad a analizar, de modo que contexto suele expresarse también como *niveles del contexto.* Los contextos no están simplemente dados en el medio físico, ni en las combinaciones personales; los contextos se constituyen mediante lo que las personas hacen, pero sobre todo, por dónde y cómo lo hacen (Bertalanffy, Ashby, y Weinberg, 1972; Rogoff y Wertsh, 1984; Bronfenbrenner, 1987; Vila, 1998; Gutiérrez, 2000).

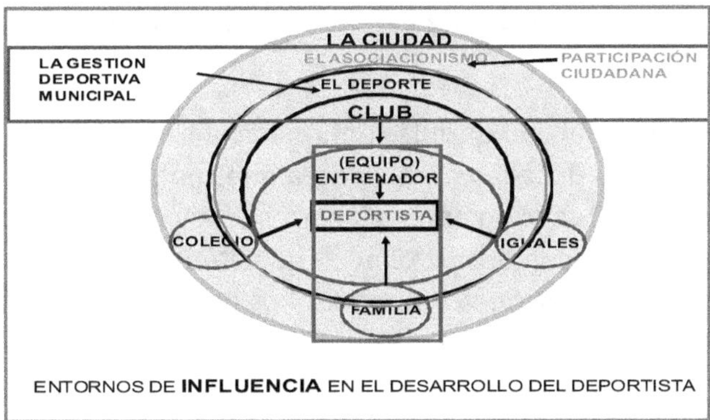

Contexto sociodeportivo de Contexto sociodeportivo excelente.

10.8.1. Los planes estratégicos de la ciudad y la transformación social

La estrategia de intervención está en la de situar una ciudad en la vanguardia de la técnica, e intervenir para cohesionar el territorio desarrollando políticas de bienestar social proactivas e innovadoras en cuanto a metodología y a contenidos (Iglesias, 2006).

Los planes van produciendo la transformación social compartida; una ciudad es una colectividad social multifuncional territorialmente delimitada. El conjunto urbano, definido como sistema ecológico es producido por el proceso de interacción de los elementos de dicho sistema (Bronfenbrenner, 1987; Pickett et al., 2001). En ese sentido el deporte es determinante en dicho desarrollo. El organismo deportivo municipal, los clubes y las distintas asociaciones deportivas son fundamentales para dar contenido a todo el proyecto de ciudad.

Desarrollo de ciudad con un crecimiento armónico-equilibrado-coherente, concepto persistente en todo contexto sociodeportivo excelente en cuanto a modelo de creación de ciudad. Hay que ser coherente en función del crecimiento y ello es un factor clave en el desarrollo de una ciudad.

10.8.2. Modelo de ciudad

Contexto sociodeportivo excelente es, en definitiva, *una ciudad modelo*, por crecimiento demográfico de calidad, por su potencial educativo, y por el deporte de calidad. Y lo es también por ser referencia para otras poblaciones de su entorno y lejanas a este entorno.

Contexto sociodeportivo excelente, que preserva su identidad, donde se implica a todos los agentes sociales y técnicos de la ciudad. Una verdadera innovación solo puede darse desde la previa definición de la estructura social.

Se debe generar una calidad de vida confirmada al hacer del municipio una ciudad participativa, educadora, innovadora que confluya en una sociedad integral y excelente. Tener una riqueza para que los ciudadanos que vivan en ella, se integren. Un conjunto urbano es un sistema estructurado a partir de elementos cuyas variaciones e interacciones determinan su propia constitución. Los fenómenos urbanos surgen de las reciprocas relaciones entre población, medio físico, organización social y tecnología. Además las diferentes colectividades están relacionadas entre sí por una serie de nexos jerárquicos, de manera que el conjunto está constituido por una red compleja cuyos elementos fundamentales están relacionados entre sí (Berger y Luckmann, 1968). También de los aspectos psicosociológicos y de la cultura.

10.8.3. La situación geográfica y el urbanismo

La situación geográfica y el urbanismo son factores clave para la mejor creación de un municipio con contexto sociodeportivo de excelencia. En ese sentido es determinante la gestión que se realice desde la ordenación urbana. Solo en un ambiente urbano completo pueden producirse personas completas, únicamente en un contexto urbano racional puede el espíritu humano desarrollar sus tradiciones culturales y sociales más vitales (Bookchin, 1978).

La estructura económica de un contexto sociodeportivo excelente está, necesariamente, vinculada a la zona próxima territorial y no puede ser disociada de las misma. Esta ha sido una de las claves de la creación de contextos sociodeportivos excelentes, hacer del territorio un factor de emplazamiento competitivo, ya que de ello depende el desarrollo del mercado de trabajo local.

Realizar una planificación urbanística que otorgue participación a la sociedad civil en un proceso abierto para diseñar un modelo de ciudad, es un factor clave de excelencia contextual. La situación geográfica condiciona notablemente el urbanismo (Pascual, 2001; Beltrán, 2004).

10.8.4. El contexto socio-político

El urbanismo es lo más importante cuando se empieza a desarrollar una ciudad, los desarrollos urbanísticos en las ciudades son los que la hacen mejor o peor, la hacen de más calidad, la hacen incluso más habitable; todo nace desde ahí, con los planes urbanísticos de la ciudad.

La estrategia urbanística genera una producción de espacio mediante la sinergia que conforma la identidad propia de un municipio. Una identidad marcada por la idea de calidad y de ser modelo de ciudad, donde dicha sinergia es, más que un instrumento para producir mejores resultados, un mecanismo de innovación permanente (Naess, 1995).

Una ciudad es el resultado de los procesos sociales y económicos que convergen en una estructura física, que es el territorio, el contexto sociopolítico (Castells, 1979).

CATEGORÍA-DIMENSIÓN RESULTADOS E IMAGEN

CÓDIGOS CONCEPTUALES	SUBCATEGORÍAS	CATEGORÍA
Imagen		
Imagen de ciudad	**Imagen**	
Imagen de deporte		
Impactos		
Referencia para otros	**Referencia para otros**	
Premios	**Premios**	
Hitos	**Hitos**	**RESULTADOS E IMAGEN**
Mejoras	**Mejoras**	
Rentabilidad social		
Eficiencia-rendimiento económico	**Rentabilidad social-política-económica**	
Rentabilidad política		
Retornos		
Cosas bien hechas		
Resultados deportivos	**Resultados deportivos**	
Abandono del deporte		

Esquema emergente de la categoría Resultados e imagen.

10.9. IMAGEN DE CIUDAD

La imagen es la concepción de un producto, de una marca y la aplicación a un concepto. La imagen que se tiene de un contexto sociodeportivo excelente está relacionada de forma proporcionada por tres aspectos fundamentales: el nivel organizativo, el de infraestructura y el de imagen. Imagen de ciudad e imagen de deporte, de ciudad deportiva.

Se efectúa de forma consecuente y de forma expresa para generar en la ciudanía un sentimiento de pertenencia a su ciudad, y como forma de cohesión social (Veyrat, 2007).

Resultados e imagen, como pueden ser los premios de a la Calidad o/y a la Innovación en la Gestión Pública, que tienen por finalidad reconocer a las organizaciones que se hayan distinguido muy especialmente en la excelencia de su rendimiento global por comparación a modelos de referencia internacional, según consta en el Real Decreto 951/2005, de 29 de julio (BOE de 3 septiembre) en su artículo 22 relativo a los Premios a la Calidad e Innovación en la Gestión Pública.

Se puede decir, entonces, que todo contexto sociodeportivo excelente, debe tener una imagen apoyada en la realidad, por los buenos servicios y en la buena gestión municipal confirmada en los premios a la calidad de gestión de recursos.

10.9.1. Imagen de deporte

La imagen de ciudad viene en gran medida determinada por la imagen del deporte, la imagen proyectada a través de los grandes eventos deportivos organizados en la ciudad, en mayor medida por los de difusión internacional.

Los grandes eventos deportivos son necesarios no sólo para el deporte, sino para la propia ciudad. Se debe establecer la *"marca"* de municipio sociodeportivo excelente y de ciudad modelo; una simbólica social que crea sentimiento de pertenencia, cohesión social y percepción de identidad.

La imagen de deporte específica es, sobre todo, por la práctica deportiva general del municipio, y por la imagen de deporte social y de participación. Por ser ciudad multideportiva.

10.9.2. Referencia para otros

Una ciudad es excelente cuando es referencia para los demás, para el resto de las ciudades y municipios. Cuando está abierta al exterior y es modelo a imitar (Racionero, 1978; Perret-Clermont, 1991).

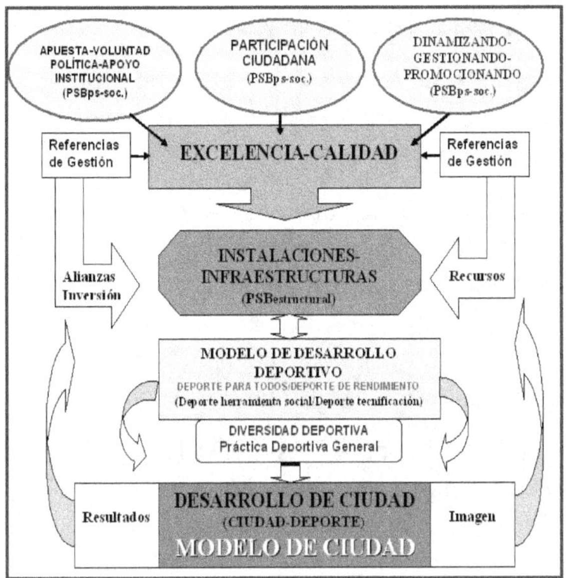

Esquema gráfico de generación de Contexto sociodeportivo excelente como Ciudad Modelo.

Los mejores países, las mejores organizaciones también están abiertas al exterior.

10.9.3. Hitos

La importancia de visibilizar los hitos significativos en todo municipio que pretenda ser excelente es fundamental. Son referencias que marcan el camino de desarrollo, tanto de ciudad como de deporte; son indicaciones de que se ha hecho algo importante. En algunos casos son inauguraciones de instalaciones, premios concedidos; en otros casos, comienzo o inicio de una actividad, programa o gran evento deportivo. En todos los casos son fechas significativas que revelan y demuestran el buen hacer de un pueblo y de su gente.

10.9.4. Premios

De los momentos claves, resultan los premios; fundamentalmente por el hecho de práctica y participación deportiva general, por sus programas y actividades, por los servicios ofrecidos, y también por el deporte de rendimiento o de alto nivel de competición.

10.9.5. Rentabilidad social, económica y política

Invertir en calidad, tanto en infraestructuras como en método de trabajo revierte posteriormente de forma positivamente mayor en los servicios y por tanto en la ciudadanía.

Las acciones, en ese sentido, producen retornos en forma de rentabilidad social principalmente y también de rentabilidad económica. El deporte requiere recursos, los recursos demandan impactos y los impactos se transfieren a través de la imagen repercutida en los medios de comunicación, y un apoyo mediático importante para atraer a empresas por esa repercusión de impactos tan grande, lo cual ha terminado siendo clave.

La participación y cultura deportiva, así como la posibilidad de realizar la práctica deportiva en lugares idóneos y con medios, propicia, definitivamente, los beneficios en resultados deportivos.

10.10. CONCLUSIONES EXTRAIDAS DEL ANÁLISIS DE CONTEXTO SOCIODEPORTIVO EXCELENTE

Se exponen las conclusiones en forma de proposiciones de nivel descriptivo referidas al sujeto de estudio específico y por proposiciones teóricas de nivel conceptual, determinadas por los hechos cualitativos que implican generalización de teoría.

B. CARACTERISTICAS CLAVES DE UN MUNICIPIO COMO CONTEXTO DE EXCELENCIA EN DEPORTE Y EN EL DESARROLLO DE DEPORTISTAS DE ALTO NIVEL

A.1. Categoría central y procesos sociales básicos explicativos

- **El liderazgo compartido** entre equipo de gobierno, ciudadanos-clubes y técnicos profesionales, es el suceso más importante que se ha dado en el contexto social objeto de estudio. El liderazgo compartido ha resultado ser el principal factor clave de la excelencia deportiva del municipio.

- **La apuesta o voluntad política y el apoyo institucional** por el deporte es uno de los principales factores explicativos de la excelencia deportiva de un municipio excelente en deporte.

- **La dinamización sociodeportiva y la promoción-gestión** de actividades es uno de los procesos sociales básicos que, liderado por los técnicos profesionales, ha sido definitivo para alcanzar la excelencia en deporte del municipio.

- **El proceso social básico socializando-socializándose,** ha resultado ser el cuarto factor de mayor peso en la excelencia del deporte del municipio. Es el proceso conducido de manera compartida por los líderes sociales y equipo de gobierno desde la participación ciudadana que ha propiciado la posibilidad e implicación de los vecinos en las dinámicas socioculturales y deportivas.

- **La creación y realización de infraestructuras e instalaciones** es el proceso social básico socio-estructural, factor clave en la excelencia del deporte del municipio y un patrón generador de cambio, así como activador del modelo de desarrollo deportivo.

A.2. Conclusiones principales respecto al contexto social

- **La excelencia del contexto social**, como entorno deportivo, es generador de igualdad de oportunidades, de democratización y de normalización de posibilidades sociales en todos los niveles.

- **El entorno de ciudad**, a través de una gestión con perspectiva y objetivos de dinamización social e igualdad de las oportunidades, ha sido capaz de crear las condiciones sociodeportivas necesarias, neutralizando variables condicionales de estructura familiar.

- **La riqueza de un entorno excelente,** por posibilidades y por facilidades, minimiza las posibles carencias de otros entornos de influencia del deportista.

- **Ciudad y deporte van unidos** de forma inherente. La gestión deportiva municipal y la gestión de ciudad están unidas por naturaleza.

- **El estudio de un sistema deportivo** no puede realizarse desvinculado del contexto social donde queda incluido.

- **El éxito del proceso de liderazgo compartido** se debe a la existencia de un fuerte liderazgo político, la activación de la sociedad civil (liderazgo social) y la participación de los empleados públicos (liderazgo técnico).

- **El liderazgo político-municipal ejercido por el alcalde**, tanto en relación, al deporte como a nivel organizacional general, se fundamenta en cuatro dimensiones: su carácter y personalidad; la referencia de

Europa, principalmente de Francia; su afición y apasionamiento por el deporte; y su capacidad para generar equipos de trabajo político-técnicos con una gran delegación de la tarea.

- **La relación político-técnica** ha sido una de las claves del éxito en la gestión general y en la gestión deportiva.

- **La clave en el éxito** está en que desde los equipos de gobierno se deja hacer a los profesionales. Dejar hacer y complicidad-sintonía, son factores clave de excelencia organizativa. Un equipo de trabajo eficaz se apoya en un entorno de sintonía y de confianza.

- **La modernización municipal** se sustenta en valores compartidos ligados a compromisos estructurales e institucionales.

- La **excelencia-calidad** es un factor explicativo vertebrador del contexto social a través de las dinámicas de gestión, de la participación ciudadana y del apoyo institucional, sobre el que pivotan las acciones deliberadas de los diversos liderazgos y que, unido a los recursos y las inversiones-alianzas, potencian eficazmente el desarrollo de la ciudad y del deporte excelente.

- **La implicación con el deporte** del alcalde y del equipo de gobierno es una de las claves respecto a la política deportiva.

- **Una de las claves de excelencia** organizativa de un entorno excelente es un apoyo constante al movimiento asociativo como modelo socio-cultural, relacional y de eficacia social.

- **Uno de los factores del éxito** como ciudad de excelencia ha sido compaginar equilibradamente los aspectos urbanísticos, económicos, deportivos, sociales y culturales.

- **La utilización adecuada de los recursos** ha sido un factor clave explicativo.

- **Ejes fundamentales en la excelencia de la gestión son**: 1º, la parte sociopolítica que cubren los políticos; 2º, el organismo deportivo municipal como la parte que proporciona apoyo técnico-profesional; y 3º, asociacionismo deportivo.

- **Los trabajadores han sido clave** al conformarse buenos equipos de trabajo donde se han transmitido y compartido ideas e ilusión, aspectos básicos para el desarrollo del proyecto municipal.

- **Clave en la excelencia** y calidad del deporte es que las personas que están en los comienzos de la década de los años ochenta formaron un equipo muy motivado en torno al trabajo sobre la vía del deporte recreación.

- **El asociacionismo ha sido uno de los aspectos claves** del desarrollo, tanto en lo deportivo como en lo social. La generación de entidades deportivas para compartir la acción municipal en materia deportiva es una apuesta política.

- **El deporte como una herramienta de cohesión social**, un instrumento de sostenimiento político con el objetivo de generar ilusiones en una sociedad. El dialogo social se vuelve más fácil a través del deporte.

- **Fundaciones:** clave esencial para que el deporte de alto rendimiento; para que coexista con el deporte para todos que cubre toda la actividad sociodeportiva el municipio.

- **La apuesta por instalaciones y el apoyo por el deporte** son clave y deben simultanearse, siempre que la creación de instalaciones esté precedida de una mejor promoción de actividades, dinamización sociodeportiva y gestión pensando en los usuarios-clientes.

- **El desarrollo de ciudad** sólo puede entenderse como binomio ciudad-deporte.

- **Factor clave en el desarrollo de una ciudad** es el crecimiento armónico-equilibrado-coherente, concepto persistente en el modelo de creación de ciudad. Crecimiento tanto en instalaciones como en participación.

- **La imagen de ciudad** está generada simultáneamente por imagen y resultados, tiene referencia de entorno de excelencia y crea modelo de ciudad.

A.3. Conclusiones principales sobre el modelo de desarrollo deportivo

- **La práctica deportiva general** de la población es una de las claves de excelencia en el deporte del contexto sociodeportivo y está cimentada por el desarrollo de ciudad.

- **El modelo de desarrollo deportivo** está fundamentado en el deporte para todos, en el deporte como socializador y como herramienta de cohesión de los ciudadanos. Desde un primer momento en la década de los años ochenta, se toma el deporte como un instrumento de integración de la población con el objetivo de posibilitar la práctica deportiva a toda la población.

- **La diversidad deportiva** es factor clave de excelencia y uno de los aspectos más característicos del deporte del municipio excelente.

- **La apuesta por el deporte para todos y por el deporte de base** es uno de los factores clave del deporte de la ciudad; determinante en la generación de deportistas en el ámbito del rendimiento deportivo, al realizarse en unas condiciones de calidad en cuanto a instalaciones, en formación deportiva y en gestión adecuada.

- **El deporte de rendimiento** surge desde la buena gestión de las escuelas deportivas municipales, unido a un empuje activo de los clubes deportivos.

- **La eficacia del sistema deportivo** viene determinada, por la iniciación deportiva, por la tecnificación de los deportistas, por la forma de tratar la competición deportiva, por la orientación de las escuelas deportivas y por el modelo de desarrollo deportivo establecido.

- **Las escuelas deportivas municipales** son un factor clave en la excelencia del deporte.

- **Clave de excelencia deportiva** del municipio, es la gestión cooperada de las escuelas con los clubes, una buena distribución de espacios y una dinamización sociodeportiva realizada por los técnicos profesionales.

- **Clave de la excelencia en el deporte** de un entorno de calidad deportiva es la dinamización sociodeportiva, la creación de necesidad de hacer deporte, de establecer un marco para la realización del deporte, un buen ambiente deportivo, afición deportiva, necesidad deportiva y de relación social desde la actividad física.

- **La facilidad de acceso al deporte** es uno de los aspectos clave en el desarrollo de los deportistas de alto nivel y en el crecimiento de la práctica deportiva general de la población.

A.4 Subprocesos claves explicativos por dimensiones

DIMENSIÓN DE LIDERAZGO COMPARTIDO

Características del liderazgo político-municipal

- **Características significativas del liderazgo del alcalde son**: líder visionario, sentido de la oportunidad y aprovechamiento de las situaciones. Capacidad de visión de futuro y de querer un tipo de ciudad habitable, no dormitorio, unido a su capacidad de relación con los vecinos y su proximidad al ciudadano.

- **La figura del 1º teniente de alcalde,** actor político fundamental en el desarrollo cualitativo y cuantitativo de la administración municipal, líder entre los directivos y equipos municipales. Ha potenciado la calidad y liderado el proceso de excelencia organizativa a través de buenos equipos de trabajo.

- **Ha habido un adecuado tándem político** entre alcalde y 1º teniente de alcalde que ha servido de catalizador para el resto de los equipos y para toda la organización en su conjunto.

- **El liderazgo político-municipal** ha estado presente en la vida de los ciudadanos a través de la comunicación, los servicios y la implantación de valores.

Características del liderazgo técnico

- **Uno de los aspectos significativos de la excelencia** en la gestión deportiva es la incorporación de un director-gerente, por el impulso de modernización, cambio e innovación que se produce en el servicio deportivo municipal.

- **La figura del primer director técnico del Patronato Deportivo Municipal es clave** pues realizó y sistematizó la puesta en marcha de un patronato deportivo con captación de alumnos de todas las edades, pensando en todos los barrios y donde se pusieron los cimientos del deporte como herramienta social y de cohesión de los ciudadanos.

Características de los valores compartidos

- **Los valores de la ciudad** han venido marcados fundamentalmente por la propia transformación del municipio.

- **El sentido de pertenencia** a la ciudad es uno de los valores más conseguidos y arraigados en el municipio.

- **La ilusión es un valor** que ha marcado todo el desarrollo de la ciudad.

- **Un valor importante es el de cultura deportiva** sustentada en la participación activa de los ciudadanos en actividades y en eventos deportivos.

- **La coherencia es un valor fundamental**: las estrategias de los planes de desarrollo son similares por la continuidad en la forma de gestionar una ciudad. Las líneas y objetivos tienen sintonía grandísima por coherencia y continuidad. Es una de las claves de excelencia.

- **El proceso de gestión administrativa** no es sólo un proceso de tecnología social y está inspirado en valores. Los fines políticos se establecen derivados del análisis sistemático de la situación social y tienen una carga importante de valores que coinciden con las necesidades de los ciudadanos.

Características de la relación político-técnica y del liderazgo compartido

- **El liderazgo compartido** es un liderazgo apoyado en valores y en personas, con una corresponsabilización de políticos y técnicos que favorece y potencia todo el proceso de gestión.

- **El liderazgo compartido** tiene su máxima expresión en la colaboración de los más altos niveles de decisión conjunta política-técnica, en tener la capacidad de crear un núcleo directivo muy profesional.

- **El liderazgo es importante** no solamente en los niveles altos de la organización, sino en todos los cuadros con funciones de responsabilidad y con personas a su cargo.

- **La existencia de un potente liderazgo compartido** está determinada por la calidad de los técnicos y su competencia para influir sobre los cargos políticos, así como en la permeabilidad y receptividad de estos últimos a dichas valoraciones técnicas.

- **La estabilidad de gobierno** se considera un dato significativo para conseguir resultados eficaces sobre el desarrollo de ciudad y sobre la excelencia del deporte.

- **Un factor de éxito** en el desarrollo de ciudad es la capacidad política apoyada en la capacidad técnica, donde el equipo técnico aporta rigor a las decisiones políticas.

- **La clave de una excelente administración pública** es tener perfectamente separada la parte política de la parte profesional.

DIMENSIÓN ORGANIZACIÓN-ESTRUCTURA Y POLÍTICA INSTITUCIONAL

- **Clave es el modelo de gestión**, basado en la descentralización de los servicios municipales al convertirlos en organismos autónomos de gestión.

- **Uno de los factores claves por parte del equipo de gobierno** y una constante en su forma de gestionar ha sido la cercanía al ciudadano, la receptividad y la permeabilidad.

- **La calidad** en el ayuntamiento es una metodología de trabajo, una forma de realizar las cosas en el nivel técnico y en el nivel político que crea un entorno de excelencia. Se utiliza como herramienta para mejorar la prestación de servicios a los ciudadanos

- **En calidad y excelencia deportiva** ha habido una aportación bidireccional Patronato de deportes-Clubes.

- **Un sistema de calidad** para ser eficiente, requiere la implicación activa y responsable de la más alta instancia de gobierno.

- **La excelencia en un municipio requiere una mirada al exterior**, tener modelos de referencia de otros ayuntamientos y otras organizaciones que inspiren mejora y crecimiento requiere necesariamente de referencias de gestión institucional.

- **Modelo político y modelo de gestión** se unen para producir mayor eficacia social en la ciudadanía como modelo de gobernanza de la ciudad. Apoyándose sobre la excelencia y calidad, por exigencia de acción y de resultados, obliga a comprender el funcionamiento de la complejidad social de su entorno y genera un ciudadano informado y activo que funciona colectivamente de forma efectiva a través de procesos abiertos y organizados.

- **La implantación de nuevos modelos de gestión** y organización demandan una adaptación en base a las características contextuales y de sociedad donde se quiera implantar el sistema.

DIMENSIÓN ALIANZAS-RECURSOS E INVERSIÓN

- **La inversión en deporte** ha sido siempre muy alta y es considerada como una de las claves de la excelencia deportiva. Ha estado apoyada por profesionales que han realizado proyectos y programas deportivos viables y coherentes.

- **Las alianzas son instrumentos** para hacer proyectos de desarrollo donde las empresas son requeridas por los gobernantes municipales para dar respuesta a problemas y circunstancias específicas que se institucionalizan en organizaciones mixtas, partenariados o coaliciones de élite y de crecimiento.

- **Los recursos y la inversión** son dos factores esenciales para la comprensión de la excelencia deportiva de un municipio. La inversión y la generación de instalaciones posibilitan la creación de una imagen de ciudad a imitar, a la vez que causa beneficios al municipio en forma de retornos económicos y sociales.

DIMENSIÓN SISTEMA DE GESTIÓN

- **Los primeros cambios en la concepción del deporte**, de la socialización a través del mismo y de la importancia para la sociedad en su conjunto, se generan a partir de un proyecto sobre la puesta en marcha de un patronato deportivo municipal apoyado en la visión y filosofía del deporte para todos.

- **El año 1992 es una de las fechas significativas** en el cambio cualitativo en el deporte de rendimiento. Hecho que coincide con diversos estudios reseñados en la discusión de resultados, en el que determinan dicha fecha como el inicio en España de una etapa de consolidación de grandes líneas de actuación, de proyectos de diversificación de oferta deportiva y de la puesta en marcha de los actuales modelos de gestión deportiva municipal.

- **La dinamización y promoción deportiva** realizada en los inicios de la década de los años ochenta ha sido clave para crear participación deportiva en la población, desde una concepción de la pedagogía del tiempo libre, generadora de movilización social, donde la figura del profesor es, principalmente, la de mediador sociodeportivo.

- **La dinamización socio-cultural-deportiva** se hizo posible a partir 1979 tras las primeras elecciones municipales en España con la constitución de los primeros ayuntamientos democráticos.

- **Una clave de los entornos deportivos excelentes** es realizar la gestión sociodeportiva de una forma planificada, estructurada a través de unos equipos de trabajo implicados con el proyecto y con una cualificación muy alta.

- **Una de las claves fundamentales** en la generación de entornos de excelencia es la referencia sobre modelos de desarrollo de calidad contrastada.

DIMENSIÓN TÉCNICOS MUNICIPALES Y EQUIPOS DE TRABAJO

- **Clave en los técnicos municipales** es su fuerte sentido de pertenencia a la organización.

- **Los técnicos municipales** son clave de excelencia en el ámbito organizativo y en el ámbito contextual del municipio por su fuerte compromiso con la ciudad.

- **La sinergia en el equipo de trabajo es clave de excelencia organizativa** pues hace que la colaboración de todos los miembros origine un grupo cohesionado y dirigido hacia un objetivo común. Cuando los intereses personales y los de la entidad coinciden, aumenta el rendimiento y mejora la propia organización

DIMENSIÓN PARTICIPACIÓN CIUDADANA Y CLUBES DEPORTIVOS

- **La cohesión e integración** ciudadana en los primeros años de la década de los ochenta a través del deporte era necesaria por las características precarias del contexto social.

- **La acción deportiva** en la década de los años ochenta se realiza pensando fundamentalmente en la captación de la población y en la introducción de la gente en dinámicas deportivo-sociales para propiciar una cohesión de la sociedad.

- **En el año 1980 se comienza a potenciar el asociacionismo** y la participación ciudadana. La participación ciudadana ha sido generada por la administración y emergida desde la ciudadanía.

- **Los clubes deportivos han impulsado y generado** el deporte de rendimiento con mayor calidad partir de 1998, año de creación de fundaciones deportivas.
- **El soporte institucional** constituye uno de los factores clave que facilita la existencia de las asociaciones y la participación de los ciudadanos creando cultura de la participación.

- **El liderazgo social surge del capital social**, interlocutor de los gobiernos municipales. La gestión deportiva en los comienzos de los años ochenta contempla la participación ciudadana como un objetivo propio de los programas deportivos.

- **La creación de clubes deportivos** para poder tender redes dinámicas desde donde crear una necesidad de relación en el deporte y para el deporte.

- **Uno de los problemas del asociacionismo** es la escasa capacidad de renovación del propio movimiento asociativo.

DIMENSIÓN INSTALACIONES E INFRAESTRUCTURAS

- **La clave de la excelencia deportiva** está en la prioridad por el deporte como voluntad política junto con la gran apuesta de tener unas instalaciones de calidad, excelentes.

- **La creación de espacios para el deporte** es el aspecto más importante que debe impulsar un municipio dentro de la política municipal deportiva en su plan general de urbanismo.

- **Comprar, encontrar espacios y terreno** es una de las claves primeras y básicas que determinan la organización deportiva de una ciudad.

- **La necesidad deportiva y demanda ciudadana** es previa a la construcción de infraestructura. Las inquietudes de la gente deben estar antes que la realización de las infraestructuras. Las instalaciones se crean por necesidad y cuando existe una demanda real.

- **Una vez generada necesidad de práctica deportiva en la población, la inversión en instalaciones** deportivas y la promoción del deporte en general deben ser acciones necesariamente simultáneas: la dinamización deportiva y la construcción de infraestructura deportiva.

- **La infraestructura también crea y permite participación**, las instalaciones bien gestionadas no son sólo edificios y en la medida que cobran vida, por las dinámicas que surgen o se generan, potencian la socialización deportiva. La cantidad y la calidad de las infraestructuras deportivas propician también la práctica deportiva general.

DIMENSIÓN CIUDAD Y CONTEXTO SOCIAL

- **Ciudad modelo** por crecimiento demográfico de calidad, por su potencial educativo y por el deporte. Es una referencia para las poblaciones de su entorno y para muchas ciudades de España y de otros países.

- **Clave, la visión de ciudad no-dormitorio**, de ciudad para vivir, como voluntad política y social donde se implicó a todos los agentes sociales y técnicos de la ciudad.

- **La situación geográfica ha sido clave**, así como el urbanismo y la gestión realizada desde la ordenación urbana son determinantes en las ciudades.

- **El desarrollo de la ciudad** pasa por tener las ideas y las líneas del desarrollo muy claras desde el principio.

- **La visión es importante** ya que una verdadera innovación solo puede darse desde la previa definición de la estructura social.

- **El urbanismo** es lo más importante cuando se empieza a desarrollar una ciudad.

DIMENSIÓN RESULTADOS E IMAGEN

- **La imagen** relaciona de forma proporcionada tres aspectos fundamentales: el nivel organizativo, el de infraestructura y el de imagen. Imagen de ciudad e imagen de deporte, de ciudad deportiva.

- **La creación de la imagen** se ha efectuado de forma consecuente y de forma expresa para generar en la ciudanía un sentimiento de pertenencia a su ciudad y como forma de cohesión social. Como imagen de ciudad modelo ha establecido una simbólica social que crea ese sentimiento de pertenencia, cohesión social y percepción de identidad.

- **La imagen específica de deporte** es, sobre todo, por la práctica deportiva general del municipio y por la imagen de deporte social y de participación, por ser ciudad multideportiva.

- **Hitos significativos en la consecución de la excelencia son** Premios Nacionales de Deportes, los desarrollos de calidad que permitieron orientar la organización en los criterios de excelencia y la creación de polideportivo municipal.

- **Los premios obtenidos** en deporte se han concedido fundamentalmente por la práctica deportiva general de los ciudadanos y por los programas y actividades realizadas por el PMD.

- **Una ciudad es excelente** cuando es referencia para los demás, para el resto de las ciudades y municipios; cuando está abierta al exterior y es modelo a imitar.

- **Los grandes eventos deportivos** son necesarios no sólo para el deporte sino para la propia ciudad.

C. Conclusiones respecto al modelo de desarrollo deportivo

B.1. Características del Modelo deportivo local

- **El modelo deportivo municipal** se basa principalmente en los clubes deportivos, en las escuelas deportivas municipales y en el ciudadano en general.

- **El origen y el motor del deporte** han sido las actividades y los profesionales, después la dinamización social, la creación de afición deportiva con una buena oferta de actividades y por último la promoción de ellas a través de una gestión eficiente. **Crear un buen ambiente deportivo** con unas buenas infraestructuras y con unos buenos profesionales técnicos es la clave donde se sustenta la excelencia deportiva de un municipio.

- **Los grandes eventos deportivos** son los que proporcionan gran parte de la imagen de excelencia, tanto de deporte como de ciudad.

- **La formación y tecnificación** deportiva es el camino adecuado para conseguir los mayores niveles de calidad en el deporte.

- **El modelo deportivo cubre parte de los abandonos** de los deportistas a través de las competiciones locales y del abono deporte.

B.2 Características de la práctica deportiva del municipio

- **La práctica deportiva** general de la población es potenciada como objetivo prioritario por los primeros gobiernos municipales democráticos en 1980.

- **El deporte** forma parte del estilo de vida de la sociedad de sus ciudadanos, se ha tratado como objetivo explícito en el sentido de deporte educativo y como objeto social. Ha supuesto un espacio de encuentro donde el ciudadano se desarrolla como tal.

- **La característica de ciudad multideportiva** parte de una filosofía de democratización del deporte, de que no sea sólo para unos pocos.

- **La diversidad deportiva ha generado muchas formas de hacer deporte** y ejercicio físico, y con ello una práctica muy diversificada también en edades.

- **La diversidad deportiva** no sólo es positiva para el ciudadano o usuario, también produce riqueza en los distintos niveles de la gestión. Se abren más tareas a nivel de gestión deportiva y mayores posibilidades de conocimiento de otras formas de hacer deporte.

B.3 Características del deporte de base

- **La apuesta por el deporte de base y el deporte para todos** genera mayor dinamización deportiva de la población de un municipio.

- **El deporte de base es también deporte de rendimiento** en la medida de que es el paso previo para el alto rendimiento deportivo.

- **El deporte para todos** hace referencia a la generalización del deporte en toda la población, principalmente la adulta. Incluye el deporte de integración o social, el deporte salud y el deporte de ocio-recreación.

- **Una gran parte del deporte para todos**, deporte de base, deporte escolar y deporte infantil, utilizan la competición como medio de desarrollo de sus objetivos. La competición bien utilizada puede ser fuente de educación y de transmisión de valores

B.4 Características de la iniciación deportiva

- **La iniciación deportiva** es la primera fase del itinerario orientado al rendimiento deportivo por lo que debe ser un proceso progresivo en la adquisición de las destrezas, conocimientos y actitudes.

- **El deporte realizado por los deportistas de la muestra en la primera relación con el deporte** no es indicador significativo del deporte que se practicará en posteriores etapas de rendimiento deportivo.

- **El deporte realizado por los deportistas de la muestra en la primera competición deportiva** sí está relacionado de forma significativa con el deporte practicado en su etapa de mayor rendimiento deportivo.

B.5 Características del deporte de rendimiento, del deporte de élite y del alto rendimiento deportivo

- **La excelencia en el deporte de rendimiento** surge en los clubes deportivos de la calidad de sus técnicos y de la calidad de su estructura organizativa-deportiva.

- **El deporte de élite se estructura desde la base** y en ese contexto, la tecnificación y el alto rendimiento son determinantes para generar el deporte de calidad.

- **El deporte de base y el deporte de competición van unidos** de forma inherente y se realiza potenciando las escuelas deportivas municipales.

- **Es responsabilidad de las instituciones deportivas**, públicas y privadas, crear el entorno adecuado que permita a los jóvenes alcanzar metas importantes. En ese sentido la infraestructura y la estructura deportiva (instalaciones, organizaciones potentes y formación adecuada de técnicos y deportistas) son claves en la consecución del éxito deportivo.

- **El contexto social es factor clave inherente al proceso de formación** de un deportista excelente. Se trata de alcanzar la élite desde la base, sabiendo que hay una gran diferencia entre deporte de base y deporte de élite, para lo cual se precisa realizar acciones específicas como la agrupación de clubes y la obtención de recursos económicos sin dejar de generar en el municipio rendimiento social a través del deporte.

- **La situación de deporte de base excelente** ha generado una cantidad de deportistas, equipos y clubes de cierto nivel de rendimiento por el buen trabajo realizado en el deporte de base a través de las escuelas deportivas municipales y las escuelas-clubs.

- **La determinación técnica del patronato municipal de deporte** fundamentada en el conocimiento del deporte, de la educación física, de la población objetivo y de los fines sociopolíticos del gobierno municipal han propiciado un desarrollo del deporte de base ajustado y eficaz.

- **El intervencionismo apropiado desde la institución municipal** forma parte del modelo social de desarrollo y de la necesidad de control desde la administración pública, de los ámbitos de desarrollo social y formativo que deben estar amparados por una concepción de servicio público.

- **Los programas específicos** y de desarrollo para la práctica del deporte de base con instrumentos de control de calidad y de resultados aseguran el buen trabajo en el deporte de base en su relación con el deporte de rendimiento.

B.6 Características de la tecnificación y de los jóvenes talentos deportivos

- **El Patronato Municipal de Deportes, con su control** sobre las escuelas y clubes ha ajustado de manera adecuada las expectativas de rendimiento en deporte de base enfocadas exclusivamente a competición y a resultados.

- **En la programación de los servicios deportivos municipales** se deben tener mecanismos de detección de talentos deportivos ya que los referentes deportivos de alto nivel fomentan la práctica deportiva y el fortalecimiento de asociaciones deportivas.

A. **Para que un municipio alcance una excelencia deportiva es necesario que se sigan las siguientes líneas de actuación**.

- **Aplicar un modelo de administración** regida por un liderazgo participado de forma simultánea por equipo de gobierno, ciudadanos y técnicos profesionales.
- **El liderazgo debe estar encabezado por el alcalde** y realizarse desde un fuerte deseo de excelencia para el municipio fundamentado en la generación de equipos eficientes de trabajo político-técnicos.
- **Las características de los líderes principales** deben ser: capacidad de delegación, carácter y personalidad, pasión por el deporte y referencias externas excelentes (de otros municipios y otras instituciones).
- **Crear y consolidar valores compartidos** con los ciudadanos y con los trabajadores municipales como son el sentido de pertenencia a la ciudad, la ilusión por la tarea, la cultura deportiva, la visión de ciudad excelente, la participación activa, la coherencia en la gestión y la continuidad en los planes estratégicos.
- **Apoyarse en la calidad y excelencia** organizativa como eje de eficiencia en la gestión y en el modelo de gobernanza.
- **Realizar una fuerte apuesta y apoyo institucional por el deporte** como proceso social básico.

- **Realizar una decidida dinamización sociodeportiva** de la población, creación de necesidad de hacer deporte, así como una promoción y gestión de actividades bien definida.
- **Implicar a los ciudadanos** en la gestión del deporte a través de las asociaciones y de clubes deportivos.
- **Crear infraestructuras deportivas** acorde con la demanda y necesidad generada en la población.
- **Reservar espacios y terrenos** municipales para la construcción de futuras instalaciones deportivas.
- **Establecer alianzas** con empresas e instituciones que faciliten recursos e inversión.
- **Crear un ente institucional** que canalice y catalice las propuestas y necesidades del deporte de alto rendimiento deportivo.
- **Posibilitar un desarrollo deportivo** inseparable al desarrollo de ciudad y realizado de forma armónica, equilibrada y coherente.
- **El modelo de desarrollo deportivo** debe estar basado en el logro de la práctica deportiva general de la población a través del deporte para todos y como herramienta de cohesión de los ciudadanos.
- **Procurar una cierta diversidad deportiva** que proporcione mayores posibilidades de acceso al deporte.
- **Realizar una apuesta por el deporte de base** donde se apoye el deporte de alto rendimiento.
- **Integrar las vías deportivas de recreación y de competición** a partir de una iniciación deportiva basada en escuelas deportivas gestionadas por técnicos deportivos altamente cualificados.
- **Posibilitar una óptima tecnificación en jóvenes talentos** deportivos con la creación de centros y programas específicos para ello.
- **Crear alternativas de práctica deportiva** que neutralicen los abandonos en cualquier etapa del desarrollo del deportista.
- **Realizar grandes eventos deportivos** que potencien la imagen de la ciudad deportiva y de ciudad modelo.

BIBLIOGRAFÍA

Abbott, A., y Collins, D. (2002). A theoretical and empirical analysis of a 'state of the art' talent identification model. *High Ability Studies, 13*(2), 157-178

Acuña, A. (1994). *Fundamentos socio-culturales de la motricidad humana y el deporte.* Granada: Universidad de Granada.

Agnaldo, M., y Romero, E. (2005). La selección de talentos en el deporte de alto rendimiento. De Revista Digital. Buenos Aires. Año 10. Nº 90. Diciembre de 2005

Aguirre, A., Castillo, A. M., y Tous, D. (2003). *Administración de organizaciones en el entorno actual.* Madrid: Pirámide.

Algarra, J. L., y Gorrotxategi, A. (1996). *La formación del ciclista. Desde la iniciación hasta la elite. Madrild*: Gymnos.

Álvaro, J. L. (Ed.). (2003). *Fundamentos sociales del comportamiento humano.* Barcelona: UOC.

Amezcua, M., y Gálvez, A. (2002). Los modos de análisis en investigación cualitativa en salud: perspectiva crítica y reflexiones en voz alta. *Revista Española de Salud Pública, 76*(5), 423-436.

Andréu, J., García-Nieto, A., y Pérez, A. M. (2007). *Evolución de la Teoría Fundamentada como técnica de análisis cuantitativo. Cuadernos metodológicos nº 40.* Madrid: CIS.

Anguera, M. T. (1982). *Metodología de la observación en las ciencias humanas.* Madrid: Cátedra.

Anguera, M. T., Arnau, J., Ato, M., Martínez, R., Pascual, J., y Vallejo, G. (1998). *Métodos de investigación en psicología.* Madrid: Síntesis.

Añó, V. (1997). *Planificación y organización del entrenamiento juvenil.* Madrid: Gymnos.

Argudo, J. L. (2002). El Tercer Sector y Economía Social. *Acciones e Investigaciones Sociales, 15*, 239-263.

Ariño, A. (2004). Asociacionismo, ciudadanía y bienestar social. *Papers 74*, 85-110.

Arruza, J. A. (Ed.). (2002). *Nuevas perspectivas acerca del deporte educativo.* Bilbao: Editorial de la Universidad del País Vasco.

Arruza, J. A., Balagué, G., y Arrieta, M. (1998). Rendimiento deportivo e influencia del estado de ánimo, de la dificultad estimada, y de la autoeficacia en la alta competición. *Revista de Psicología del Deporte, 7*(2), 194-204.

Arruza, J. A., y Ruiz, L. M. (2002). Determinantes perceptivo-cognitivos y psicológicos de la excelencia en el deporte, *Doctorado en Rendimiento Deportivo.* Toledo: Facultad de Ciencias del Deporte. Universidad de Castilla-La Mancha.

Ayestarán, S. (Ed.). (1996). *El grupo como construcción social.* Barcelona: Plural.

Ayuntamiento_de_Alcobendas. (1993). *Nueva gestión local. Modernización municipal en Alcobendas (I).* Alcobendas: Editorial popular.

Ayuntamiento_de_Alcobendas. (1994). *Asociacionismo en Alcobendas.* Alcobendas: Ayuntamiento de Alcobendas.

Ayuntamiento_de_Alcobendas. (1999). *Alcobendas, 20 años de Democracia.* Alcobendas: Ayuntamiento de Alcobendas.

Ayuntamiento_de_Alcobendas. (2005). *Vivir en Alcobendas. Estructura y dinámicas sociales.* Alcobendas: Ayuntamiento de Alcobendas.

Ayuntamiento_de_Alcobendas. (2006a). *Memoria 2006. Patronato Municipal de Deportes*. Alcobendas: Ayuntamiento de Alcobendas.

Ayuntamiento_de_Alcobendas. (2006b). *Memoria de excelencia. Ayuntamiento de Alcobendas*. Alcobendas: Ayuntamiento de Alcobendas.

Balagué, G. (1991). Preparación psicológica en deportes individuales. En Riera, J. y Cruz, J. (Eds.), *Psicología del deporte*. Barcelona: Martinez Roca.

Balaguer, I. (1994). *Entrenamiento psicológico en el deporte*. Valencia: Albatros Educación.

Balaguer, I., Castillo, I., Tomás, I., y Duda, J. L. (1997). Las orientaciones de metas de logro como predictoras de las conductas de salud en los adolescentes. *Iberpsicología*.

Barceló, M. (Ed.). (2001). *Hacía una economía del conocimiento*. Madrid: ESIC-Pricewaterhouse.

Beltrán, J. (2004). La ciudad como experiencia: figuras desde el imaginario social. 4. De http://www.revistateina.com/teina/libros/ciudades.pdf

Beltrán, J., García-Alcañíz, E., Moraleda, M., Calleja, F. G., y Santiuste, V. (1987). *Psicología de la educación*. Madrid: Eudema.

Benzi, M. (2004a). La personalidad y el caracter del campeón. En Tamorri, S. (Ed.), *Neurociencias y deporte. Psicología deportiva. Procesos mentales del atleta*. Barcelona: Paidotribo.

Benzi, M. (2004b). Motivación. En Tamorri, S. (Ed.), *Neurociencias y deporte. Psicología deportiva. Procesos mentales del atleta*. Barcelona: Paidotribo.

Benzi, M., De Marco, P., y Omiso, C. (2004). La comunicación en el deporte: el individuo, el equipo y el entorno. En Tamorri, S. (Ed.), *Neurociencias y deporte. Psicología deportiva. Procesos mentales del atleta*. Barcelona: Paidotribo.

Berger, P., y Luckmann, T. (1968). *La construcción social de la realidad*. Buenos Aires: Amorrortu.

Berger, P. L., y Luckmann, T. (1997). *Modernidad, pluralismo y crisis de sentido. La orientación del hombre moderno*. Barcelona: Paidós.

Bertalanffy, L. v., Ashby, W. R., y Weinberg, G. M. (1972). *Tendencias en la teoría general de sistemas*. Madrid: Alianza Editorial.

Berthier, A. (2001). La sociología de la complejidad de Niklas Luhmann. Conocimiento y Sociedad. De http://www.conocimientoysociedad.com/sociocompleja.html.

Blanco, E. (1999). *Manual de la organización institucional del deporte*. Barcelona: Paidotribo.

Blázquez, D. (1999). *La iniciación deportiva y el deporte escolar*. Barcelona: INDE.

Blázquez, D., y Batalla, A. (1999). La edad de iniciación. En Blazquez Sánchez, D. (Ed.), *La iniciación deportiva y el deporte escolar*. Barcelona: Inde.

Boixadós, M., Valiente, L., Mimbrero, J., Torregrosa, M., y Cruz, J. (1998). Papel de los agentes de socialización en deportistas en edad escolar. *Revista de Psicología del Deporte, 7*(2), 295-310.

Bolívar, A. (2006). Familia y escuela: dos mundos llamados a trabajar en común. *Revista de Educación, 339*, 119-146.

Boné, A. (1999). *Análisis del deporte en un territorio. Evolución del sistema deportivo en Aragón*. Zaragoza: Mira.

Bookchin, M. (1978). *Los límites de la ciudad*. Madrid: Hermann Blume ediciones.

Borrás, V., López, P., y Lozares, C. (1999). La articulación entre lo cuantitatico y lo cualitativo: de las grandes encuestas a la recogida de datos intensa. *Questió, 23*(3), 525-541.

Braun, B. (2005). Environmental issues: writing a more-than-human urban geography. *Progress in Human Geography, 29*(5), 635-650.

Bronfenbrenner, U. (1987). *La ecología del desarrollo humano.* Buenos Aires: Paidos.

Brotons, J. M. (2005). *Propuesta de un modelo integro para el proceso de detección, selección y desarrollo de talentos deportivos a largo plazo.* Ponencia presentada en el I Congreso de Deporte en edad escolar, Valencia.

Brown, J. (2001). *Sports talent. How to identify and develop outstanding athletes.* Champaing: Human Kinetics.

Buceta, J. M. (1998). *Psicología del entrenamiento deportivo.* Madrid: Dykinson.

Buceta, J. M. (2004). *Estrategias psicológicas para entrenadores de deportistas jóvenes.* Madrid: Dykinson.

Caballero, A., y Sanz, A. (2005). *Aproximación a la evaluación de la calidad en los municipios españoles.* Ponencia presentada en el VII Congreso Español de Ciencia Política y de la Administración: Democracia y buen Gobierno, Madrid.

Cabrero, J., y Richart, M. (1994). El debate investigación cualitativa frente a investigación cuantitativa. *Enfermería clínica, 6*(5), 212-217.

Cagigal, J. M. (1979). *Cultura intelectual y cultura física.* Buenos Aires: Kapelustz.

Calderón, C. (2002). Criterios de calidad en la investigación cualitativa en salud (ICS): apuntes para un debate necesario. *Revista Española de Salud Pública, 5*(76), 473-482.

Campos, J. (1995). Análisis de los determinantes sociales que intervienen en el proceso de detección de talentos en el deporte. En *Indicaciones para la detección de talentos deportivos. Investigaciones en ciencias del deporte* (Vol. 3). Madrid: CSD.

Cantón, E. (1999). *Motivación y su aplicación práctica al deporte.* Valencia: Promolibro.

Carrascosa, J. (2003a). *¿Dirigir o liderar?. Claves para la cohesión del grupo.* Madrid: Gymnos.

Carrascosa, J. (2003b). *Motivación. Claves para dar lo mejor de uno mismo.* Madrid: Gymnos.

Carratalá, E., y Carratalá, V. (2000). *Relación de factores personales y sociales con los motivos de la práctica del judo.* Ponencia presentada en el I Congreso de la Asociación Española de Ciencias del Deporte, Facultad de Ciencias del Deporte. Universidad de Extremadura.

Casasempere, A. (2008). *Curso de Atlas.ti:* Cualsoft.

Castells, M. (1975). *Problemas de investigación en sociología urbana.* Madrid: Siglo XXI editores.

Castells, M. (1979). *La cuestión urbana.* Madrid: SXXI.

Castro, M. A., y Castro, L. (2001). Cuestiones de metodología cualitativa. *Empiria, Revista de metodología en Ciencias Sociales, 4*, 165-176.

Cecchini, J. A., Méndez, A., y Contreras, O. R. (2005). *Motivos de abandono de la práctica del deporte juvenil.* Cuenca: Editorial UCLM.

Cecilio, R. (2000). El Patronato Municipal de Deportes de Alcobendas. En *Actas del 1º Congreso de Gestión deportiva de Cataluña.* Barcelona: Inde.

Celma, J. (2000). Aproximación al proceso de la actuación deportiva municipal y sus perspectivas de futuro. En *Actas del 1º Congreso de Gestión deportiva de Cataluña*. Barcelona: Inde.

Cervelló, E. M. (2002). *La motivación deportiva: aspectos sociales, contextuales y situacionales relacionados con la motivación en el deporte*. Ponencia presentada en el II Congreso de Ciencias de la Actividad Física y el Deporte. Asociación Española de Ciencias del Deporte, Madrid.

Coca, S. (2004). *Los entrenadores de fútbol*. Madrid: Real Federación Española de Fútbol. CEDIF.

Collison, C., y Parcell, G. (2003). *La gestión del conocimiento*. Barcelona: Paidos Empresa.

Contreras, O. R., y Sánchez, L. J. (1998). *La detección temprana de talentos deportivos*. Cuenca: Universidad de Castilla-La Mancha.

Cubeiro, J. C. (2007). *Leonardo da vinci y su códice para el liderazgo. Como el entorno propicia la genialidad*. Madrid: Pearson educacion.

Davies, D. (1991). *Factores psicológicos en el deporte competitivo*. Barcelona: Ancora.

De Andrés, F. (1997). *La evaluación de la gestión de un centro deportivo*. Madrid: Gymnos.

De la Plata, N. (2001). *Los servicios públicos deportivos*. Madrid: Universidad Europea CEES Ediciones.

Del Villar, F., y Fuentes, P. (2001). *Nuevas perspectivas de investigación en las ciencias del deporte*. Cáceres: Universidad de Extremadura.

Devis, J. (Ed.). (2001). *La educación física, el deporte y la salud en el siglo XXI*. Alicante: Marfil.

Díaz, A., y Cuellar, E. (2007). *Administración inteligente*. Madrid: MAP. Agencia de evaluación y calidad.

Dorado, A. (2006). *Análisis de la satisfacción de los usuarios: hacia un nuevo modelo de gestión basado en la calidad de los servicios deportivos*. Toledo: Consejo económico y social de Castilla-La Mancha.

Dorado, A., y Gallardo, L. (2005). *La gestión del deporte a través de la calidad*. Barcelona: Inde.

Dosil, J. (2004). *Psicología de la actividad física y del deporte*. Madrid: McGraw Hill.

Dosil, J., y Sánchez, A. (2002). Evaluación en Psicología del Deporte: la construcción de cuestionarios (el GEQ). En Dosil, J. (Ed.), *Psicología y rendimiento deportivo*. Ourense: Gersam.

Duda, J. (1995). Motivación en los escenarios deportivos: un planteamiento de la perspectiva de meta. En Roberst, G. C. (Ed.), *Motivación en el deporte y el ejercicio*. Bilbao: Desclèe.

Dunning, E. (2003). *El fenómeno deportivo. Estudios sociológicos en torno al deporte, la violencia y la civilización*. Barcelona: Paidotribo.

Durán, E., y Unzaga, S. (2004). Integración de los Sistemas de Información con la Cultura Organizacional. *Revista Iberoamericana de Ciencia, Tecnología, Sociedad e Innovación, 7*.

Durán, J. (2003). *El rendimiento experto en el deporte: análisis de la participación de variables cognitivas, psicosociales y del papel de la práctica deliberada en lanzadores de martillo españoles de alto rendimiento*. Tesis Doctoral no publicada, Universidad de Castilla-La Mancha, Toledo.

Durán, J. (2006). Culturas deportivas y valores en las sociedades actuales. En Pujadas, X., Fraile, A., Gambau, V., Medina, F. X. y Bantulá, J. (Eds.), *Culturas deportivas y valores sociales. VIII Congreso AEISAD. Investigación social y deporte* (Vol. 7). Madrid: Esteban Sanz.

Durand, N., y Salmela, J. H. (2002). The development and maintenance of expert athletic performance: Perceptions of World and Olympic champions. *Journal of Applied sport psychology, 14*, 154-171.

Dürckheim, K. (1996). *El rendimiento deportivo y la madurez humana*. Bilbao: Mensajero.

Escartí, A., y Brustad, R. (2002). Estudio de la motivación deportiva desde la perspectiva de la teoría de metas. En Dosil, J. (Ed.), *Psicología y rendimiento deportivo*. Ourense: Gersam.

Fantova, F. (2005). *Nuevos modelos en gestión social: calidad y excelencia en las organizaciones sociales*. Ponencia presentada en el Congreso Internacional de Calidad de Vida de Personas con Discapacidad, Fundación General Ecuatoriana. Quito

Fernández-Ballesteros, R. (Ed.). (2001). *Evaluación de programas. Una guía práctica en ámbitos sociales, educativos y de salud*. Madrid: Síntesis.

Fernández-Ballesteros, R., y Izal, M. (1990). Modelos ambientales sobre la vejez. *Anales de psicología, 6*(2), 181-198.

Fraile, A. (2001). La competición en el deporte escolar como factor segregador. En Latiesa Rodriguez, M. (Ed.), *Deporte y cambio social en el umbral del siglo XXI*. (Vol. II). Madrid: AEISAD.

Frías-Armenta, M., López-Escobar, A. E., y Díaz-Méndez, S. G. (2003). Predictores de la conducta antisocial juvenil: un model ecológico. *Estudios de psicología, 8*(1), 15-24.

Fuentes, J. P., Sanz, D., Ramos, L. A., Julián, J. A., y Del Villar, F. (2003). La relación de los entrenadores de tenis de alta competición con su contexto social profesional: influencia en el rendimiento deportivo del tenista. De www.rendimientodeportivo.com/N005/Artic022.htm

Gallardo, L. (2001). *Análisis de los servicios deportivos municipales en Castilla-La Mancha: indicadores económicos y de gestión*. Tesis Doctoral no publicada, Universidad de Castilla-La Mancha, Toledo.

Gallardo, L., y Jiménez, A. (2004). *La gestión de los sevicios deportivos municipales. Vías para la excelencia*. Barcelona: INDE.

Galloway, D. (1994). *Mejora continua de procesos*. Barcelona: Gestión 2000.

Gambau, V. (2006). El valor de la gestión en los clubes deportivos gallegos. En Pujadas, X., Fraile, A., Gambau, V., Medina, F. X. y Bantulá, J. (Eds.), *Culturas deportivas y valores sociales. VII Congreso de la AEISAD. Investigación social y deporte* (Vol. 7). Madrid: Esteban Sanz.

Gano-Overway, L. A. (2001). Creating positive experiences for youths: what parents can do to help *Institute for the Study of Youth Sports 25*(3), 1-3.

García-Ferrando, M. (1979). Problemas sociales del trabajo deportivo: el caso de los atletas españoles de elite. *Reis, 8*, 33-88.

García-Ferrando, M. (1990). *Aspectos sociales del deporte. Una reflexión sociológica*. Madrid: Alianza deporte.

García-Ferrando, M. (2003). La observación científica y la obtención de datos sociológicos. En García Ferrando, M., Ibañez, J. y Alvira, F. (Eds.), *El análisis de la realidad social. Métodos y técnicas de investigación*. Madrid: Alianza editorial.

García-Ferrando, M. (2006a). Deporte y salud en las encuestas de hábitos deportivos de los españoles., *IV Congreso de la Asociación española de Ciencias del Deporte*. A Coruña: Xunta de Galicia, Consellería de Cultura y Deporte.

García-Ferrando, M. (2006b). *Posmodernidad y deporte: entre la individualización y la masificación. Encuesta sobre hábitos deportivos de los españoles 2005*. Madrid: CIS, CSD.

García-Ferrando, M., Ibáñez, J., y Alvira, F. (2003). *El análisis de la realidad social. Métodos y técnicas de investigación*. Madrid: Alianza editorial.

García-Ferrando, M., Puig, N., y Lagardera, F. (1998). *Sociología del deporte*. Madrid: Alianza Editorial.

García-Mas, A. (2001). Análisis psicológico del equipo deportivo. Las bases del entrenamiento psicológico. En Cruz, J. (Ed.), *Psicología del Deporte*. Madrid: Síntesis.

García, A. (1995). Notas sobre la teoría general de sistemas. *Revista general de información y documentación., 5*(1), Servicio de publicaciones UCM. Madrid.

García, F. (2001). Ansiedad e indicadores de rendimiento en deportistas.   Recuperado 12/12/04, De www.efdeportes.com/efd33a/ansied.htm

García, F. A. (2001). Modelo ecológico/Modelo integral de Intervención en Atención Temprana. XI reunión interdisciplinar sobre poblaciones de alto riesgo de deficiencias. Madrid: Real Patronato sobre Discapacidad.

García, J. M. (2006). La continuidad del rendimiento de los jóvenes talentos, paradoja de nuestro tiempo., 2006, De http://www.telefonica.net/web2/educeresport/Continuidad_JTalentos.htm

García, J. M., Campos, J., Lizaur, P., y Pablo, C. (2003). *El talento deportivo. Formación de élites deportivas*. Madrid: Gymnos.

García, R. (1979). *Crítica de la teoría de sistemas*. Madrid: CIS.

García, R. P., y Rebozo, J. A. (2003). Apoyo social. Búsqueda de un espacio en la Psicología del Deporte. De www.inder.co.cu/indernet/daei/portal/otraspub/articulos/

Garfield, C. A. (1987). *Rendimiento máximo*. Barcelona: Martinez Roca.

Garratt, T. (2004). *Excelencia deportiva. Optimizar la actuación en los deportes utilizando PNL*. Barcelona: Paidotribo.

Garzón, A., y Garcés, J. (1989). Hacia una conceptualización del valor. En Rodríguez, A. y Seoane, J. (Eds.), *Creencias, acitudes y valores*. Madrid: Alhambra.

Gasalla, J. M. (2004). *La nueva dirección de personas. Marco paradójico del talento directivo*. Madrid: Pirámide.

Gil, J. (1991). *Entrenamiento mental para deportistas y entrenadores de élite*. Valencia: Invesco.

Gimeno, F., y Guedea, J. A. (2001). Evaluación e intervención psicológica en la promoción de talentos deportivos en Judo. *Revista de Psicología del Deporte, 10*(1), 103-126.

Glaser, B., y Strauss, A. (1967). *The discovery of Grounded Theory: Strategies for Qualitative Research*. Nueva York: Aldine.

Glaser, B. G. (1994). *Basics of grounded theory analysis*. Mill Valley, California: Sociology Press.

Gómez, A. M., y Mestre, J. A. (2005). *La importancia del gestor deportivo en el municipio*. Barcelona: Inde.

Gómez, F. (2006). Una nueva lógica de investigación e intervención psicosocial. *Portularia, VI*(1), 7-16. Universidad de Huelva.

Granada, H. (2003). Direcciones en que se desarrollará la Psicología Ambiental en los años futuros. *Estudios de psicología, 8*(2), 335-337.

Green, M., y Oakley, B. (2001). Elite sport development systems and playing to win: uniformity and diversity in international approaches. *Leisure Studies, 20*(4), 247-267.

Grouard, B., y Meston, F. (1995). *Reingenieria del cambio*. Barcelona: Marcombo.

Gutiérrez, J. L. (2000). Sociedad, política, cultura y sistemas complejos. *Revista de difusión, Facultad de Ciencias, UNAM* (59), 46-54.

Gutiérrez, M. (1995). *Valores sociales y deporte. La actividad física y el deporte como transmisores de valores sociales y personales*. Madrid: Gymnos.

Guzman, J. F., y García-Ferriol, A. (2002). Orientación de meta de los entrenadores y metodología de entrenamiento: implicaciones motivacionales. *Revista motricidad. European journal of human movement, 9*, 65-82.

Heinemann, K. (1999). *Sociología de las organizaciones voluntarias. El ejemplo del club deportivo*. Valencia: Tirant lo blanch.

Heinemann, K. (2003). *Introducción a la metodología de la investigación empírica en las ciencias del deporte*. Barcelona: Paidotribo.

Hernández, R. (1999). *Talentos deportivos*. Madrid: Centro de medicina deportiva.Consejeria de educación y cultura. Comunidad de Madrid.

Hodge, B. J., Anthony, W. P., y Gales, L. M. (2003). *Teoría de la organización*. Madrid: Pearson Educación.

Hohmann, A., Lames, M., y Letzeier, M. (2005). *Introducción a la ciencia del entrenamiento*. Badalona: Paidotribo.

Iglesias, A. (2006). *Gobernanza e innovación en la gestión pública: Alcobendas 1979-2003*. Madrid: INAP.

Jiménez, F. J., Rodríguez, J. M., y Castillo, E. (2003). Necesidad de formación psicopedagógica de los entrenadores deportivos. Universidad de Huelva. De www.uhu.es/agora/digital/numeros/02/02-articulos/miscelanea/jimenez-rodriguez.htm

Jiménez, J. A., y Fierro-Hernández, C. (2002). Factores que influyen en el éxito deportivo: un estudio en jugadores de golf. En Dosil, J. (Ed.), *Psicología y rendimiento deportivo*. Ourense: Gersam.

Jiménez, R., Santos-Rosa, F. J., García, T., Iglesias, D., y Cervelló, E. (2004). Análisis de las relaciones entre los climas motivacionales, las orientaciones de metas y los otros significativos a través de la práctica de actividad física y deportiva extraescolar. *Revista motricidad. European journal of human movement, 11*, 89-103.

Jouvenel, B. d., Goodman, P., Daifuku, H., Dubos, R., y Braunfels, W. (1971). *El entorno del hombre*. Buenos Aires: Ediciones Marymar.

Karam, T. (2005). Una introducción al estudio de la epistemología de la comunicación desde la obra de Manuel Martín Serrano. Cinta de Moebio. Revista electrónica de epistemología y ciencias sociales. De http://www.moebio.uchile.cl/24/karam.htm

Kaufmann, A. E. (1993). *El poder de las organizaciones*. Madrid: ESIC.

Kay, T. (2000). Sporting excellence: a family affair. *European Physical Review, 2*, 151-169.

Kellerhals, J., Montandon, C., Ritschard, G., y Sardi, M. (1992). Le style educatif des parents et l'estime de soi des adolescents. *Revue Française de Sociologie, 33*(3), 313-333.

Lagardera, F. (1995). El sistema deportivo: dinámica y tendencias. *La Coruña: Revista de Educación Física. , 61.*

Lapalma, F. H. (2005). Las inteligencias múltiples y el desarrollo de talentos. *Revista Iberoamericana de Educación., 37*(2).

Lapuente, I. (2003). *Modelo de desarrollo deportivo del Club Balonmano Alcobendas.* Trabajo no publicado de Doctorado en Rendimiento Deportivo, Facultad de Ciencias de la actividad Física y el Deporte. UCLM, Toledo.

Lapuente, I. (2005). *Análisis de la relación de características de liderazgo del entrenador y capacidades psicológicas de los deportistas.* Trabajo no publicado para el Diploma de Estudios Avanzados, Facultad de Ciencias de la Actividad Física y el Deporte. UCLM, Toledo.

Lapuente, I. (2006). La evaluación de las competiciones en los raids de aventura. *Finisher triatlón, 62.*

Lapuente, I. (2007). *El padre entrenador. Las buenas y malas influencias.* Ponencia presentada en el I Foro José María Cagigal, Alcobendas.

Latiesa, M. (Ed.). (2001). *Deporte y cambio social en el umbral del siglo XXI.* (Vol. II). Madrid: AIESAD.

Latiesa, M., y Martos, P. (Eds.). (2001). *Deporte y cambio social en el umbral del siglo XXI.* (Vol. I). Granada: AIESAD.

Le Sccauff, C., y Bertsch, J. (1999). *Estrés y rendimiento.* Barcelona: inde.

Leyva, R. (2003). La selección de talentos deportivos. Criterios para asegurar su eficacia. Revista digital. Buenos Aires. Año 9. Nº 61.

Linaza, J. L. (2006). Desarrollo, educación y exclusión social. *Revista de psicodidáctica, 11*(2), 241-252.

Litterer, J. A. (1979). *Análisis de las organizaciones.* México: Limusa.

Locke, E. A., y Lathat, G. P. (1991). Establecimiento de objetivos en el deporte. En Riera, J. y Cruz, J. (Eds.), *Psicología del Deporte.* Barcelona: Martinez roca.

Loignon, A. (2005). Plan de développement en sport Région de la Chaudière-Appalaches. Unité régionale de loisir et de sport de la Chaudière-Appalaches. Recuperado www.mddep.gouv.qc.ca/

López, A., Pérez, M. C., y Buceta, J. M. (1999). *Investigaciones breves en psicología deportiva.* Madrid: Dykinson.

López, J. (1995). Especialización temprana y promoción de talentos deportivos. En *VI Jornadas sobre rendimiento deportivo. Últimas tendencias en el alto rendimiento deportivo.* Granada: Instituto Andaluz del Deporte.

López, J. M. (2001). *Opinión de temas psicodeportivos en atletas, entrenadores y especialistas del deporte en Mexico.* Ponencia presentada en el II Congreso de Ciencias de la Actividad Física y el Deporte, Facultad de Ciencias de l'activitat fisica i l'esport. Universitat de Valencia.

Lorenzo, A. (2000). *Búsqueda de nuevas variables en la detección de talentos en los deportes colectivos: aplicación al baloncesto.* Tesis doctoral, Universidad Politécnica de Madrid, Madrid.

Lorenzo, A. (2001). La planificación a largo plazo del deportista dentro del proceso de detección y selección de talentos. Revista Digital - Buenos Aires - Año 7 - N° 38.

Lorenzo, A. (2003). Estudio del pensamiento de los entrenadores sobre el proceso de detección de talentos en baloncesto. *Revista motricidad. European journal of human movement, 10*, 23-51.

Lorenzo, R. (2005). Predictores de talento. *Intangible Capital, 1*(7).

Lynch, J. (2003). *El nuevo entrenamiento deportivo*. Madrid: Tutor.

Marco, J. C. (2003). *Psicosociología. Influencias en el rendimiento deportivo*. Madrid: Gymnos.

Marín, M., Grau, R., y Yubero, S. (2002). *Procesos psicosociales en los contextos educativos*. Madrid: Pirámide.

Marín, P. (2001). *La excelencia empresarial en el cooperativismo onubense de trabajo asociado*. Tesis Doctoral, Universidad de Huelva.

Marina, J. A. (1993). *Teoría de la inteligencia creadora*. Barcelona: Anagrama.

Marina, J. A. (2004a). *Aprender a vivir*. Barcelona: Ariel.

Marina, J. A. (2004b). *La inteligencia fracasada. Teoría y práctica de la estupidez*. Barcelona: Editorial anagrama.

Marina, J. A. (2007). Administración inteligente. En Díaz Méndez, A. y Cuéllar Martín, E. (Eds.), *Administración inteligente*. Madrid.

Martens, R. (2002). *El entrenador de éxito*. Barcelona: Paidotribo.

Martín-Albo, J. (1998). La motivación en los deportes de equipo: análisis de las motivaciones de inicio, mantenimiento, cambio y abandono. Un programa piloto de intervención. 2000

Martin, D., Nicolaus, J., Ostrowski, C., y Rost, K. (2004). *Metodología general de entrenamiento infantil y juvenil*. Barcelona: Paidotribo.

Martín, O. (2002). *Organización deportiva*. Madrid: Gymnos.

Martindale, R., Collins, D., y Daubney, J. (2005). Talent Development: A Guide for Practice and Research Within Sport. *National Association for Kinesiology and Physical Education in Higher Education.*(57), 353-375.

Martínez del Castillo, J. (1981). *Planificación y puesta en acción de un Patronato Deportivo Municipal*. Tesina, INEF, Madrid

Martínez del Castillo, J. (1988). *Modèle de planification des activites physiques de loisir au niveau local*. Tesis Doctoral no publicada, Université Catholique de Louvain, Louvain.

Martínez, V., y Lucas, A. (Eds.). (2001). *La construcción de las organizaciones: la cultura de la empresa*. Madrid: UNED.

Masnou, M., y Puig, N. (1999). El acceso al deporte. Los itinerarios deportivos. En Blazquez Sánchez, D. (Ed.), *La iniciación deportiva y el deporte escolar*. Barcelona: Inde.

Medina, M. P. (2006). *Los equipos multiculturales en la empresa multinacional: un modelo explicativo de sus resultados*. Tesis Doctoral.

Meléndez, L., y Pérez, C. (2006). Propuesta estructural para la construcción metodológica en investigación cualitativa como dinámica del conocimiento social. *Revista Venezolana de Información, Tecnología y conocimiento, 3*, 33-50.

Menéndez, S. (2001). Diversidad familiar y desarrollo psicológico infantil. *Portularia, 1*, 215-222.

Merino, A. (1999). *El Servicio Deportivo Municipal: equilibrio, condiciones económicas y valor social*. Ponencia presentada en el Curso de Verano de Administración Local y desarrollo del deporte, Fundación General de la Universidad Complutense. Almería.

Mestre, J. A. (2004). *Estrategias de gestión deportiva local*. Barcelona: Inde.

Miramontes, O. (1999). Los sistemas complejos como instrumentos de conocimiento y transformación del mundo. En Ramirez Castañeda, S. (Ed.), *Perspectivas en la teoría de sistemas*. Mexico: Siglo XXI.

Mondría, J. (2006). *El decálogo de la excelencia*. Madrid: Díaz de Santos.

Montero, A., Lama, M., y Rivas, A. (1991). *Historia del deporte en Alcobendas*. Madrid: Ayuntamiento de Alcobendas.

Moreno, F. (2004). *Balonmano: detección, selección y rendimiento de talentos*. Madrid: Gymnos.

Moreno, M. P., y Del Villar, F. (2004). *El entrenador deportivo. Manual práctico para sus desarrollo y formación*. Barcelona: Inde.

Muñoz, J. (2003). Análisis cualitativo de datos textuales con ATLAS/ti. Universitat Autònoma de Barcelona. De http://antalya.uab.es/jmunoz/Cuali/ManualAtlas.pdf

Naess, P. (1995). Central dimensions in a sustainable urban development. *Sustainable Development, 3*, 120-129.

Nuviala, A. (2002). *Las escuelas deportivas en el entorno rural del servicio comarcal de deportes 'Corredor del Ebro' y el municipio Fuentes de Ebro*. Tesis doctoral no publicada, Universidad de Almería.

Olivera, J. (2005). *Consideraciones en torno al deporte. Posibilidades y limitaciones del deporte federado*. Ponencia presentada en el Congreso de Deporte Federado, Bilbao.

Oña, A., Martinez, M., Moreno, F., y Ruiz, L. M. (1999). *Control y aprendizaje motor*. Madrid: Síntesis.

Orlick, T. (2004). *Entrenamiento mental. Como vencer en el deporte y en la vida gracias al entrenamiento mental*. Barcelona: Paidotribo.

Ortí, A. (1986). La apertura y el enfoque cualitativo o estructural. La entrevista abierta semidirectiva y la discusión de grupo. En García Ferrando, M., Ibañez, J. y Alvira, F. (Eds.), *El análisis de la realidad social. Métodos y técnicas de investigación*. Madrid: Alianza Universidad.

Orts, F. J. (2005). *La gestión municipal del deporte en edad escolar*. Zaragoza: Inde.

Orts, F. J., y Mestre, J. A. (1997). *Las escuelas deportivas municipales. Un modelo organizativo del deporte de base*. Valencia: Ayuntamiento de Valencia.

Ozolin, N. G. (1983). *Sistema contemporaneo de entrenamiento deportivo*. La Habana: Editorial Científico-Técnica Ciudad de la Habana.

Pallarés, J. (1998). Los agentes psicosociales como moduladores de la motivación en deportistas jóvenes orientados al rendimiento: un modelo causal. *Revista de Psicología del Deporte, 7*(2), 275-281.

Párraga, J. A., y Zagalaz, M. L. (Eds.). (2000). *Reflexiones sobre educación física y deporte en la edad escolar*. Jaen: Universidad de Jaen.

Pascual, J. M. (2001). De la planificación a la gestión estratégica de las ciudades. *Elements de debat territorial, 13*(Enero), 1-50.

Pastor, Y., y Balaguer, I. (2001). Relaciones entre autoconcepto, deporte y competición deportiva en los adolescentes valencianos. De www.psicologia-on-line.com/ciopa2001/actividades/57/

Peiró, J. M. (1990). *Organizaciones: nuevas perspectivas psicosociológicas*. Barcelona: PPU.

Peiró, J. M. (1995). *Psicología de la organización*. Madrid: UNED.

Pérez, J. A., y Suarez, C. (2005). *La competición deportiva con jóvenes*. Sevilla: Wanceulen.

Pérez, J. A., y Suárez, C. (2004). Estudio del abandono de los jóvenes en la competición deportiva. De http://www.efdeportes.com/ Revista Digital.Buenos Aires. Año 10. Nº 75.

Pérez, M. C. (2004). *Entrenadores deportivos: la clave del éxito*. Sevilla: Wanceulen.

Perkins, D. (2003). *Lecciones de liderazgo*. Madrid: Desnivel.

Perret-Clermont, A. N. (1991). La interacción social como espacio de pensamiento. *Anthropos*(124), 45-47.

Personne, J. (2005). *El deporte para el niño. Sin records ni medallas*. Barcelona: Inde.

Peters, T. J., y Waterman, R. H. (1982). *En busca de la excelencia*. Barcelona: Folio.

Pickett, S. T. A., et al. (2001). Urban Ecological Systems: Linking Terrestrial Ecological, Physical, and Socioeconomic Components of Metropolitan Areas. *Annual Review Ecological Systematics, 32*, 127-157.

Pmd. (2007). *Memoria 2006*: Ayuntamiento de Alcobendas.

Ponseti, F. C., Gili, M., Palou, P., y Borrás, P. A. (1998). Intereses, motivos y actitudes hacia el deporte en adolescentes: diferencias en función de nivel de práctica. *Revista de Psicología del Deporte, 7*(2), 259-274.

Prieto, J. M. (2006). *Planificación y diseño de las actividades deportivas municipales*. Ponencia presentada en el Congreso de Dirección y gestión del deporte local, Gijón.

Prior, J., y Martínez, R. (2001). *Trabajo y organizaciones. Análisis social de las organizaciones*. Granada: Método ediciones.

Puig, J. M., y Trilla, J. (1987). *La pedagogía del ocio*. Barcelona: Laertes.

Puig, N. (1992). *Jóvenes y deporte: influencia de los procesos de socialización en los itinerarios deportivos juveniles*. Tesis doctoral no publicada, Universidad de Barcelona.

Puig, N. (1996). *Joves i esport*. Barcelona: Generalitat de Catalunya.

Puig, N., y Heinemann, K. (1992). El deporte en la perspectiva del año 2000. *Papers. Revista de sociología, 38*, 123-142.

Racionero, L. (1978). *Sistemas de ciudades y ordenación del territorio*. Madrid: Alianza Editorial.

Ramiro, J., Sánchez, F., y García Ferrando, M. (1998). *Libro blanco I+D del deporte*. Madrid: MEC-MIE.

Richards, R. (1999). *Talent identification and development*. Ponencia presentada en el ASCTA Convention, Western Australian Institute of Sport.

Rius, J. (1995). *Formación de jóvenes deportistas*. Madrid: Ediciones pedagógicas.

Rodríguez, C., Pozo, T., y Gutiérrez, J. (2006). La triangulación analítica como recurso para la validación de estudios de encuesta recurrentes e investigaciones de réplica en Educación Superior. *Relieve, 12*(2), 289-305.

Rodríguez, G., Gil, J., y García, E. (1996). *Metodología de investigación cualitativa*. Málaga: Aljibe.

Rogoff, B., y Wertsh, J. V. (Eds.). (1984). *Children's learning in the zone of proximal development.* S.Francisco: Jossey Bass.

Romero, S. (2001). *Formación deportiva: nuevos retos en educación.* Sevilla: Universidad de Sevilla.

Romo, M. (2007). Psicología de la ciencia y la creatividad. *Revista creatividad y sociedad., 10,* 7-31.

Ruiz, G. (2006). *El triatlón como modelo de sistema deportivo en el contexto nacional español e internacional: determinantes para su desarrollo y la consecución del éxito.* Tesis Doctoral no publicada, Universidad de Castilla-La Mancha, Toledo.

Ruiz, J. I. (2001a). El sector no lucrativo en España. *Ciriec, 37,* 51-78.

Ruiz, J. I. (2001b). El voluntariado en el contexto europeo. *Revista del Ministerio de Trabajo y Asuntos sociales, II.*

Ruiz, J. I. (2003). *Metodología de la investigación cualitativa.* Bilbao: Universidad de Deusto.

Ruiz, J. I. (Ed.). (2007). *El sector no lucrativo en España: una visión reciente.* Bilbao: Fundación BBVA.

Ruiz, L. M. (1998). Valoración de los elementos motores del jóven deportista: mitos y realidades. En Contreras, O. R. y Sánchez, L. J. (Eds.), *La detección temprana de talentos deportivos.* Cuenca: UCLM.

Ruiz, L. M. (1999). Rendimiento deportivo, optimización y excelencia en el deporte. *Revista de Psicología del Deporte, 8*(2), 235-248.

Ruiz, L. M. (2004). La variabilidad en el aprendizaje deportivo. Lecturas: educación física y deportes. Revista digital. De www.efdeportes.com/efd11a/lmruiz.htm

Ruiz, L. M., Gutierrez, M., Graupera, J. L., Luinaza, J. L., y Navarro, F. (2001). *Desarrollo, comportamiento motor y deporte.* Madrid: Síntesis.

Ruiz, L. M., Rodríguez, P., Martinek, T., Schilling, T., Durán, L. J., y Jiménez, P. (2006). El Proyecto Esfuerzo: un modelo para el desarrrollo de la responsabilidad personal y social a través del deporte. *Revista de Educación, 341,* 933-958.

Ruiz, L. M., y Sánchez, F. (1997). *Rendimiento deportivo. Claves para la optimización de los aprendizajes.* Madrid: Gymnos.

Sáenz-López, P. (Ed.). (2006). *La formación del jugador de baloncesto de alta competición.* Sevilla: Wanceulen.

Sáenz-López, P., Jiménez, F. J., Sierra, A., Ibañez, S., Sánchez, M., y Pérez, R. (2005). Factores que determinan el proceso de formación del jugador de baloncesto. Lecturas: educación física y deportes. Revista digital.

Salinero, J. J. (2006). *Microsistemas deportivos de Alto Nivel. Un estudio descriptivo de clubes de karate de elite.* Tesis Doctoral no publicada, Universidad de Castilla-La Mancha, Toledo.

Sánchez, E., y García, J. M. Á. (2001). Análisis de las motivaciones para la participación en la comunidad. *Papers 63/64,* 171-189.

Sánchez, F. (1992). *Bases para una didáctica de la educación física y el deporte.* Madrid: Gymnos.

Sánchez, F. (1999). El deporte como medio formativo en el ámbito escolar. En Blázquez Sánchez, D. (Ed.), *La iniciación deportiva y el deporte escolar.* Barcelona: Inde.

Sánchez, F. (2005). *Conceptos y sistemas de desarrollo del alto rendimiento deportivo.* Universidad Autónoma de Madrid: Máster en Alto rendimiento deportivo.COE.

Sánchez, M. (2002). *El proceso de llegar a ser experto en baloncesto: un enfoque psico-social.* Tesis Doctoral no publicada, Universidad de Granada, Granada.

Sanz, D., Fuentes, J. P., Moreno, M. P., Iglesias, D., y Del Villar, F. (2004). Influencia de un programa de supervisión reflexiva sobre la conducta verbal del entrenador de tenis en silla de ruedas de alta competición. *Revista motricidad. European journal of human movement, 12*, 115-135.

Schein, E. (1988). *La cultura empresarial y liderazgo.* Barcelona: Plaza y Janés.

Sennett, R. (2000). *La corrosión del carácter. Las consecuencias del trabajo en el nuevo capitalismo.* Barcelona: Anagrama.

Serrano, J. (2007). *Asociacionismo deportivo.* Ponencia presentada en el Curso de Técnico en Dirección de Entidades Deportivas. PMD Alcobendas. Fundal. Instituto Kernaba, Alcobendas.

Sierra, R. (2001). *Técnicas de investigación social. Teoría y ejercicios.* Madrid: Paraninfo.

Simonton, D. K. (2001). Talent Development as a Multidimensional, Multiplicative, and Dynamic Process. *Department of Psychology, University of California at Davis, Davis, California, 10*(2), 39-43.

Sistiaga, J. J. (2005). *Práctica deportiva y niveles de desarrollo psicosocial en el fútbol federado de Guipozcoa: análisis, valoración e influencia de las relaciones entre el tiempo de práctica deportiva, la autoeficacia y el nivel de satisfacción en jóvenes futbolistas.* Tesis Doctoral no publicada, Universidad del País Vasco, Leioa.

Smith, R., Smoll, F., y Curtis, B. (1991). Adiestramiento eficaz del entrenador: una aproximación cognitivo-conductual para mejorar sus interacciones sociales con deportistas jóvenes. En Riera, J. y Cruz, J. (Eds.), *Psicología del deporte. Aplicaciones y perspectivas.* Barcelona: Martinez roca.

Smoll, F. L. (1991). Relaciones padres-entrenador: mejorar la calidad de la experiencia deportiva. En Williams, J. M. (Ed.), *Psicología aplicada al deporte.* Madrid: Biblioteca Nueva.

Sternberg, R. J. (1989). *Inteligencia humana. Evolución y desarrollo de la inteligencia.* Barcelona: Paidos.

Stewart, T. (1998). *El capital intelectual: la riqueza de las organizaciones.* Barcelona: Editorial Granica S.A.

Stoppani, J. (1993). *El servicio deportivo y recreativo municipal. Modelos y programas para su desarrollo.* Madrid: Gymnos.

Strauss, A. L., y Corbin, J. (1998). *Basics of qualitative research: techniques and procedures for developing grounded theory.* Thousand Oaks, California: Sage Publications.

Subirats, J. (1994). *Análisis de políticas públicas y eficacia de la administración.* Madrid: MAP.

Tamorri, S. (2004). *Neurociencias y deporte. Psicología deportiva. Procesos mentales del atleta.* Barcelona: Paidotribo.

Tapiador, M. (2006). Aplicación del software atlas-ti para el estudio del deporte y el estado de bienestar en el ámbito local. En Pujadas, X., Fraile, A., Gambau, V., Medina, F. X. y Bantulá, J. (Eds.), *Culturas deportivas y valores sociales. VIII Congreso AEISAD. Investigación social y deporte* (Vol. 7). Madrid: Esteban Sanz.

Taylor, S. J., y Bogdan, R. (1987). *Introducción a los métodos cualitativos de investigación.* Barcelona: Paidos.

Thiess, G., Tschiene, p., y Nickel, H. (2004). *Teoría y metodología de la competición deportiva*. Barcelona: Paidotribo.

Torregrosa, M., y Mimbrero, J. (1998). Perfiles profesionales de deportistas olímpicos. En Fundación_Barcelona_Olímpica (Ed.), *Estudios de investigación becados por la Fundación Barcelona Olímpica 1998*. Barcelona.

Torrico, E., Santín, C., Andrés, M., Menéndez, S., y López, M. J. (2002). El modelo ecológico de Bronfenbrenner como marco teórico de la psicooncología. *Anales de psicología, 18*(1), 45-59.

Trinidad, A., Carrero, V., y Soriano, R. M. (2006). *Teoría fundamentada "Grounded Theory". La construcción de la teoría a través del análisis interpretacional. Cuadernos metodológicos nº 37*. Madrid: CIS.

Tudge, J., Shanahan, M. J., y Valsiner, J. (Eds.). (1996). *Comparisons in human development: Understanding time and context*. New York: Cambridge University Press.

Veyrat, M. (2007). *El desafío de Alcobendas*. Madrid: Ayuntaminto de Alcobendas.

Viadé, A. (2003). *Psicología del rendimiento deportivo*. Barcelona: UOC.

Vila, I. (1998). El espacio social en la construcción compartida del conocimiento. *Educar 22-23*, 55-98.

Villamarín, F., Maurí, C., y Sanz, A. (1998). Competencia percibida y motivación durante la iniciación en la práctica del tenis. *Revista de Psicología del Deporte, 13*, 41-56.

Wolfenden, L. E., y Holt, N. L. (2005). Talent development in elite junior tennis: perceptions of players, parents, and coaches. *Journal of Applied sport psychology, 17*, 108-126.

Zelichenok, V. (1999). Pruebas de control en diferentes especialidades en preparación a largo plazo de jóvenes atletas. En *Cuaderno de atletismo nº44: atletismo juvenil y junio. Alto rendimiento*. Madrid: Gymnos.

Zurlo de Mirotti, S., y Casasnovas, O. (2003). Edad de iniciación deportiva. Óptimo momento psicofísico. *Arch.argent.pediatr, 101*(4), 296-311.